U0890812

博学而笃志，切问而近思。

（《论语·子张》）

博晓古今，可立一家之说；
学贯中西，或成经国之才。

大学管理类教材丛书

COLLEGE MANAGEMENT SERIES

会计学原理习题指南（第五版）

徐　晔　编著

复旦大学出版社

内容提要

本书共分为八章，是《会计学原理》（第七版）教材的辅导用书，与其章节一致。这八章内容分别为：绪论、账户与复式记账、复式记账的运用——产品制造企业基本业务的会计核算、会计要素的确认和计量、会计凭证和账簿、财产清查、财务会计报告以及会计报表基本分析。

本书的题型非常丰富，在每一章的习题中，分为三个部分：概念题、核算题和案例。概念题又分为四种题型，分别是：填空题、判断题、单项选择题和多项选择题。在核算题中，基本上针对教材内容的每个知识点都有一至两道题。次要的知识点一道题，重要的知识点一般有两道题，其中一道题是供同学复习的不附答案的作业题。在本书的最后部分附有一套模拟测试题及其答案。

本书既可作为经济、管理等专业师生学习会计学原理的参考书，也可作为自学考试、初级会计职称考试等的参考读物。

致　　谢

本书校稿过程中，复旦大学经济学院2017级本科生崔懿、曹鸣远、侯昱晨、高清扬、吕天琪、朱晓舟、杨一文、谷倚山提供了很大的帮助，在此表示感谢！

目录

第一章

绪　　论

第一部分　概　念　题

一、填空题

1. 会计的基本职能是(　　　　　　　　)和(　　　　　　　　)。
2. 会计的本质是(　　　　　　　　)、(　　　　　　　　)和(　　　　　　　　)。
3. 最新会计准则中对于会计目标明确两点：一是对外提供决策有用的会计信息；二是反映(　　　　　　　　)的履行情况。
4. 20世纪以来，近代会计逐步分离为以对外服务为主的(　　　　　　　　)和着重于对内部管理的(　　　　　　　　)。
5. 会计核算以(　　　　　　　　)为主要计量单位，主要从(　　　　　　　　)上综合反映各单位经济活动的过程和结果。
6. 会计的监督通过由(　　　　　　　　)、(　　　　　　　　)和(

)组成的三位一体的会计监督体系来实施有效监督。

7. 四大会计假设为(　　　　　　　　)假设、(　　　　　　　　)假设、(　　　　　　　　)假设和(　　　　　　　　)假设。

8. 会计主体假设规定了会计核算的一个有效的(　　　　　　　　)范围。

9. 谨慎性要求是指在处理(　　　　　　　　)的经济业务时,应持(　　　　　　　　)的态度。

10. 会计的确认、计量和报告的基础通常有(　　　　　　　　)和(　　　　　　　　)两种制度。

11. 我国境内企业的会计核算应以(　　　　　　　　)作为记账本位币。

12. 可靠性又称为(　　　　　　　　)。

13. 会计要素是会计报表通常所含有的大类项目,主要有六个,分别为(　　　　　　　　)、(　　　　　　　　)、(　　　　　　　　)、(　　　　　　　　)、(　　　　　　　　)和(　　　　　　　　)。

14. 资产是指由过去的交易事项形成并由企业拥有的或者(　　　　　　　　)的资源,该资源预期会给企业带来(　　　　　　　　)。

15. 资产可以是有形的,也可以是(　　　　　　　　)。

16. 负债按其流动性分为(　　　　　　　　)和(　　　　　　　　)。

17. (　　　　　　　　)是企业所有者权益构成的主体。

18. 所有者权益是企业(　　　　　　　　)在企业资产中享有的经济利益。其金额等于(　　　　　　　　)减去(　　　　　　　　)的金额。

19. 盈余公积金是按照国家有关规定从(　　　　　　　　)中提取的。

20. 会计确认按确认时点可分为(　　　　　　　　)和(　　　　　　　　)。

21. 资产负债表是反映企业(　　　　　　　　)的报表。

22. 利润表是反映企业(　　　　　　　　)的报表。

23. 截至目前,我国制定了(　　　　　　　　)项具体会计准则。

24. 会计的基本程序具体包括(　　　　　　　　)、(　　　　　　　　)、(　　　　　　　　)和(　　　　　　　　)。

25. 会计核算的主要方法包括(　　　　　　　　)、(　　　　　　　　)、(　　　　　　　　)、(　　　　　　　　)、(　　　　　　　　)、(　　　　　　　　)和(　　　　　　　　)。

26. 会计工作过程的三个主要环节是(　　　　　　　　)、(　　　　　　　　)和(　　　　　　　　)。

27. 可比性要求企业提供的会计信息从(　　　　　　　　)和(　　　　　　　　)两方面相互可比。

28. 会计要素的计量属性包括(　　　　　　　　)、(　　　　　　　　)、(

)、(　　　　　　)和(　　　　　　),新的企业会计准则规定企业在对会计要素进行计量时,一般应当采用(　　　　　　)计量属性。

二、判断题

1. 会计是经济管理的重要组成部分,它是适应社会生产的发展和经济管理的需要而产生和发展的。　(　　)
2. 会计的基本职能是以货币为计量形式对经济活动进行核算和监督。(　　)
3. 会计对生产过程的反映与监督职能是社会主义市场经济条件下所特有的。　(　　)
4. 现代社会经济中,会计核算和监督的是社会再生产过程中的全部经济活动。　(　　)
5. 会计可以通过对会计资料的分析预测未来,提供对决策有用的信息,参与经营决策。　(　　)
6. 会计期间有时并不等于会计年度。　(　　)
7. "四柱清册"中的"四柱"指期初余额、本期增加额、本期减少额和利润额。　(　　)
8. 会计处理中会计期间的划分是企业的自然现象,而不是人为的假设。　(　　)
9. 业务收支以人民币以外的货币为主的企业,可以选定其中一种货币作为记账和编制报表的基础。　(　　)
10. 会计计量包括会计计量单位和会计计量基础。　(　　)
11. 在历史成本计量下,资产按照购置时支付的现金或现金等价物的金额,或者按照购置资产时所付出的对价的公允价值计量。　(　　)
12. 为了保持会计信息的可比性,企业一旦选用某一种会计程序和方法,就不应在任何时候改变。　(　　)
13. 会计主体与法人主体是同一概念。　(　　)
14. 会计主体是指经营性企业,不包括行政机关和事业单位。　(　　)
15. 谨慎性是指在会计核算中应尽量低估企业的资产和可能发生的损失、费用。　(　　)
16. 我国的会计年度为公历 1 月 1 日起至 12 月 31 日止。　(　　)
17. 货币计量包含着币值稳定的假设。　(　　)
18. 由于货币是一切商品的一般等价物,尽管企业各种生产要素的实物形态各不相同,但其价值形式都是同质的。因此,采用货币计量单位可以综合反映企业的财务状况和经营成果。　(　　)

19. 会计只能对经济活动进行事后监督。 ( )
20. 我国的企业只能以人民币作为记账本位币。 ( )
21. 坚持可比性要求,可以防止某些单位和个人随意利用会计方法的变动,人为地调节成本和利润等指标,粉饰企业的财务状况和经营成果。 ( )
22. 会计核算的及时性是会计信息的生命,是对会计信息质量的基本要求。 ( )
23. 负债是由已经发生的和将要发生的交易或事项引起的企业现有义务。 ( )
24. 预收账款和预付账款都属于负债。 ( )
25. 对于一项财产,只有拥有其所有权,才能作为企业的资产予以确认。( )
26. 收入往往表现为货币资金流入,但并非所有货币资金的流入都是收入。 ( )
27. 所有者权益主要包括实收资本和盈余公积两个部分。 ( )
28. 编制会计报表是企业基本的会计核算方法之一。 ( )
29. 符合资产定义和资产确认条件的项目,应当列入资产负债表;符合资产定义但是不符合资产确认条件的项目,不应当列入资产负债表。 ( )
30. 直接计入当期利润的利得和损失,是指应当计入当期损益、会导致所有者权益发生增减变动的、与所有者投入资本或者向所有者分配利润无关的利得和损失。 ( )
31. 工业企业资金由货币资金为起点,分别经过储备资金、生产资金、成品资金、货币资金等的循环和周转构成了会计核算和监督的对象。 ( )
32. 企业在对会计要素进行计量时,一般应当采用公允价值计量。 ( )
33. 在实际工作中,交易事项的外在形式和人为形式完全能反映其实质内容,这就是实质重于形式的含义所在。 ( )
34. 重置成本又称为现行成本,是指重新获得同样一项资产,按照当前市场条件下的售价。 ( )
35. 在实务中,一般对以租赁方式获得的资产入账时可以采用现值作为计量基础。 ( )

三、单项选择题

1. 会计反映和会计监督这两种职能的关系是( )。
   A. 相互代替　　B. 相互排斥
   C. 相辅相成　　D. 互为因果
2. 在社会主义市场经济条件下,会计的一般对象可概括为( )。
   A. 工业企业的经营资金运动　　B. 商品流通企业的经营资金运动

C. 社会主义再生产过程中的资金运动　D. 行政、事业单位的预算资金运动

3. 现代会计的主要特征之一是(　　)。

A. 以货币作为主要计量单位　B. 不需要统一的计量单位

C. 货币、实物、劳动三种计量尺度并重　D. 以价值作为主要计量单位

4. 下列哪项不是会计学研究的内容?(　　)

A. 审计学　B. 成本会计学

C. 税收学　D. 财务管理学

5. 制定会计信息质量要求的基础是(　　)。

A. 会计目标　B. 会计任务

C. 会计职能　D. 会计假设

6. 甲总公司及其所属乙、丙分公司本会计期间发生应付账款如下:

单位名称	应收账款单位及名称		应付账款单位及名称	
甲	外部丁公司	5 000 元	乙	2 000 元
乙	甲	2 000 元	丙	3 000 元
丙	乙	3 000 元		

按照会计主体前提要求,在编制甲总公司会计报表时,其应收账款金额应为(　　)。

A. 10 000 元　B. 5 000 元

C. 2 000 元　D. 3 000 元

7. "四柱清册"中的"新收"相当于现代会计中的(　　)。

A. 期初余额　B. 本期增加

C. 本期减少　D. 期末余额

8. 下列不属于会计核算基本前提的是(　　)。

A. 货币计量　B. 会计主体

C. 历史成本　D. 持续经营

9. 在经济生活中存在不确定性和许多风险,因此在进行会计核算时应遵循(　　)要求。

A. 重要性　B. 真实性

C. 谨慎性　D. 相关性

10. 作为信息质量要求的(　　)是会计的生命和灵魂。

A. 谨慎性　B. 客观性

C. 可比性　D. 明晰性

11. 我国企业会计准则规定以(　　)作为会计年度。

A. 营业年度　B. 农业年度

C. 日历年度　D. 期末

12. 下列各项中,(　　)肯定既是会计主体又是法律主体。
A. 甲生产车间　　B. 乙销售部门
C. 丙上市公司　　D. 丁大学数学系
13. 按照权责发生制确认基础,(　　)应作为本期收入。
A. 收到上月产品销售收入存入银行
B. 预收下月产品销售收入存入银行
C. 本月销售产品收入存入银行
D. 上月利息收入存入银行
14. 按照权责发生制确认基础,(　　)应作为本期支出。
A. 用银行存款支付上月电费　　B. 用银行存款支付去年电费
C. 用银行存款支付下月电费　　D. 用银行存款支付本月电费
15. (　　)不属于我国会计核算信息质量要求。
A. 持续经营　　B. 客观性　　C. 一贯性　　D. 重要性
16. 从核算效益看,对所有会计事项不分轻重主次和繁简详略,采用完全相同的处理方法,不符合(　　)要求。
A. 明晰性　　B. 谨慎性　　C. 相关性　　D. 重要性
17. 下列方法不属于会计核算方法的是(　　)。
A. 成本计算　　B. 成本分析
C. 财产清查　　D. 复式记账
18. 某企业的固定资产折旧方法,前年采用了直线法,去年采用双倍余额递减法,今年又改用年数总和法,这种做法主要违背了信息质量要求的(　　)。
A. 重要性　　B. 相关性　　C. 可比性　　D. 谨慎性
19. 对应于收付实现制的是(　　)。
A. 现收现付制　　B. 权责发生制
C. 现金制　　D. 永续盘存制
20. 企业提供的会计信息应当反映与企业财务状况、经营成果和现金流量等有关的所有重要交易或者事项,这是(　　)的要求。
A. 客观性　　B. 重要性
C. 谨慎性　　D. 实质重于形式
21. A企业于2007年6月销售一批商品给B企业,增值税发票已经开出,商品已经发出,已经办妥托收手续,但是此时得知B企业最近发生严重的财务困难,短期内无法支付货款,为此A企业6月未确认此次收入,根据信息质量要求,这一处理符合(　　)。
A. 谨慎性　　B. 重要性
C. 实质重于形式　　D. 及时性

22. 某厂今年 5 月份销售 A 产品一批,货款计 20 000 元,下月才能收回;5 月份销售 B 产品一批,货款 15 000 元已收讫;5 月份收回上月赊销给荣华公司的 A 产品货款 30 000 元。按照权责发生制原则,该厂今年 5 月份的收入应为(　　)。

A. 65 000 元　　B. 45 000 元

C. 35 000 元　　D. 50 000 元

23. 某企业 1 月份发生支付下列款项:(1) 支付本年度保险费 7 200 元;(2) 支付去年第 4 季度借款利息 9 600 元;(3) 支付本年度报刊订阅费 5 400 元。按照权责发生制原则,该企业 1 月份应负担的费用为(　　)。

A. 22 200 元　　B. 4 250 元

C. 12 600 元　　D. 1 050 元

24. 外部信息使用者了解单位会计信息最主要的途径是(　　)。

A. 账簿　　B. 财产清查

C. 会计凭证　　D. 财务报告

25. 利润是指企业在一定时期的(　　)。

A. 财务状况　　B. 营业利润

C. 经营成果　　D. 经营收入

26. 所有者权益是指(　　)。

A. 投资人对总资产的所有权　　B. 投资人对净资产的所有权

C. 投资人对流动资产的所有权　　D. 投资人对固定资产的所有权

27. 企业尚未给予指定用途留于以后年度分配的留存收益,称为(　　)。

A. 实收资本　　B. 未分配利润

C. 盈余公积　　D. 本年利润

28. 资产和负债按照在公平交易中,熟悉情况的交易双方自愿进行资产交换或者债务清偿的金额计量。采用的会计计量属性是(　　)。

A. 历史成本　　B. 公允价值

C. 现值　　D. 重置成本

29. 资产按照购置时支付的现金或者现金等价物的金额,或者按照购置资产时所付出的对价的公允价值计量。负债按照因承担现时义务而实际收到的款项或者资产的金额,或者承担现时义务的合同金额,或者按照日常活动中为偿还负债预期需要支付的现金或者现金等价物的金额计量。采用的会计计量属性是(　　)。

A. 历史成本　　B. 公允价值

C. 现值　　D. 可变现净值

30. 某企业账面甲材料成本为 13 万元;加工成乙产品对外估计销售价为 25 万

元;甲材料生产过程估计发生的生产成本为7万元,销售费用和销售税费估计分别为5万元和4万元,则该材料的可变现净值为(   )万元。

A. 12　　B. 9　　C. 18　　D. 16

31. 下列项目中,表述不正确的是(   )。

A. 所有者权益金额只取决于负债的计量

B. 所有者权益项目应当列入资产负债表

C. 所有者权益的来源包括所有者投入的资本、直接计入所有者权益的利得和损失、留存收益等

D. 直接计入所有者权益的利得和损失,是指不应计入当期损益、会导致所有者权益发生增减变动的、与所有者投入资本或者向所有者分配利润无关的利得或者损失

32. 符合收入会计要素定义,可以确认为收入的是(   )。

A. 出售无形资产收取的价款　　B. 出售固定资产收取的价款

C. 出售长期股权投资收取的价款　　D. 出售企业的库存商品收到的价款

33. 不同企业发生的相同或者相似的交易或事项,应当采用规定的会计政策,体现了(   )要求。

A. 重要性　　B. 可比性

C. 实质重于形式　　D. 谨慎性

34. (   )不属于会计计量属性。

A. 成本计算　　B. 历史成本

C. 公允价值　　D. 可变现净值

35. 在会计计量属性中,不能用于对负债进行计量的是(   )。

A. 现值　　B. 重置成本

C. 公允价值　　D. 可变现净值

36. (   )属于流动负债。

A. 应交税费　　B. 未确认融资费用

C. 长期应付款　　D. 累计折旧

37. 下列项目中,符合资产定义的是(   )。

A. 购入的某项专利权　　B. 待处理的财产损失

C. 已销售对方未提走的商品　　D. 计划购买的某项设备

四、多项选择题

1. 现代会计的职能有(   )。

A. 预测　　B. 核算　　C. 监督

D. 决策　　E. 控制

2. 下列各项目中,符合会计主体假设的有(　　)。

A. 甲厂的会计资料既记录本厂的经济业务,也记录其原料供应商的经济业务

B. 某厂的会计资料除记录本厂的经济业务以外,还记录其所有者的私人财务活动

C. 某厂的会计资料仅记录本厂的经济业务

D. 某厂的会计人员除办理本厂的经济业务以外,还办理本厂税务专管员私自旅游的费用报销业务

E. 某厂的会计人员拒绝把厂长个人的开支列入企业的账本中

3. 历史成本计量属性的优点有(　　)。

A. 数据客观　　B. 随时可以查证

C. 防止有人随意更改数据　　D. 核算的手续比较简化

E. 通货膨胀时也能运用

4. 会计监督职能的特点是(　　)。

A. 事后监督　　B. 通过价值指标监督

C. 事前监督　　D. 事中监督

E. 进行实物监督

5. 根据权责发生制基础,应记入本期的收入和费用有(　　)。

A. 本期实现的收入,并已收款　　B. 本期实现的收入,尚未收款

C. 属于本期的费用,尚未支付　　D. 属于以后各期的费用,但已支付

E. 上期实现的收入,本期收款

6. 可比性是指(　　)应当相互可比。

A. 不同企业发生相同或相似的交易或事项时会计处理方法

B. 同行业不同企业之间会计指标计算口径

C. 同行业各企业的会计报表

D. 同一企业不同时期的会计处理方法

E. 同一企业不同交易或事项的会计处理方法

7. 会计核算方法包括(　　)。

A. 成本计算　　B. 会计凭证

C. 编制会计报表　　D. 分析会计报表

E. 设置会计科目和复式记账

8. 要使会计信息客观真实,会计核算中应做到(　　)。

A. 会计记录须以实际发生的经济业务为依据

B. 内容真实、数字准确、资料可靠

C. 如实反映会计主体的财务状况和经营成果

D. 会计处理的方法前后各期应当一致
E. 不得有任何的虚假和歪曲

9. 作为会计主体,必须具备的条件是(　　　　)。
A. 具有一定数量的资金
B. 进行独立的生产经营活动或其他活动
C. 会计上实行独立核算
D. 注册资本必须达到一定数额
E. 应该是一个法人

10. 下列项目中属于流动负债的有(　　　　)。
A. 预付账款　　B. 合同负债　　C. 应付账款
D. 交易性金融负债　　E. 应交税费

11. 下列项目中属于所有者权益的是(　　　　)。
A. 实收资本　　B. 股本　　C. 资本公积
D. 应付股利　　E. 未分配利润

12. 流动资产变现或者耗用的时间是(　　　　)。
A. 一年以内
B. 一年以上
C. 一个营业周期以内
D. 超过一年的一个营业周期以内
E. 超过两年的一个营业周期以内

13. 可以作为一个会计主体进行核算的有(　　　　)。
A. 销售部门　　B. 企业生产车间
C. 母公司　　D. 分公司
E. 母公司及子公司组成的企业集团

14. 下列事项符合谨慎性要求做法的是(　　　　)。
A. 不要高估资产和预计收益
B. 不要低估负债和费用
C. 合理估计可能发生的损失和费用
D. 设置秘密准备,以防备利润计划完成不佳的年度转回
E. 充分估计可能取得的收益和利润

15. 资产是(　　　　)的经济资产。
A. 企业拥有或控制　　B. 能以货币计量其价值
C. 能给企业带来未来经济利益　　D. 由过去交易或事项形成
E. 企业拥有和控制

16. 以下各个会计计量属性,既可以对资产进行计量,又可以对负债进行计量的

是(　　　　)。

A. 现值　　B. 重置成本　　C. 公允价值
D. 可变现净值　　E. 历史成本

17. 关于现值的计量属性,说法不正确的是(　　　　)。

A. 资产按照现在购买相同或相似资产所需支付的现金金额计量
B. 资产按照预计从资产持续使用和最终处置中所产生的未来净现金流入量的折现金额计量
C. 负债按照预计期限内需要偿还的未来净现金流出量的折现金额计量
D. 按照日常活动中为偿还负债预期需要支付的现金或者现金等价物的金额计量
E. 按照现在偿付该项债务所需支付的现金或者现金等价物的金额计量

18. 收入是指企业(　　　　)的经济利益的总流入。

A. 会导致所有者权益增加　　B. 与所有者投入资本无关
C. 非日常活动中形成　　D. 日常活动中所形成
E. 与所有者投入资本有关

19. 在工业企业生产经营活动过程中,其经营资金的主要变化方式是(　　　　)。

A. 由货币资金变为储备资金和固定资金
B. 由储备资金变为生产资金
C. 由生产资金变为成品资金
D. 由成品资金变为货币资金
E. 由储备资金变为货币资金

20. 会计计量应坚持三个基本质量标准,具体为(　　　　)。

A. 谨慎性　　B. 同质性　　C. 证实性
D. 一致性　　E. 可比性

第二部分 | 核　算　题

习　题　一

(一) 目的:理解有关会计的一些基本概念。
(二) 资料:下面左右两边各有一些概念。

① 会计对象	A. 货币计量
② 会计职能	B. 管理活动
③ 会计任务	C. 资金运动
④ 会计方法	D. 可比性
⑤ 会计假设	E. 成本计算
⑥ 会计信息质量要求	F. 货币、实物
⑦ 会计本质	G. 提供会计信息
⑧ 会计计量单位	H. 会计核算
⑨ 会计要素	I. 利润表
⑩ 会计报表	J. 负债

(三) 要求：将左右两边相关的内容用线连接起来。

习 题 二

(一) 目的：学会判别和熟悉会计要素。

(二) 资料：大同企业×年末有如下一些项目：

(1) 存放在交通银行的款项。

(2) 向建设银行借入的半年期借款，还有3个月到期。

(3) 出纳员张三保管的企业人民币现钞。

(4) 本年10月份买入的A公司的股票，管理者计划于第二年1季度抛售。

(5) 仓库里存放的10种原材料。

(6) 拖欠职工的12月份工资。

(7) 欠B单位购买原材料的货款。

(8) 企业某种产品的商标权。

(9) 存放在仓库已经完工但还未出售的7种产品。

(10) 向供应商购货时开出的6个月期的商业承兑汇票，还有1个月到期。

(11) 年末预付的下年度报刊费和下年度的某贵重设备的保险费。

(12) 向银行借入2年期的借款，还有一年半到期。

(13) 存放在C公司有待C公司对其进行加工的材料。

(14) 机器设备、房屋及建筑物。

(15) 所有者投入的资本金。

(16) D公司预付给本企业的购货款，货物将于第二年1月中旬发给D公司。

(17) E公司购买本企业产品到年末尚未支付的款项。

(18) 以前年度留存的尚未分配的利润。

(19) 转让一项专有技术的使用权获得的收入。

(20) 支付给银行的本年短期借款的利息。

(21) 企业一批存货由于大火烧毁而损失。
(22) 应付而未付给国家的各项税费。
(23) 应收回的代职工垫付的水电费。
(三) 要求：判断上列资料中各个项目分别属于哪个会计要素。

习　题　三

(一) 目的：熟悉权责发生制和收付实现制的运用。
(二) 资料：某企业×年 3 月份发生如表 1－1 中的经济业务：

表 1－1　某企业 3 月份发生的经济业务　　单位：元

经　济　业　务	权责发生制		收付实现制	
	收入	费用	收入	费用
1. 支付本月的水电费 550 元				
2. 预付下季度保险费 700 元				
3. 本月负担房屋租金 400 元				
4. 由本月负担,但款项到下月支付的借款利息 80 元				
5. 支付上月负担的修理费 120 元				
6. 计提本月的设备折旧费 850 元				
7. 本月已经对外提供劳务,但尚未收到的佣金收入 570 元				
8. 收到上月提供劳务收入 340 元				
9. 本月销售商品,并收到货款 2 500 元				
10. 销售商品 900 元,货款尚未收到				
合　　计				

(三) 要求：根据收付实现制和权责发生制,分别确定本月的收入和费用,填入表格内。

习题四(作业题)

(一) 目的：同习题三。
(二) 资料：某公司 4 月份经济业务如下：

1. 销售产品 86 000 元,其中 56 000 元已收到现款,存入银行;另有 30 000 元货款尚未收到。
2. 收到上月对外提供劳务的收入 1 060 元。
3. 支付本月份的水电费 1 038 元。
4. 预付下半年度房租 2 400 元。
5. 支付上月份借款利息 540 元。
6. 本月对外提供劳务而尚未收取的应计收入 980 元。
7. 预收销货款 23 000 元。
8. 本月负担年初已支付款项的保险费 1 000 元。
9. 上月预收货款的产品本月实现销售收入 18 600 元。

10. 本月负担下月支付的修理费 1 500 元。

(三) 要求：**1.** 分别按照权责发生制和收付实现制计算该公司 4 月份的收入总额和费用总额。

2. 假如本月再没有任何费用发生，分别计算在这两种方法下的利润各是多少。为什么会出现这一结果？

习 题 五

(一) 目的：练习对会计假设、会计信息质量要求、会计确认基础和会计计量属性的辨析。

(二) 资料：某咨询公司是由小李和小刚合伙创建的，最近发生了下列经济业务，并由会计做了相应的处理。

1. 3 月 8 日，小李从出纳处取了现金 300 元给自己的朋友购买礼物，会计将 300 元记为咨询公司的办公费支出，理由是：小李是公司的合伙人，公司的钱也有小李的一部分。

2. 7 月 15 日，会计将 7 月 1 日至 15 日的收入、费用汇总后计算出半个月的利润，并编制了财务报表。

3. 7 月 21 日，公司收到某外资企业支付的业务咨询费 1 000 美元，会计没有将其折算为人民币反映，而直接记到美元账户中(该公司主要业务是人民币业务)。

4. 7 月 31 日，计提固定资产折旧，采用直线法，而这之前采用的是年数总和法。

5. 8 月 31 日，收到 A 公司的预付咨询费 2 500 元，会计将其作为 8 月份的收入处理。

6. 9 月 30 日，预付下季度报刊费 250 元，会计将其作为 9 月份的管理费用处理。

7. 期末，小李和小刚发现本年的利润还可以，但是也意味着要交不少税，于是让会计人员在账面上多列一些根本没有发生的费用支出，以降低利润达到少交税的目的。

8. 国家规定公司必须于每年的 4 月底公布上一年的年报，但是该咨询公司一直到 5 月份还没有对外公布公司上一年的年报。

9. 10 月 20 日，公司由于资金困难从 B 公司租入了一台设备，公司认为其不是自己的设备，所以未对其进行入账。

10. 12 月 31 日，公司预计一笔 B 公司的“应收账款”700 000 元，由于对方财务困难可能会收不回来，但公司没有对之计提“坏账准备”。

(三) 要求：指出该咨询公司会计人员处理经济业务中的不正确之处，违背了哪些信息质量要求、会计假设、会计确认基础或方法？

第三部分 | 案　例

案 例 1

你的一位朋友知道你正在学习会计，当他知道你并不以会计为职业时，他问你为什么要“浪费时间”。请向你的朋友解释你为什么要学习会计。

案 例 2

王鹏明和周刚是会计学专业的同班同学，毕业后他们都被分配到相应的企业从事会计核算工作。半年后，王鹏明的工资已经从最初的 3 000 元/月升到现在的 6 000 元/月；而周刚却被老板开除了。班长计划举行半年后的同学聚会，开始联络各位同学。周刚由于被老板开除了，所以心情不好拒绝了班长的邀请，班长询问被开除的原因，周刚说是由于他拒绝了老板让他做假账的要求，而王鹏明由于听从老板的旨意而被加薪。周刚想不通其中的道理，心情特别郁闷故而拒绝了班长的邀请。班长给周刚做了思想工作后，周刚高兴地接受了同学聚会的邀请。

请问：班长是如何给周刚做思想工作的？

案 例 3

某公司的董事会在向公众公布财务报表前举行会议，讨论过去一年的经营业绩。以下是讨论会中的一段对话。

公司总裁周天：“今年我们的业绩不佳，收入下降而费用直线上升，如果不采取措施，将连续 3 年亏损。最近我将我的部分私人土地转到了公司名下，这可能有助于我们公司的形象改进。王令，你能将费用减少 300 000 元吗？这样我们也许可能得到那笔急需的贷款。”公司总会计师王令：“老周，你这样做太过分了。公认会计原则明令禁止此类做法。”

要求：请分析上述情形涉及的职业道德问题是什么，谈谈你的看法。

案 例 4

李波、牛舜、张敏和谢小菲是大学的同班同学，毕业两年后他们聚在一起，在聊天过程中发现他们四人有共同的兴趣和爱好，即他们都在用自己这两年积攒的一些资金做股票，于是他们的话题就集中到股票上，当讨论到如何在股市中操作时，四位同学都发表了自己的意见。他们的观点分别是：

1. 李波认为，他做股票时喜欢跟着感觉走，感觉哪只股票会涨时就买进，感觉手头的股票会跌时就抛出该股票。

2. 牛舜认为，他做股票时喜欢随大流，最近什么板块、什么股票热门，他就买什么股票。

3. 张敏认为，她选择股票的关键是获取各种信息，主要是一些宏观的政策方面的信息，至于财务信息是否重要很难说。

4. 谢小菲则认为，她选择股票的关键是看有关上市公司的财务信息。

请问：如果你也参与其中的讨论，试问你支持哪种观点？说出你的理由。

第一章答案

第一部分 概 念 题

一、填空题

1. 核算　监督　**2.** 一种计量技术　一个信息系统　一种管理活动　**3.** 管理层受托责任　**4.** 财务会计　管理会计　**5.** 货币　价值量　**6.** 单位内部监督　国家会计监督　社会会计监督　**7.** 会计主体　持续经营　会计分期　货币计量　**8.** 空间　**9.** 不确定　保守(或谨慎)　**10.** 权责发生制　收付实现制　**11.** 人民币　**12.** 真实性(或客观性)　**13.** 资产　负债　所有者权益　收入　费用　利润　**14.** 控制　经济利益　**15.** 无形的　**16.** 流动负债　长期负债　**17.** 实收资本　**18.** 所有者　资产　负债　**19.** 税后利润　**20.** 初次确认　再次确认　**21.** 一定时点财务状况　**22.** 一定时期的经营成果　**23.** 42　**24.** 会计确认　会计计量　会计记录　会计报告　**25.** 设置会计科目及账户　复式记账　填制与审核凭证　设置与登记账簿　成本计算　财产清查　编制会计报表　**26.** 填制和审核凭证　登记账簿　编制会计报表　**27.** 横向　纵向　**28.** 历史成本　重置成本　可变现净值　现值　公允价值　历史成本

二、判断题

1. √　**2.** √　**3.** ×　**4.** ×　**5.** √　**6.** √　**7.** ×　**8.** ×　**9.** ×　**10.** √
11. √　**12.** ×　**13.** ×　**14.** ×　**15.** ×　**16.** √　**17.** √　**18.** √
19. ×　**20.** ×　**21.** √　**22.** ×　**23.** ×　**24.** ×　**25.** ×　**26.** √
27. ×　**28.** √　**29.** √　**30.** √　**31.** √　**32.** ×　**33.** ×　**34.** ×
35. √

三、单项选择题

1. C　**2.** C　**3.** A　**4.** C　**5.** D　**6.** B　**7.** B　**8.** C　**9.** C　**10.** B
11. C　**12.** C　**13.** C　**14.** D　**15.** A　**16.** D　**17.** B　**18.** C　**19.** B　**20.** B
21. C　**22.** C　**23.** D　**24.** D　**25.** C　**26.** B　**27.** B　**28.** B　**29.** A　**30.** B
31. A　**32.** D　**33.** B　**34.** A　**35.** D　**36.** A　**37.** A

四、多项选择题

1. ABCDE　**2.** CE　**3.** ABCD　**4.** ABCDE　**5.** ABC　**6.** ABCD　**7.** ACE
8. ABCE　**9.** ABC　**10.** BCDE　**11.** ABCE　**12.** AD　**13.** ABCDE
14. ABC　**15.** ABCD　**16.** ABCE　**17.** ADE　**18.** ABD　**19.** ABCD
20. BCD

第二部分 核 算 题

习 题 一

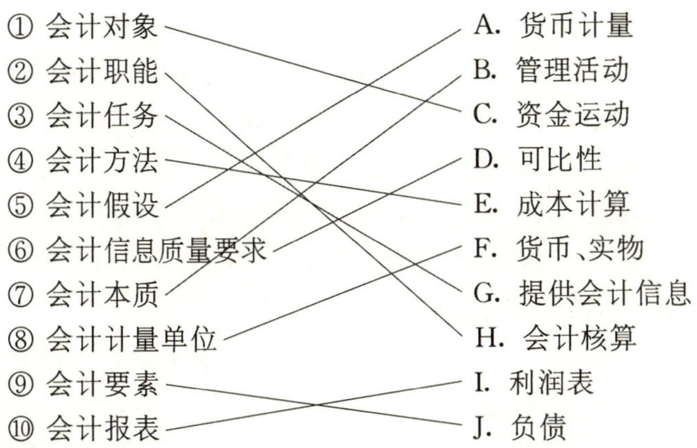

习 题 二

1. 资产　**2.** 负债　**3.** 资产　**4.** 资产　**5.** 资产　**6.** 负债　**7.** 负债　**8.** 资产　**9.** 资产　**10.** 负债　**11.** 资产　**12.** 负债　**13.** 资产　**14.** 资产　**15.** 所有者权益　**16.** 负债　**17.** 资产　**18.** 所有者权益　**19.** 收入　**20.** 费用　**21.** 费用　**22.** 负债　**23.** 资产

习 题 三

表 1-2　两种制度下 3 月份确认的收入和费用　　单位：元

经济业务	权责发生制		收付实现制	
	收入	费用	收入	费用
1. 支付本月的水电费 550 元		550		550
2. 预付下季度保险费 700 元				700
3. 本月负担房屋租金 400 元		400		
4. 由本月负担，但款项到下月支付的借款利息 80 元		80		
5. 支付上月负担的修理费 120 元				120
6. 计提本月的设备折旧费 850 元		850		
7. 本月已经对外提供劳务，但尚未收到的佣金收入 570 元	570			
8. 收到上月提供劳务收入 340 元			340	
9. 本月销售商品，并收到货款 2 500 元	2 500		2 500	
10. 销售商品 900 元，货款尚未收到	900			
合计	3 970	1 880	2 840	1 370

习 题 四

解题原理同习题三,答案略。

习 题 五

该公司的会计人员在处理经济业务时不完全正确,主要表现如下:

1. 小李从公司取钱用于私人支出,不属于公司业务,不能作为公司的办公费支出。这里,会计人员违背了会计主体假设。
2. 7 月 15 日编制 7 月 1 日至 15 日的财务报表是临时性的,我国会计分期假设规定的会计期间为年度、季度、月份和半年,并没有以半个月为会计期间的,所以这违背了会计期间假设。
3. 我国有关法规规定,企业应以人民币作为记账本位币,但企业业务收支以外币为主的,可以选用某种外币作为记账本位币。该公司主要业务为人民币业务,所以应该以人民币为记账本位币,因此将收入直接以美元记账的处理违背了货币计量假设。
4. 计提折旧时前后各期采用不同的会计计算方法。该处理违背了可比性要求。
5. 预收的咨询费不能作为当期的收入,应先记入负债,等为对方提供了咨询服务后再结转。该处理违背了权责发生制确认基础。
6. 预付报刊费,应在受益期间摊销,不能计入支付当期的费用。该处理违背了权责发生制确认基础。
7. 该公司为了逃税而做假账,违背了客观性要求。
8. 公司未在规定时间内对外公布报表,违背了及时性要求。
9. 在新租赁准则中,承租人应对租赁确认使用权资产和租赁负债。
10. 按照谨慎性要求,应对应收账款(尤其是很有可能收不回来的账款)计提坏账准备,但该公司未提,违背了谨慎性要求。

第三部分 案 例

案 例 1

老师可组织同学展开讨论,答案略。

案 例 2

班长告诉周刚,他拒绝老板的无理要求是正义之举,班上所有的同学都支持他的行为,一个人在工作中首先应该维护国家和人民的利益。像周刚这样具有正义感的人才一定会有人赏识的。而且作为一名会计人员,维护真实性原则是最重要的,是会计以及会计人员工作的生命和全部,周刚应该为自己的行为骄傲才对。而且他的老板的行为迟早有一天要暴露的,到那时周刚肯定也脱不了干系,所以迟早要出事还不如现在就换工作。

案　例　3

解题思路同案例 2,答案略。

案　例　4

老师可组织同学展开讨论,答案略。

第二章

账户与复式记账

第一部分 概 念 题

一、填空题

1. 经济业务所引起的会计要素各项目的具体变化，从数量上看，不外乎(　　　　　　　　)和(　　　　　　　　)两种情况。
2. 一个企业无论发生多少经济业务，使各项(　　　　　　　　)不断地发生增减变化，都不会(　　　　　　　　)会计等式的(　　　　　　　　)关系。
3. 所有者权益在数量上等于全部资产减(　　　　　　　　)后的余额。
4. 账户按提供指标的详细程度不同可分为(　　　　　　　　)和(　　　　　　　　)。
5. 账户中所记录的金额有(　　　　　　　　)、本期增加额、(　　　　　　　　)和期末余额。

6. 会计科目作为一个体系，包括(　　　　　)和(　　　　　)。前者反映会计科目之间的(　　　　　)联系，后者反映会计科目之间的(　　　　　)联系。
7. 根据一级会计科目设置的账户，称为(　　　　　)，或称为(　　　　　)。
8. 一个企业的资产总额和(　　　　　)总额必然是(　　　　　)的。
9. 投资人和(　　　　　)都对企业的(　　　　　)拥有要求权。
10. 权益中属于投资人的部分称为(　　　　　)，属于债权人的部分称为(　　　　　)。
11. 借贷记账法的记账规则是(　　　　　)和(　　　　　)。
12. 仅涉及两个账户的会计分录称为(　　　　　)，涉及两个以上会计科目的会计分录称为(　　　　　)。
13. 在借贷记账法下，任何账户的基本结构都可以分为(　　　　　)和(　　　　　)两个基本部分。
14. 某个总分类账户的借方余额应等于其所属各个明细分类账户(　　　　　)余额(　　　　　)。
15. 通过试算平衡表检查账簿记录，如果借贷不平衡，可以肯定记账(　　　　　)；如果借贷平衡，却不能肯定记账(　　　　　)。
16. 复式记账是指对发生的每一项经济业务，都以(　　　　　)金额，在相互关联的(　　　　　)或(　　　　　)账户中进行记录。
17. 企业从银行提取现金 10 000 元，此项业务将引起银行存款(　　　　　)元，同时引起库存现金(　　　　　)元，资产总额(　　　　　)。
18. 某年 4 月份，某企业的"库存现金"账户有期初余额 10 000 元，当月收入现金合计 80 000 元，当月支用现金合计 60 000 元，则该企业"库存现金"账户 4 月末的余额为(　　　　　)元。
19. 某年 6 月份，某企业"短期借款"账户的月初余额为 100 000 元，本月向银行再借入短期借款 200 000 元，月末，该企业"短期借款"账户尚有贷方余额 250 000 元，则本企业 6 月份共偿还短期借款(　　　　　)元。
20. 某年 8 月份，某企业"盈余公积"账户有贷方余额 900 000 元，月内经批准，将盈余公积 500 000 元转作实收资本，月末从税后利润中提取盈余公积

100 000 元,则月末"盈余公积"账户有贷方余额(　　　　　　)元。

二、判断题

1. 在会计核算中,为了满足企业内部经营管理和外部有关方面对会计信息的不同需要,有必要在所有的总分类账户下开设若干明细分类账户。(　　)
2. "资产=负债+所有者权益"的平衡式适用于所有企业的会计核算。(　　)
3. 资产=负债+所有者权益,因此,资产总额必然大于所有者权益总额。(　　)
4. 在借贷记账法中,"借"、"贷"作为记账符号已经失去了原来字面的含义,因此对于所有的账户来说,"借"表示增加,"贷"表示减少。(　　)
5. 在借贷记账法下,账户哪一方记增加,哪一方记减少,是根据账户所反映的经济内容决定的。(　　)
6. 会计等式揭示了会计要素之间的联系,因而成为设置账户、复式记账、编制资产负债表等会计核算方法建立的理论依据。(　　)
7. 所有的账户都是依据会计科目开设的。(　　)
8. 会计科目和会计账户的口径一致,性质相同,都具有一定的格式和结构,所以在实际工作中,对会计科目和账户不加严格区分。(　　)
9. 账户期末余额的大小由本期借、贷方发生额的大小决定。(　　)
10. 为了保证会计核算的质量,会计科目设置得越多越好。(　　)
11. 在借贷记账法中,只要借、贷金额相等,账户记录就不会有错误。(　　)
12. 任何经济业务发生后,均会引起资产和权益同时发生增减变化,但资产和权益在数量上仍然相等。(　　)
13. 凡是用于生产产品的资产都是流动资产。(　　)
14. 复式记账法可以全面、清晰地反映每一项经济业务的来龙去脉。(　　)
15. 复合会计分录是由几个简单分录合并而成的。(　　)
16. 会计核算中,不应将互不相关的几笔简单分录硬性合并成一笔多借多贷的分录。(　　)
17. 按现行规定,目前我国企业的会计记录主要采用的是借贷记账法。(　　)
18. 总分类账户用来提供总括的核算资料,它除了用货币计量单位进行核算外,必要时还应用实物计量单位进行数量核算。(　　)
19. 由于总分类账户既能提供总括核算指标,又能提供详细核算指标,因此是十分重要的账户。(　　)

20. 我国的所有企业要完全照着《企业会计准则》中规定的会计科目表制定会计科目，不得有任何变更。（　　）

21. 如果某个总分类账户余额为零，则其所属的各明细账户的余额也分别为零。（　　）

22. 某账户若期末无余额，则该账户不是收入类账户便是费用类账户。（　　）

23. 账户的本期发生额是动态资料，而期初余额和期末余额则是静态资料。（　　）

24. 一个账户的借方如果用来登记减少额，其贷方一定用来登记增加额。（　　）

25. 如果一笔业务在记账时借贷方向记反了，则可以通过试算平衡查找出来。（　　）

26. 一笔经济业务不可能使一项负债减少，而另一项负债增加。（　　）

27. 从特定企业看，全部总分类账户的本期借方发生额之和必然同全部明细分类账户的本期借方发生额之和相等。（　　）

三、单项选择题

1. 会计等式实质表达的是（　　）。

A. 经济业务与会计事项　　B. 经济活动与经济业务

C. 经济业务与管理活动　　D. 财务状况与经营成果

2. 会计科目按其所归属的会计要素的不同分为（　　）大类。

A. 6　　B. 2　　C. 4　　D. 5

3. 为了统一财务会计报告，增强会计信息的可比性，总分类科目一般由（　　）制定。

A. 主管部门　　B. 单位自行

C. 国家统一　　D. 地方财政部门统一

4. 设置会计科目后，不要随意变动，要保持（　　）。

A. 永久性　　B. 统一性

C. 全面性　　D. 相对稳定性

5. （　　）不属于损益类的会计科目。

A. 营业外支出　　B. 其他业务成本

C. 生产成本　　D. 主营业务成本

6. 会计科目是（　　）。

A. 会计要素的名称　　B. 会计报表的名称

C. 账户的名称　　D. 会计凭证的名称

7. 下列各项目中属于一级会计科目的是(　　)。
A. 未分配利润　　B. 提取盈余公积金
C. 投入资本　　D. 在途物资
8. 下列不属于负债类科目的是(　　)。
A. 应付职工薪酬　　B. 未确认融资费用
C. 递延所得税负债　　D. 资产减值损失
9. 以下不属于资产类科目的是(　　)。
A. 交易性金融资产　　B. 递延所得税资产
C. 公允价值变动损益　　D. 在途物资
10. 以下各项目中属于一级会计科目的有(　　)。
A. 预收购货单位货款　　B. 捐赠资本
C. 所得税费用　　D. 投入资本
11. 账户是根据(　　)开设的,用来连续、系统地记载各项经济业务的一种手段。
A. 资金运动　　B. 会计对象
C. 会计科目　　D. 财务状况
12. 会计科目是对(　　)的具体内容进行分类核算的项目。
A. 经济业务　　B. 会计账户
C. 会计分录　　D. 会计要素
13. 资产类账户期末余额的计算为(　　)。
A. 期初借方余额+本期借方发生额-本期贷方发生额
B. 期初贷方余额+本期借方发生额-本期贷方发生额
C. 期初借方余额-本期借方发生额+本期贷方发生额
D. 期初贷方余额-本期借方发生额+本期贷方发生额
14. 以银行存款支付购料欠款会引起(　　)。
A. 一项资产减少,一项所有者权益减少
B. 一项负债减少,一项资产减少
C. 一项资产增加,一项负债减少
D. 一项资产减少,另一项资产增加
15. 负债类账户的借方记(　　)。
A. 负债的增加　　B. 负债的减少
C. 收入的增加　　D. 费用的减少
16. 下列引起资产和负债同增的业务是(　　)。
A. 用银行存款购买原材料　　B. 用银行存款偿还前欠货款
C. 向银行借款存入银行　　D. 收回应收账款存入银行
17. 下列项目中,引起负债和所有者权益一增一减的经济业务是(　　)。

A. 购入材料，货款未付　　B. 以银行存款偿还应付账款
C. 从税后利润中提取盈余公积　　D. 将应付债券转作实收资本

18. 在下列经济业务中不影响资产总额变动的业务是(　　)。
A. 从银行提取现金　　B. 购入原材料货款未付
C. 用库存现金发放工资　　D. 接受外商投入设备

19. 某企业采购员预借差旅费，所引起的变动为(　　)。
A. 一项资产增加，一项负债增加
B. 一项资产增加，另一项资产减少
C. 一项资产减少，一项负债减少
D. 一项负债增加，另一项负债减少

20. 收到某单位预付货款，存入银行，所引起的变动为(　　)。
A. 一项资产增加，一项负债增加
B. 一项资产减少，一项负债减少
C. 一项资产增加，一项所有者权益增加
D. 一项资产减少，一项所有者权益减少

21. 开出应付票据抵付应付账款，所引起的变动为(　　)。
A. 一项资产减少，一项负债减少
B. 一项资产增加，一项负债增加
C. 一项所有者权益增加，另一项所有者权益减少
D. 一项负债增加，另一项负债减少

22. 某企业资产总额600万元，如果发生以下经济业务：(1)收到外单位投资40万元存入银行；(2)以银行存款购买原材料12万元；(3)以银行存款偿还银行借款10万元。则发生业务后企业资产总额应为(　　)。
A. 636万元　　B. 618万元
C. 648万元　　D. 630万元

23. 收入类账户的结构和费用类账户的结构(　　)。
A. 完全相同　　B. 基本相同
C. 大体相同　　D. 完全相反

24. 标明某项经济业务应借、应贷账户及其金额的记录称为(　　)。
A. 记账凭证　　B. 记账方法
C. 会计分录　　D. 会计方法

25. 能够通过试算平衡发现的错误是(　　)。
A. 开出支票1 500元偿还所欠货款，分录为：
借：应付账款　　1 500
　　贷：应收账款　　1 500

B. 收回欠款 2 400 元,分录为:

借:库存现金　　240

　　贷:主营业务收入　　240

C. 用现金 960 元购买材料,分录为:

借:在途物资　　900

　　贷:库存现金　　960

D. 提取现金 2 000 元,分录为:

借:银行存款　　2 000

　　贷:库存现金　　2 000

26. 简单会计分录是指(　　)。

A. 一借多贷的会计分录　　B. 多借多贷的会计分录

C. 多借一贷的会计分录　　D. 一借一贷的会计分录

27. 对于收入类账户,下列说法中正确的是(　　)。

A. 借方登记收入的转销额　　B. 借方登记所取得的销售收入

C. 如有余额在借方,属于资产　　D. 如有余额在贷方,属于负债

28. 下列经济业务的发生不会使会计等式两边总额发生变化的是(　　)。

A. 收到应收账款存入银行

B. 从银行取得借款存入银行

C. 收到投资者以固定资产所进行的投资

D. 以银行存款偿还应付账款

29. 复式记账法的基本理论依据是(　　)的平衡原理。

A. 资产＝负债＋所有者权益

B. 收入－费用＝利润

C. 期初余额＋本期增加数－本期减少数＝期末余额

D. 借方发生额＝贷方发生额

30. 某企业负债期初余额 1 000 万元,本月发生以下业务:(1) 向银行借款 100 万元存入银行;(2) 用银行存款偿还应付账款 50 万元。那么,负债期末余额为(　　)。

A. 1 150 万元　　B. 1 050 万元

C. 1 000 万元　　D. 1 100 万元

31. 预付供应单位的材料采购款应作为企业的一项(　　)。

A. 支出　　B. 费用

C. 资产　　D. 所有者权益

32. 企业收到包装物押金,款项收到,该项经济业务发生后,应在借记库存现金的同时,贷记(　　)类账户。

A. 资产　　B. 负债
C. 收入　　D. 费用

33. 对会计科目进行分级应坚持的原则是(　　)。
A. 要兼顾各会计信息使用者的需要
B. 要依据会计要素的客观性质
C. 要适应宏观和微观经济管理的需要
D. 要根据企业的实际情况

34. 某企业本期期初资产总额为 100 000 元,本期期末负债总额比期初减少 10 000 元,所有者权益比期初增加 30 000 元,则该企业期末资产总额是(　　)。
A. 90 000 元　　B. 130 000 元
C. 100 000 元　　D. 120 000 元

35. 一个账户的期末余额与该账户的增加额一般都记在(　　)。
A. 账户的借方　　B. 账户的贷方
C. 账户的同一方向　　D. 账户的相反方向

36. 某一账户期初余额在贷方,期末余额在借方,表明该账户(　　)。
A. 性质未变
B. 已从期初的资产变为期末的负债
C. 已从期初的负债变为期末的资产
D. 既不属于资产类,也不属于负债类

37. 总分类账与其所属明细账之间的核对是依据(　　)原理。
A. 复式记账法　　B. 借贷记账法
C. 平行登记　　D. 会计恒等式

38. 下述各项目中,属于明细分类科目的是(　　)。
A. 制造费用　　B. 交易性金融资产——成本
C. 库存商品　　D. 主营业务收入

39. 发生额试算平衡表的依据是(　　)。
A. 借贷记账法的记账规则　　B. 会计恒等式
C. 平行登记　　D. 资金变化业务类型

40. 借贷记账法下的双重性质账户,其性质根据账户的(　　)来决定。
A. 借方发生额　　B. 贷方发生额
C. 期末余额的方向　　D. 记账方法

四、多项选择题

1. 复式记账法下,期末余额一般情况下在贷方的会计科目有(　　)。

A. 应付账款　B. 合同负债
C. 银行存款　D. 短期借款
E. 交易性金融资产

2. 复式记账法下,期末余额一般情况下在借方的会计科目有(　　)。
A. 应付账款　B. 应收账款
C. 固定资产　D. 实收资本
E. 在途物资

3. 下列会计科目属于损益类的科目有(　　)。
A. 制造费用　B. 管理费用
C. 长期待摊费用　D. 财务费用
E. 未确认融资费用

4. 下列属于所有者权益类科目的是(　　)。
A. 衍生工具　B. 资本公积
C. 利润分配　D. 投资收益
E. 本年利润

5. 一项所有者权益增加的同时,引起的另一方面变化可能是(　　)。
A. 一项资产增加　B. 一项资产减少
C. 一项负债增加　D. 一项负债减少
E. 另一项所有者权益减少

6. 下列属于企业资产项目的有(　　)。
A. 预付账款　B. 材料成本差异
C. 合同负债　D. 租入包装物暂付的押金
E. 租出包装物暂收的押金

7. 一般情况下需要设置明细分类科目的总分类科目有(　　)。
A. 库存现金　B. 合同负债
C. 应收账款　D. 应付账款
E. 原材料

8. "应收账款"科目可按(　　)设置明细科目。
A. 债务人的名称　B. 债权人的名称
C. 债务人的姓名　D. 债权人的姓名
E. 所有者的名称

9. 在借贷记账法下,账户的贷方登记的内容有(　　)。
A. 资产及费用的减少　B. 收入及利润的增加
C. 负债及所有者权益的增加　D. 负债及所有者权益的减少
E. 资产及费用的增加

10. 下列经济业务发生,使资产与权益项目同时减少的有(　　　　)。

A. 收到短期借款存入银行　　B. 以银行存款偿还应付账款

C. 以银行存款支付应付利息　　D. 以银行存款支付应付利润

E. 把负债转作投入资本

11. 下列经济业务发生,使资产项目之间此增彼减的有(　　　　)。

A. 生产产品领用原材料

B. 销售产品获得收入,存入银行

C. 以银行存款支付购买固定资产款项

D. 以银行存款偿还前欠购料款

E. 从银行提取库存现金

12. 下列经济业务中,不会引起会计等式左右两边同时发生增减变动的有(　　　　)。

A. 收到应收销货款存入银行

B. 购进原材料尚未付款

C. 从银行提取现金

D. 从银行取得贷款,直接偿还应付账款

E. 把负债转作投入资本

13. 设置会计科目应遵循的原则有(　　　　)。

A. 必须结合会计对象的特点

B. 要保持相对稳定

C. 要符合企业内部经营管理的需要

D. 要做到统一性与灵活性相结合

E. 要全面地反映会计主体资金运动

14. 企业设置会计科目的数量和粗细程度应根据(　　　　)。

A. 企业规模的大小而确定　　B. 企业业务的繁简而确定

C. 国家会计制度的要求而确定　　D. 管理的需要而确定

E. 对外报告的要求而确定

15. 下列会计科目中,属于流动资产类的有(　　　　)。

A. 无形资产　　B. 原材料

C. 坏账准备　　D. 应收利息

E. 预付账款

16. 会计科目与账户之间的关系是(　　　　)。

A. 会计科目是账户的名称

B. 会计科目就是账户

C. 账户按照会计科目所做的分类记录经济业务

D. 企业可根据规定的会计科目有选择地开设账户
E. 明细账户是按子科目或明细科目开设的

17. 下列账户中,月末结账后应该无余额的是(　　)。
A. 库存现金　　B. 生产成本
C. 累计折旧　　D. 管理费用
E. 营业外收入

18. 下列会计科目属于所有者权益要素的有(　　)。
A. 实收资本　　B. 应付股利
C. 盈余公积　　D. 资本公积
E. 本年利润

19. 账户的基本结构的内容一般包括(　　)。
A. 账户的名称　　B. 日期
C. 凭证号数　　D. 经济业务的内容摘要
E. 增加和减少的金额及余额

20. 下列有关借贷记账法记账规则的说法中,正确的是(　　)。
A. 对任何类型的经济业务,都一律采用“有借必有贷,借贷必相等”的规则
B. 不论是一借多贷、多借一贷,还是多借多贷,借贷双方的金额必须相等
C. 运用借贷记账法记账,在有关账户之间都会形成应借、应贷的相互关系
D. 按照这一记账规则记账,某账户的借方发生额合计与其贷方发生额合计必然相等
E. 记账规则,既是记账的规则,也是核对账目的规则

21. 编制会计分录时,必须考虑(　　)。
A. 经济业务发生涉及的会计要素是增加还是减少
B. 在账簿中登记借方还是贷方
C. 登记在哪些账户的借方还是贷方
D. 账户的余额是在贷方还是在借方
E. 各账户的增加额和减少额是多少

22. 会计分录的要素包括(　　)。
A. 记账方法　　B. 记账方向
C. 账户名称　　D. 账户结构
E. 应记金额

23. 在进行试算平衡时,下列错误不会影响借贷双方平衡关系的是(　　)。
A. 漏记某项经济业务　　B. 重复登记某项经济业务
C. 某项经济业务记错有关账户　　D. 某项经济业务只记了账户的借方
E. 借方或贷方发生额中,偶然一多一少并相互抵销

24. 总分类账户和明细分类账户的关系是(　　　　)。

A. 总分类账户提供总括核算资料、明细分类账户提供详细核算资料

B. 总分类账户统驭、控制明细分类账户

C. 总分类账户和明细分类账户之间的平行登记

D. 所有账户必须设置明细分类账户

E. 明细分类账户补充说明与其相关的总分类账户

25. 对于负债类账户,以下说法中正确的是(　　　　)。

A. 借方登记增加额,贷方登记减少额

B. 借方登记减少额,贷方登记增加额

C. 期末贷方余额表示期末负债余额

D. 借方本期发生额一定大于贷方本期发生额

E. 贷方本期发生额一定大于借方本期发生额

26. 下列经济业务中引起所有者权益增加的有(　　　　)。

A. 用银行存款偿还到期的短期借款

B. 公司所有者给公司拨入设备

C. 所有者个人代公司偿还欠款,并且该款项转为所有者的投资

D. 从银行提取库存现金

E. 以银行存款购买材料

27. 下列各项目中,属于明细分类账户的是(　　　　)。

A. 应收账款——甲公司　　B. 累计折旧

C. 原材料——杉木　　D. 长期借款——市工商银行

E. 实收资本——李三

第二部分 | 核　算　题

习　题　一

(一) 目的:练习会计等式。

(二) 资料:

由华光公司成立的中华搬运公司×年期初及期末资产负债表上列示的资产总额及负债总额如下:

	期初	期末
资产	258 000 元	348 000 元
负债	190 000 元	215 000 元

(三) 要求：根据下列各种情况，分别计算本年度中华搬运公司的利润。

1. 华光公司在年度内既未收回投资，也未增加投资。

2. 华光公司在年度内虽未收回投资，但曾增加投资 20 000 元。

3. 华光公司在年度内曾经收回投资 15 000 元，但未增加投资。

4. 华光公司在年度内曾经收回投资 32 000 元，但又增加投资45 000 元。

习 题 二

(一) 目的：了解工业企业资产、负债、所有者权益的划分，以及会计科目的初步运用。

(二) 资料：

某一生产车床的企业×年 12 月 31 日的各会计要素情况如表 2-1 所示：

表 2-1 某企业年末各会计要素项目

项　目	资产	负债	所有者权益	会计科目
1. 出纳处的现金				
2. 存放在银行的款项				
3. 信用证存款				
4. 购买的 B 公司股票，准备 1 个月后出售				
5. 生产车间厂房				
6. 生产车床用的生产设备				
7. 正在装配中的车床				
8. 已完工入库的车床				
9. 销售车床一台，收到对方开出的商业承兑汇票				
10. 制造车床用的库存钢材及其他材料				
11. 购入钢材的未付款项				
12. 客户赊欠的货款				
13. 为了预订一批紧缺钢材而预付的定金				
14. 采购员出差从出纳处预借的差旅费				
15. 尚未交纳的税金				
16. 出借包装物收取的押金				
17. 国家投入的资本				
18. 某外商投入的资本				
19. 生产计划部门用的电子计算机				
20. 从银行借入的短期借款				
21. 库存生产用煤				
22. 存放在外单位有待加工的材料				
23. 企业发行的长期债券				
24. 预收客户购买车床的定金				
25. 应付职工的各种薪酬				
26. 无形资产摊销				

(三) 要求：1. 根据上述项目内容，区分资产、负债、所有者权益，并在合适的栏目内画○。
2. 分别在表格中写出上述各项目所适用的会计科目。

习题三（作业题）

(一) 目的：学会会计科目的运用。
(二) 资料：见第一章习题二。
(三) 要求：指出资料中的各项内容应该用什么会计科目来反映。

习　题　四

(一) 目的：分析会计科目按隶属关系分类。
(二) 资料：某工业企业现用的部分会计科目如下：

1. 原材料
2. 应收B公司货款
3. 应付C公司货款
4. 固定资产
5. 生产成本
6. 运输工具
7. A产品生产成本
8. 辅助生产成本
9. 库存商品
10. 甲类商品
11. 短期借款
12. 主要材料
13. 应付账款
14. 甲材料
15. 基本生产成本
16. 生产用房
17. 机器设备
18. 应收A单位货款
19. A种商品
20. 财务费用
21. B产品生产成本
22. 辅助材料
23. 临时借款
24. 乙材料
25. 润滑油
26. 生产用固定资产
27. 应收账款
28. 应付子公司货款
29. 应收股利
30. 利息
31. 成本
32. 交易性金融资产
33. 公允价值变动

(三) 要求：在上列科目中分析哪些属于一级科目？哪些属于二级科目？哪些属于明细科目？按表2-2所示的"原材料"科目的级次，填写表2-2。

表2-2　会计科目级次表

一级总账科目	二级科目	三级明细科目
原材料	主要材料	甲材料 乙材料

习　题　五

(一) 目的：练习经济业务发生后对会计恒等式的影响类型分析。
(二) 资料：某企业发生的经济业务如下：

1. 用银行存款购买原材料。
2. 用银行存款支付所欠货款。
3. 向银行借入长期借款。
4. 收到投资者投入的资本。
5. 收到投资者所投入的固定设备。
6. 购买一批机器设备,货款未付。
7. 企业用固定资产向外单位投资。
8. 用现金偿还前欠B单位的运输费用。
9. 将盈余公积转作资本。
10. 企业所有者甲代企业归还银行欠款,并将其转为投入资本。
11. 企业向银行借入款项直接归还前欠A公司的采购款。
12. 企业的一位投资者申请撤回其一部分投资款,企业以现金予以支付。
13. 企业由于短期财务困难,与其债权人G公司商议后协定:把企业欠G公司的一笔负债转为G公司对企业的投资股份额。
14. 企业召开股东大会通过年底分红预案并在媒体予以公告,拟每股分红0.20元。具体实施分红方案计划在半个月之后进行。

(三) 要求:分析上述业务属于哪种类型,直接填入表2-3中。

表2-3 经济业务归类表

类型编号	经济业务类型	经济业务序号
1	一项资产增加,一项负债增加	
2	一项资产增加,一项所有者权益增加	
3	一项资产减少,一项负债减少	
4	一项资产减少,一项所有者权益减少	
5	一项资产增加,另一项资产减少	
6	一项负债增加,另一项负债减少	
7	一项所有者权益增加,另一项所有者权益减少	
8	一项负债增加,一项所有者权益减少	
9	一项负债减少,一项所有者权益增加	

习题六(作业题)

(一) 目的:同习题五。

(二) 资料:假设某企业×年10月1日的权益总额为1 700 000元,10月发生下列经济业务:

(1) 从银行提取现金2 000元。

(2) 向银行借入短期借款64 000元存入银行存款。

(3) 以银行存款2 400元偿还应付账款。

(4) 投资者投入全新设备一台,价值 20 000 元。

(5) 以银行存款 4 000 元购入材料。

(6) 购入材料一批,计价 2 800 元,材料已入库,货款未付。

(7) 向银行借入短期借款 8 000 元,直接偿还前欠货款。

(8) 收到前欠款 3 000 元,存入银行。

(三) 要求:逐项说明每一项经济业务属于哪一种类型,对该企业的资产总额有何影响。如有影响,说明影响的方向和金额。

习 题 七

(一) 目的:掌握资产类账户的基本结构。

(二) 资料:×年 5 月 1 日,某企业"银行存款"账户的期初余额为 50 000 元,5 月份发生的存款收支业务如下:

1. 2 日,以银行存款支付购买材料的款项 20 000 元。

2. 5 日,收回销售产品的货款 40 000 元。

3. 8 日,从银行提取现金 1 000 元。

4. 10 日,收到投资者投入的现金出资额 100 000 元,存入银行。

5. 20 日,开出转账支票一张,票面额为 150 000 元,用于购买一台生产产品的设备。

(三) 要求:开设"银行存款"的 T 型账户,将上述经济业务登入该 T 型账户中,并计算出 5 月份"银行存款"账户的本期借方、贷方发生额以及 5 月底的月末余额。

习题八(作业题)

(一) 目的:掌握负债类账户的基本结构。

(二) 资料:×年 5 月底某企业"短期借款"账户的余额为 50 000 元,6 月份发生的与该账户有关的经济业务如下:

1. 3 日,以银行存款 10 000 元,偿还到期的短期借款。

2. 8 日,向银行借入 6 个月期的借款 30 000 元,用于购买原材料。

3. 12 日,向银行借入 6 个月期的借款 40 000 元,用于购买设备。

4. 13 日,以销售货物得到的款项 70 000 元归还已经到期的短期借款。

(三) 要求:开设"短期借款"的 T 型账户,将上述经济业务登入该 T 型账户中,并计算出 6 月份"短期借款"账户的本期借方、贷方发生额以及 6 月底的月末余额。

习 题 九

(一) 目的:掌握账户基本结构和经济业务引起资产、负债及所有者权益变化的类型。

(二) 资料：下列有资产、负债及所有者权益两类账户的基本格式和业务变化类型四条箭头线。

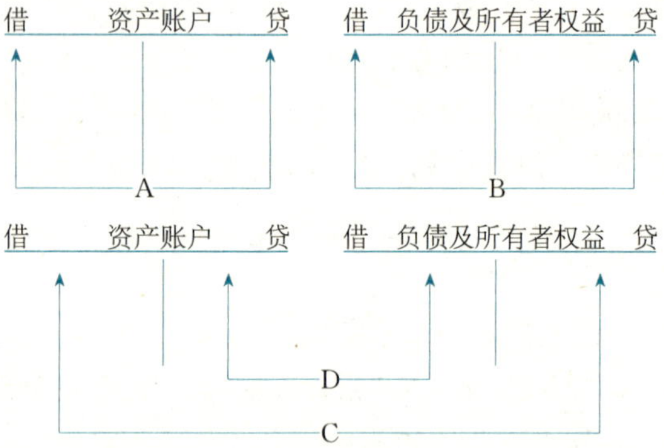

(三) 要求：**1.** 按 ABCD 四条箭头线说明它们代表的经济业务变化的类型。

2. 试列举四笔经济业务分别代表 ABCD 四条箭头线。

习 题 十

(一) 目的：掌握账户发生额和余额的计算方法。

(二) 资料：某企业×年 12 月 31 日部分账户资料见表 2-4：

表 2-4 某企业×年末各账户资料 单位：元

账 户 名 称	期初余额	本期借方发生额	本期贷方发生额	期末余额
库存现金	4 000	2 000		4 750
银行存款	75 000	50 000	91 000	
应收账款		52 300	43 000	17 000
短期借款	50 000		25 000	45 000
实收资本	150 000		0	150 000
固定资产	67 000	5 400		56 500
原 材 料		6 450	8 670	7 410
应付账款	2 000		1 500	2 100
盈余公积		35 000	50 000	89 000
合同负债	3 500		5 000	4 000
生产成本		20 000	23 000	4 550
交易性金融负债	5 000		3 200	3 180

(三) 要求：根据各类账户的结构，计算并填写上述表格中的空格。

习题十一(作业题)

(一) 目的：同习题十。

(二) 资料：某企业×年 12 月 31 日部分账户资料如表 2-5 所示：

表 2-5 某企业×年末各账户资料 单位：元

账户名称	期初余额	本期借方发生额	本期贷方发生额	期末余额
库存现金	580	450		550
短期借款	5 000	3 000		4 000
应付账款	1 560		740	1 340
实收资本	5 000		2 000	7 000
原材料	1 870	1 600		560
银行存款		5 370	3 745	2 600
应收账款	1 600		1 500	1 400
盈余公积	94 000	8 000	12 000	
固定资产	1 000	1 250	750	
交易性金融资产	2 000	3 000		1 850

(三) 要求：根据各类账户的结构，计算并填写上述表格中的空格。

习题十二

(一) 目的：熟悉经济业务对会计等式的影响，熟悉会计分录的编制。

(二) 资料：某企业×年 12 月发生的 10 笔经济业务列示如下(单位：元)：

	资产						= 负债		+ 所有者权益
	库存现金 +	银行存款 +	应收账款 +	原材料 +	固定资产 +	生产成本	应付账款 +	应付票据	实收资本
期初：	700	12 000	4 200	14 800	61 000	3 200	28 500	7 400	60 000
业务 1：		−2 500		+7 500			+5 000		
业务 2：				−10 000		+10 000			
业务 3：		+3 000	−3 000						
业务 4：		+40 000		+5 000	+35 000				+80 000
业务 5：		−20 000					−20 000		
业务 6：							−10 000	+10 000	
业务 7：								−6 000	+6 000
业务 8：		−20 000							−20 000
业务 9：	+100	−100							
业务 10：		−11 400						−11 400	

(三) 要求：1. 根据上述资料，说明当月该公司发生的10笔经济业务的内容。
2. 计算并说明每一笔经济业务对资产、负债及所有者权益增减变动的影响。
3. 对每笔业务编制会计分录。

习 题 十 三

(一) 目的：熟悉经济业务的发生对企业资产总额的影响。

(二) 资料：某企业4月末账面资产总额为850 000元。5月份发生下列经济业务：

1. 开出支票16 320元，购进一台设备。
2. 开出现金支票，从银行提取现金1 000元，以备日常开支。
3. 开出支票35 000元，偿还应付账款。
4. 开出支票预付第二季度保险费24 000元，本月负担的保险费为8 000元。
5. 收到4月份销售产品的货款8 280元，存入银行。
6. 收到海外友人捐赠的一台全新设备，价值40 000元。
7. 开出支票一张，购买某公司的股票1 000股，每股购买价10元。
8. 企业销售部门李某预借差旅费10 000元，企业用库存现金支付。
9. 企业的仓库发生了一场火灾，企业净损失了价值7 000元的存货。

(三) 要求：说明上述每项经济业务发生对资产总额的影响，并计算5月末企业资产总额。

习题十四(作业题)

(一) 目的：熟悉经济业务的发生对企业负债的影响。

(二) 资料：某企业4月末账面负债总额为450 000元。5月份发生下列经济业务：

1. 收回应收账款50 000元。
2. 收到购货单位预付的货款80 000元。
3. 向银行借入短期借款60 000元，直接用于归还应付账款。
4. 购买原材料一批，价款计45 000元，先用银行存款支付一半款项，另外一半暂欠。
5. 收到出租包装物押金5 000元，存入银行。
6. 用银行存款归还购买材料的应付账款22 500元。
7. 5月末，计算出应交的产品销售税金35 000元。

(三) 要求：说明上述每项经济业务发生对负债总额的影响，并计算5月末企业负债总额。

习 题 十 五

（一）目的：练习资产与负债三栏式账户的登记。

（二）资料：某企业 2008 年 5 月有两个账户的不完全记载情况见表2－6 和表 2－7：

表 2－6　应收账款三栏式账户

会计科目：应收账款　　　　　　　　　　　　　　　　单位：元

2008 年		凭证号数	摘　　要	借方	贷方	借或贷	余额
月	日						
5	1	略	略			借	6 000
	5					借	3 500
	6					借	8 500
	8					借	13 500
	10				6 000	借	
	15				3 000	借	
	18			2 000		借	

表 2－7　应付账款三栏式账户

会计科目：应付账款　　　　　　　　　　　　　　　　单位：元

2008 年		凭证号数	摘　　要	借方	贷方	借或贷	余额
月	日						
5	1	略	略			贷	6 700
	4				3 000	贷	
	7					贷	5 800
	9			2 100		贷	
	13					贷	5 500
	25			2 500		贷	

（三）要求：填补以上两个账户的借方、贷方金额以及余额。

习题十六（作业题）

（一）目的：练习所有者权益三栏式账户的登记。

（二）资料：某企业 2008 年 5 月有如下记载不完全的账户，见表 2－8：

表 2-8 实收资本三栏式账户

会计科目：实收资本　　　　单位：元

2008年 月	2008年 日	凭证号数	摘　要	借方	贷方	借或贷	余额
5	1	略	略			贷	36 000
	8				8 000	贷	
	11				12 000	贷	
	20					贷	80 000
	23			10 000		贷	
	25					贷	92 000

(三) 要求：填补以上账户的借方、贷方金额以及余额。

习 题 十 七

(一) 目的：练习运用借贷记账法编制会计分录、登记账户以及试算平衡。

(二) 资料：某企业×年 3 月 31 日各账户余额如表 2-9 所示：

表 2-9 某企业资产负债表

×年 4 月 1 日　　　　单位：元

资产类账户		权益类账户	
账户名称	金　额	账户名称	金　额
库存现金	2 500	短期借款	16 000
银行存款	9 400	应付账款	6 700
应收账款	9 100	其他应付款	1 000
原 材 料	52 100	应付职工薪酬	10 800
库存商品	63 000	应交税费	5 600
生产成本	8 000	实收资本	200 000
其他应收款	1 000	资本公积	8 000
固定资产	109 000	盈余公积	6 000
资产合计	254 100	权益合计	254 100

本月份发生以下经济业务：

1. 购入原材料一批，价值 5 300 元，尚未支付。

2. 从银行提取现金 1 000 元，以备零用。

3. 投资者投入设备一台，价值 3 800 元。

4. 收回上月销货款 2 900 元，存入银行。

5. 所有者投入 20 000 元，存入银行。

6. 通过银行转账 10 800 元发放职工薪酬。

7. 将库存现金 200 元存入银行。
8. 销售产品一批，价款 8 000 元，只收到一半款项，存入银行。（收入记入主营业务收入账户）
9. 用银行存款支付上月欠缴税金 5 600 元。
10. 用银行存款支付所欠购料款 5 300 元。
11. 采购员预借差旅费 800 元，以现金付讫。
12. 收回应收账款 5 000 元，存入银行。
13. 用银行存款偿还短期借款 3 000 元。
14. 将资本公积 2 000 元转增资本。
15. 领用原材料 3 000 元，投入生产。

（三）要求：

1. 根据该公司本月发生的经济业务，说明每项业务所影响的账户名称、类别、增加或减少的金额。
2. 设置账户，并登记期初余额。
3. 根据要求 1 的分析结果，对发生的经济业务编制会计分录。
4. 根据所编会计分录登记账户。
5. 结算每个账户的本期发生额和期末余额。
6. 根据各项目的月初余额和本月发生额计算期末余额，并编制综合试算平衡表。

习题十八（作业题）

（一）目的：练习运用借贷记账法编制会计分录并进行试算平衡。

（二）资料：星海公司×年 10 月初有关账户余额如表 2－10 所示：

表 2－10　星海公司×年 10 月初各账户余额　　单位：元

资　产	金　额	负债及所有者权益	金　额
库存现金	1 500	短期借款	195 000
银行存款	45 000	应付账款	142 500
原 材 料	90 000	应交税费	9 000
应收账款	47 700	长期借款	186 000
库存商品	60 000	实收资本	304 200
生产成本	22 500	资本公积	140 000
长期投资	180 000	盈余公积	70 000
固定资产	600 000		
合　计	1 046 700	合　计	1 046 700

另外,该公司本月发生以下经济业务:

(1) 购进机器设备一台,价值 10 000 元,以银行存款支付。

(2) 从银行提现 1 000 元。

(3) 投资者投入企业原材料一批,作价 20 000 元。

(4) 生产车间向仓库领用材料一批价值 40 000 元,投入生产。

(5) 以银行存款 22 500 元偿付应付供应单位货款。

(6) 向银行取得长期借款 150 000 元,存入银行。

(7) 以银行存款上缴所得税 9 000 元。

(8) 收到投资者投入现金 5 000 元。

(9) 收到购货单位前欠货款 18 000 元,其中 16 000 元存入银行,其余部分收到现金。

(10) 以银行存款 48 000 元归还银行短期借款 20 000 元和欠供应商的货款 28 000 元。

(三) 要求:**1.** 根据以上资料编制会计分录。

2. 编制综合试算平衡表。

习 题 十 九

(一) 目的:了解账户对应关系,进一步掌握借贷记账法。

(二) 资料:某企业×年 9 月部分账户登记如图 2-1 所示:

库存现金

期初余额	2 000	(5)	1 000
(1)	1 000		

原材料

期初余额	10 000	(9)	2 000
(2)	5 000		
(7)	1 000		

应收账款

期初余额	8 000		
(10)	4 000	(6)	8 000

固定资产

期初余额	30 000		
(3)	10 000		

银行存款

期初余额	50 000	(1)	1 000
(6)	8 000	(3)	10 000
(10)	6 000	(7)	1 000
		(8)	20 000

短期借款

(8)	20 000	期初余额	40 000
		(4)	10 000

其他应收款

期初余额	1 000		
(5)	1 000		

应付账款

(4)	10 000	期初余额	5 000
		(2)	5 000

生产成本

(9)	2 000		

主营业务收入

		(10)	10 000

图 2-1　某企业×年 9 月部分账户登记情况

(三) 要求:根据账户的对应关系,用文字叙述以上账户中登记的 1—10 项经济业务的内容，并写出会计分录。

习 题 二 十

（一）目的：练习试算平衡表的编制。
（二）资料：某公司×年2月份各账户的有关资料见表2-11：

表2-11 某公司×年2月份账户试算平衡表 单位：元

账户名称	期初余额		本期发生额		期末余额	
	借 方	贷 方	借 方	贷 方	借 方	贷 方
库存现金	950		4 360		960	
银行存款	2 690			7 460		
应收账款				18 400	0	
原 材 料	5 000		1 720		4 100	
固定资产			5 000	0	10 400	
短期借款			2 000	0		0
应付账款		3 700	4 400			2 000
应交税费			4 000	2 600		3 600
实收资本		20 000	0			20 000
合 计						

（三）要求：根据上述资料，将正确的数字填入适当的空格内。

习题二十一(作业题)

（一）目的：进一步练习账户的试算平衡。
（二）资料：某公司×年6月份各账户的记录如表2-12所示：

表2-12 某公司×年6月份账户试算平衡表 单位：元

账户名称	期初余额		本期发生额		期末余额	
	借 方	贷 方	借 方	贷 方	借 方	贷 方
库存现金	850		1 400		730	
银行存款	17 500			87 500		
应收账款	29 400		74 500		34 800	
原 材 料				74 500	14 300	
库存商品	47 000			94 000	18 000	
交易性金融资产	180			1 400	240	
固定资产			12 140	0	280 640	

续 表

账户名称	期初余额		本期发生额		期末余额	
	借 方	贷 方	借 方	贷 方	借 方	贷 方
累计折旧			0	27 780		33 510
短期借款		24 000	45 000			18 000
应付账款			34 500	58 400		28 600
应付股利		12 000	44 000			16 000
应付职工薪酬		400	1 600			600
长期借款		70 000	50 000	40 000		
实收资本		250 000	0	50 000		
合　　计						

(三) 要求：根据上述资料，在有关的空格中填入正确的数据。

习题二十二

(一) 目的：练习试算平衡的检查及改正。

(二) 资料：某企业×年 5 月 31 日编制的结账前试算表如表 2-13 所示。因记账、过账等错误，该表未能平衡。

表 2-13　某企业结账前试算表

×年 5 月 31 日　　　　单位：元

账户名称	借　　方	贷　　方
库存现金	800	
银行存款	28 000	
应收账款	38 000	
库存商品	12 000	
固定资产	36 000	
应付账款		26 660
实收资本		90 000
主营业务收入		47 000
主营业务成本	400	
管理费用	43 000	
合　　计	158 200	163 660

企业的会计人员在核对分类账及日记账后发现下列各项错误。

1. 赊购固定资产 3 400 元，误记为：　借：管理费用　　3 400

　　贷：应付账款　　3 400

2. 收到款项 5 600 元,误记为 6 500 元(应收账款也贷记为 6 500 元)。
3. 支付欠款 2 600 元,过账时贷记为应付账款 2 060 元。
4. 支付管理部门邮电费 300 元,在过账时借记管理费用 300 元,借记库存现金 300 元。
5. 管理人员的工资 6 000 元,未记入管理费用账户。
6. 销售产品取得收入 8 900 元。过账时,贷记主营业务收入 900 元。
7. 核对主营业务收入账户,发现其虚记 3 400 元。
8. 盘点库存商品,发现库存额仅存 8 500 元,其余的 3 500 元则已于 5 月份销售掉。

(三) 要求:编制一张正确的试算平衡表。

习题二十三

(一) 目的:练习总账与明细账的平行登记。

(二) 资料:某企业×年 4 月份“原材料”总账及其所属明细账账户记录如图 2-2 所示:

借	原材料(总账)	贷
期初余额 480 000		
本期发生额 (　　)	本期发生额 860 000	
期末余额 310 000		

借	原材料(A)	贷
期初余额 176 000		
本期发生额 320 000	本期发生额(　　)	
期末余额 (　　)		

借	原材料(B)	贷
期初余额 (　　)		
本期发生额 213 000	本期发生额 298 000	
期末余额 (　　)		

借	原材料(C)	贷
期初余额 115 000		
本期发生额 (　　)	本期发生额(　　)	
期末余额 76 000		

图 2-2　某企业×年 4 月份原材料总账及明细账

(三) 要求:运用总账与明细账平行登记的原理,将有关账户括号中的空缺数字填列齐全。

习题二十四

(一) 目的:练习总分类账户与明细分类账户的平行登记。

(二) 资料:

1. 某企业×年 9 月 30 日有关总分类账户和明细分类账户余额如下:

(1) 总分类账户:

“原材料”账户借方余额 400 000 元。

“应付账款”账户贷方余额 100 000 元。

(2) 明细分类账户:

“原材料——甲材料”账户 1 600 千克,单价 150 元,借方余额 240 000 元。

“原材料——乙材料”账户 400 千克,单价 100 元,借方余额 40 000 元。

“原材料——丙材料”账户 1 000 千克,单价 120 元,借方余额 120 000 元。

“应付账款——A 公司”账户贷方余额 60 000 元。

“应付账款——B 公司”账户贷方余额 40 000 元。

2. 该公司该年 10 月发生部分经济业务如下(不考虑增值税):

(1) 以银行存款偿还 A 公司前欠货款 30 000 元。

(2) 购进甲材料 200 千克,单价 150 元,价款 30 000 元,以银行存款支付,材料入库。

(3) 生产车间向仓库领用材料一批,其中甲材料 400 千克,单价 150 元;乙材料 200 千克,单价 100 元;丙材料 500 千克,单价 120 元,共计领用材料金额 140 000 元。

(4) 以银行存款偿还 B 公司前欠货款 20 000 元。

(5) 向 A 公司购入乙材料 200 千克,单价 100 元,材料入库,货款 20 000 元暂欠。

(6) 向 B 公司购入丙材料 300 千克,单价 120 元,材料入库,货款 36 000 元暂欠。

(三) 要求:

1. 根据上述资料 2 的内容,编制会计分录。原材料和应付账款账户要写出明细分类科目。

2. 开设“原材料”、“应付账款”总分类账和明细分类账,结出各账户本期发生额和期末余额。

习题二十五(作业题)

(一) 目的:同习题二十四。

(二) 资料:**1.** ×年 10 月 1 日某企业有关总分类账户及所属明细分类账户的期初余额如下:

(1) “原材料”账户的期初余额为 98 000 元,其中:甲材料30 000 元,乙材料 40 000 元,丙材料 28 000 元。

(2) “应付账款”账户的期初余额为 86 000 元,其中:大华公司 58 000 元,天卓公司 28 000 元。

2. 10 月份该厂发生的有关经济业务如下:

(1) 1 日,以银行存款偿付前欠大华公司材料款 8 000 元。

(2) 2 日,生产 A 产品领用甲材料 4 000 元,领用乙材料2 000 元。

(3) 3 日,收到大华公司发来的甲材料 30 000 元交仓库,货款暂欠。

(4) 5 日,生产 B 产品领用甲材料 2 000 元。

(5) 8日,以银行存款偿付上月所欠大华公司材料款12 000元。

(6) 10 日,生产 A 产品领用甲材料 6 000 元,领用丙材料8 000元。

(7) 12 日,生产 C 产品领用甲材料 2 000 元,领用丙材料10 000 元,领用乙材料4 000元。

(8) 13 日,以银行存款偿付前欠天卓公司材料款 10 000 元。

(9) 14 日,生产 C 产品领用甲材料 2 000 元,领用丙材料4 000元。

(10) 14 日,以银行存款偿付前欠大华公司材料款 2 000 元。

(11) 14 日,以银行存款偿付前欠天卓公司材料款 5 000 元。

(12) 17 日,以银行存款偿付前欠大华公司材料款 10 000 元。

(13) 18 日,收到大华公司归还的上月购货款 10 000 元存入银行。

(14) 18 日,以银行存款偿付前欠天卓公司材料款 5 000 元。

(15) 19 日,以银行存款偿付前欠大华公司材料款 8 000 元。

(三) 要求: 设置"原材料"和"应付账款"总分类账和明细分类账户,根据上述资料编制会计分录,并采用平行登记法将所作会计分录登入上述各总账和明细账户中。

第三部分 | 案　例

案 例 1

某企业于×年 1 月 1 日开业。截至 1 月 10 日,该公司共发生了 6 笔经济业务,把这 6 笔业务登入账户后,各账户的余额如下:

1.	库存现金	2 000
2.	银行存款	108 000
3.	原材料	60 000
4.	固定资产	150 000
5.	应付账款	70 000
6.	实收资本	250 000

请合理构建 5 笔经济业务的内容,使得这 6 笔经济业务入账后的结果必须产生题目所列的各账户的余额,并将业务内容以分录的形式列示。(答案不唯一)

案 例 2

程开原来是饭店的服务员，年薪10 000元。一年前他辞去工职，个人投资50 000元，创办了龙泉娱乐中心，主要经营宴席、酒会、小吃等饮食服务，同时兼营舞会、宴会等场地出租。该娱乐中心一年来的经营情况如下：

1. 提供饮食服务收入160 000元。
2. 出租场地租金收入26 000元。
3. 各种饮食品的成本共计84 000元。
4. 支付广告费10 000元。
5. 支付雇员工资60 000元，程某个人生活费10 000元。
6. 其他一些费用共计12 000元。

试问：程开一年来的经营成果如何？评述其辞职搞个体经营是否更有利可图，说出合适的解释原因。

第二章答案

第一部分 概 念 题

一、填空题

1. 增加 减少 **2.** 会计要素 破坏 平衡 **3.** 全部负债 **4.** 总分类账户 明细分类账户 **5.** 期初余额 本期减少额 **6.** 会计科目内容 会计科目级次 横向 纵向 **7.** 总分类账户 一级账户 **8.** 权益 相等 **9.** 债权人 资产 **10.** 所有者权益 债权人权益 **11.** 有借必有贷 借贷必相等 **12.** 简单会计分录 复合会计分录 **13.** 借方 贷方 **14.** 借方 之和 **15.** 有错误 一定正确 **16.** 相等的 两个 两个以上 **17.** 减少10 000 增加10 000 不变 **18.** 30 000 **19.** 50 000 **20.** 500 000

二、判断题

1. × **2.** √ **3.** × **4.** × **5.** √ **6.** √ **7.** √ **8.** × **9.** × **10.** × **11.** × **12.** × **13.** × **14.** √ **15.** × **16.** √ **17.** √ **18.** × **19.** × **20.** × **21.** × **22.** × **23.** √ **24.** √ **25.** × **26.** × **27.** ×

三、单项选择题

1. D **2.** A **3.** C **4.** D **5.** C **6.** C **7.** D **8.** D **9.** C **10.** C **11.** C **12.** D **13.** A **14.** B **15.** B **16.** C **17.** D **18.** A **19.** B **20.** A **21.** D

22. D **23.** D **24.** C **25.** C **26.** D **27.** A **28.** A **29.** A **30.** B **31.** C
32. B **33.** A **34.** D **35.** C **36.** C **37.** C **38.** B **39.** A **40.** C

四、多项选择题

1. ABD **2.** BCE **3.** BD **4.** BCE **5.** ADE **6.** ABD **7.** BCDE **8.** AC
9. ABC **10.** BCD **11.** ACE **12.** ACDE **13.** ABCDE **14.** ABD
15. BCDE **16.** ACDE **17.** DE **18.** ACDE **19.** ABCDE **20.** ABCE
21. ABCE **22.** BCE **23.** ABCE **24.** ABCE **25.** BC **26.** BC
27. ACDE

第二部分 核 算 题

习 题 一

利用会计等式的变形：期末资产＝期末负债＋期初所有者权益＋本年内投资变更＋收入－费用

期初所有者权益＝期初资产－期初负债＝258 000－190 000＝68 000

把所有者权益的期初金额代入上述会计等式的变形，就可以得到各种情况下的答案。

各种情况下的利润为：

1. 65 000 元

2. 45 000 元

3. 80 000 元

4. 52 000 元

习 题 二

表 2-14 某企业年末各会计要素

项 目	资产	负债	所有者权益	会计科目
1. 出纳处的现金	○			库存现金
2. 存放在银行的款项	○			银行存款
3. 信用证存款	○			其他货币资金
4. 购买的B公司股票，准备1个月后出售	○			交易性金融资产
5. 生产车间厂房	○			固定资产
6. 生产车床用的生产设备	○			固定资产
7. 正在装配中的车床	○			生产成本
8. 已完工入库的车床	○			库存商品
9. 销售车床一台，收到对方开出的商业承兑汇票	○			应收票据

续 表

项　　目	资产	负债	所有者权益	会计科目
10. 制造车床用的库存钢材及其他材料	○			原材料
11. 购入钢材的未付款项		○		应付账款
12. 客户赊欠的货款	○			应收账款
13. 为了预订一批紧缺钢材而预付的定金	○			预付账款
14. 采购员出差从出纳处预借的差旅费	○			其他应收款
15. 尚未交纳的税金		○		应交税费
16. 出借包装物收取的押金		○		其他应付款
17. 国家投入的资本			○	实收资本
18. 某外商投入的资本			○	实收资本
19. 生产计划部门用的电子计算机	○			固定资产
20. 从银行借入的短期借款		○		短期借款
21. 库存生产用煤	○			原材料
22. 存放在外单位有待加工的材料	○			委托加工物资
23. 企业发行的长期债券		○		应付债券
24. 预收客户购买车床的定金		○		合同负债
25. 应付职工的各种薪酬		○		应付职工薪酬
26. 无形资产摊销	○			累计摊销

习 题 三

解题原理同习题二,答案略。

习 题 四

表 2-15　会计科目级次表

一级总账科目	二　级　科　目	三级明细科目
原　材　料	主要材料	甲材料 乙材料
	辅助材料	润滑油
生产成本	基本生产成本	A 产品生产成本 B 产品生产成本
	辅助生产成本	
固定资产	生产用固定资产	机器设备 生产用房 运输工具
短期借款	临时借款	
应付账款		应付子公司货款 应付 C 公司货款
应收账款		应收 A 单位货款 应收 B 公司货款
库存商品	甲类商品	A 种商品

续 表

一级总账科目	二级科目	三级明细科目
财务费用		利息
应收股利		
交易性金融资产		成本 公允价值变动

习题五

表 2-16 经济业务归类表

类型编号	经济业务类型	经济业务序号
1	一项资产增加,一项负债增加	3 和 6
2	一项资产增加,一项所有者权益增加	4 和 5
3	一项资产减少,一项负债减少	2 和 8
4	一项资产减少,一项所有者权益减少	12
5	一项资产增加,另一项资产减少	1 和 7
6	一项负债增加,另一项负债减少	11
7	一项所有者权益增加,另一项所有者权益减少	9
8	一项负债增加,一项所有者权益减少	14
9	一项负债减少,一项所有者权益增加	10 和 13

习题六

解题原理同习题五,答案略。

习题七

借	银行存款		贷
期初余额	50 000		
		(1)	20 000
(2)	40 000	(3)	1 000
(4)	100 000	(5)	150 000
本期发生额	140 000	本期发生额	171 000
期末余额	19 000		

图 2-3 存款 T 型账户

习题八

解题原理同习题七,答案略。

习 题 九

1. A 线：一项资产增加，另一项资产等额减少。
B 线：一项负债及所有者权益增加，另一项负债及所有者权益等额减少。
C 线：一项资产与一项负债及所有者权益同时等额增加。
D 线：一项资产与一项负债及所有者权益同时等额减少。

2. A 线：从银行提取现金。
B 线：盈余公积转增资本金。
C 线：从银行借入短期借款。
D 线：用银行存款归还短期借款。

习 题 十

表 2-17 某企业年末各账户资料 单位：元

账户名称	期初余额	本期借方发生额	本期贷方发生额	期末余额
库存现金	4 000	2 000	***1 250***	4 750
银行存款	75 000	50 000	91 000	***34 000***
应收账款	***7 700***	52 300	43 000	17 000
短期借款	50 000	***30 000***	25 000	45 000
实收资本	150 000	***0***	0	150 000
固定资产	67 000	5 400	***15 900***	56 500
原 材 料	***9 630***	6 450	8 670	7 410
应付账款	2 000	***1 400***	1 500	2 100
盈余公积	***74 000***	35 000	50 000	89 000
合同负债	3 500	***4 500***	5 000	4 000
生产成本	***7 550***	20 000	23 000	4 550
交易性金融负债	5 000	***5 020***	3 200	3 180

习 题 十 一

解题思路同习题十，答案略。

习 题 十 二

1. 业务 1：购买原材料，价款 7 500 元，其中 2 500 元以银行存款支付，其余的暂欠。

业务 2：领用价值 10 000 元的原材料投入生产。

业务 3：收回应收账款 3 000 元，存入银行。

业务 4：投资者投入现款 40 000 元、价值 5 000 元的原材料以及一台价值 35 000 元的设备。

业务 5：以银行存款 20 000 元支付前欠货款。

业务 6：开出面值 10 000 元的商业承兑汇票，抵付赊欠供应商的货款。

业务 7：一张面值 6 000 元的应付票据尚未到期，债权人与企业达成协议，把此应收票据的票值作为对企业的投资。

业务 8：某投资者由于特殊原因撤回投资 20 000 元，企业以银行存款支付。

业务 9：从银行提取 100 元的库存现金。

业务 10：一张票面额为 11 400 元的应付票据到期，企业以银行存款予以支付。

2. 略。

3. 编制会计分录如下：

(1) 借：原材料　7 500
　　贷：应付账款　5 000
　　　　银行存款　2 500

(2) 借：生产成本　10 000
　　贷：原材料　10 000

(3) 借：银行存款　3 000
　　贷：应收账款　3 000

(4) 借：银行存款　40 000
　　　　原材料　5 000
　　　　固定资产　35 000
　　贷：实收资本　80 000

(5) 借：应付账款　20 000
　　贷：银行存款　20 000

(6) 借：应付账款　10 000
　　贷：应付票据　10 000

(7) 借：应付票据　6 000
　　贷：实收资本　6 000

(8) 借：实收资本　20 000
　　贷：银行存款　20 000

(9) 借: 库存现金　　　　100
　　贷: 银行存款　　　　　　100
(10) 借: 应付票据　　　　11 400
　　贷: 银行存款　　　　　　11 400

习 题 十 三

各笔经济业务对资产的影响为:

1. 该笔业务对资产总额无影响。
2. 该笔业务对资产总额无影响。
3. 该笔业务使资产总额减少 35 000 元。
4. 该笔业务使资产总额减少 8 000 元。
5. 该笔业务对资产总额无影响。
6. 该笔业务使资产增加 40 000 元。
7. 该笔业务对资产总额无影响。
8. 该笔业务对资产总额无影响。
9. 该笔业务使资产减少 7 000 元。

5 月末企业资产总额=850 000－35 000－8 000+40 000
　　－7 000=840 000 元

习 题 十 四

解题原理同习题十三,答案略。

习 题 十 五

表 2-18　应收账款三栏式账户

会计科目: 应收账款　　　　单位: 元

2001 年 月	日	凭证号数	摘　要	借方	贷方	借或贷	余额
5	1	略	略			借	6 000
	5				(2 500)	借	3 500
	6			(5 000)		借	8 500
	8			(5 000)		借	13 500
	10				6 000	借	(7 500)
	15				3 000	借	(4 500)
	18			2 000		借	(6 500)

表 2-19 应付账款三栏式账户

会计科目：应付账款　　　　单位：元

2001年 月	日	凭证号数	摘要	借方	贷方	借或贷	余额
5	1	略	略			贷	6 700
	4				3 000	贷	(9 700)
	7			(3 900)		贷	5 800
	9			2 100		贷	(3 700)
	13				(1 800)	贷	5 500
	25			2 500		贷	(3 000)

习 题 十 六

解题原理同习题十五，答案略。

习 题 十 七

1. 各经济业务所影响的账户名称、类别、增加或减少的金额分别列示如下(表中各数字单位都为元)：

(1)

受影响的账户	账户类别	金额的变化	借　方	贷　方
原材料	资　产	增　加	5 300	
应付账款	负　债	增　加		5 300

(2)

受影响的账户	账户类别	金额的变化	借　方	贷　方
库存现金	资　产	增　加	1 000	
银行存款	资　产	减　少		1 000

(3)

受影响的账户	账户类别	金额的变化	借　方	贷　方
固定资产	资　产	增　加	3 800	
实收资本	所有者权益	增　加		3 800

(4)

受影响的账户	账户类别	金额的变化	借　方	贷　方
银行存款	资　产	增　加	2 900	
应收账款	资　产	减　少		2 900

(5)

受影响的账户	账户类别	金额的变化	借　方	贷　方
银行存款	资　产	增　加	20 000	
实收资本	所有者权益	增　加		20 000

(6)

受影响的账户	账户类别	金额的变化	借　方	贷　方
银行存款	资　产	减　少		10 800
应付职工薪酬	负　债	减　少	10 800	

(7)

受影响的账户	账户类别	金额的变化	借　方	贷　方
库存现金	资　产	减　少		200
银行存款	资　产	增　加	200	

(8)

受影响的账户	账户类别	金额的变化	借　方	贷　方
主营业务收入	收　入	增　加		8 000
应收账款	资　产	增　加	4 000	
银行存款	资　产	增　加	4 000	

(9)

受影响的账户	账户类别	金额的变化	借　方	贷　方
银行存款	资　产	减　少		5 600
应交税费	负　债	减　少	5 600	

(10)

受影响的账户	账户类别	金额的变化	借　方	贷　方
银行存款	资　产	减　少		5 300
应付账款	负　债	减　少	5 300	

(11)

受影响的账户	账户类别	金额的变化	借　方	贷　方
库存现金	资　产	减　少		800
其他应收款	资　产	增　加	800	

(12)

受影响的账户	账户类别	金额的变化	借　方	贷　方
银行存款	资　产	增　加	5 000	
应收账款	资　产	减　少		5 000

(13)

受影响的账户	账户类别	金额的变化	借　方	贷　方
银行存款	资　产	减　少		3 000
短期借款	负　债	减　少	3 000	

(14)

受影响的账户	账户类别	金额的变化	借　方	贷　方
资本公积	所有者权益	减　少	2 000	
实收资本	所有者权益	增　加		2 000

(15)

受影响的账户	账户类别	金额的变化	借　方	贷　方
原材料	资　产	减　少		3 000
生产成本	资　产	增　加	3 000	

3. 编制会计分录：

(1) 借：原材料　　5 300
　　贷：应付账款　　5 300

(2) 借：库存现金　　1 000
　　贷：银行存款　　1 000

(3) 借：固定资产　　3 800
　　贷：实收资本　　3 800

(4) 借：银行存款　　2 900
　　贷：应收账款　　2 900

(5) 借：银行存款　　20 000
　　贷：实收资本　　20 000

(6) 借：应付职工薪酬　　10 800
　　贷：银行存款　　10 800

(7) 借：银行存款　　200
　　贷：库存现金　　200

(8) 借：银行存款　　4 000
　　应收账款　　4 000
　　贷：主营业务收入　　8 000

(9) 借：应交税费　　5 600
　　贷：银行存款　　　　5 600

(10) 借：应付账款　　5 300
　　贷：银行存款　　　　5 300

(11) 借：其他应收款　　800
　　贷：库存现金　　　　800

(12) 借：银行存款　　5 000
　　贷：应收账款　　　　5 000

(13) 借：短期借款　　3 000
　　贷：银行存款　　　　3 000

(14) 借：资本公积　　2 000
　　贷：实收资本　　　　2 000

(15) 借：生产成本　　3 000
　　贷：原材料　　　　3 000

第 2、4 和 5 小题的答案：开设账户，登记期初余额和本期发生的各项经济业务，并结出每个账户的本期发生额和期末余额。

借	库存现金		贷
期初余额	2 500	(7)	200
(2)	1 000	(11)	800
本期发生额	1 000	本期发生额	1 000
期末余额	2 500		

借	银行存款		贷
期初余额	9 400		
(4)	2 900	(2)	1 000
(5)	20 000	(6)	10 800
(7)	200	(9)	5 600
(8)	4 000	(10)	5 300
(12)	5 000	(13)	3 000
本期发生额	32 100	本期发生额	25 700
期末余额	15 800		

借	应收账款		贷
期初余额	9 100		
		(4)	2 900
(8)	4 000	(12)	5 000
本期发生额	4 000	本期发生额	7 900
期末余额	5 200		

借	原材料		贷
期初余额	52 100		
(1)	5 300	(15)	3 000
本期发生额	5 300	本期发生额	3 000
期末余额	54 400		

借	库存商品		贷
期初余额	63 000		
期末余额	63 000		

借	生产成本		贷
期初余额	8 000		
(15)	3 000		
本期发生额	3 000		
期末余额	11 000		

借 其他应收款 贷

借方	金额	贷方	金额
期初余额	1 000		
(11)	800		
本期发生额	800		
期末余额	1 800		

借 固定资产 贷

借方	金额	贷方	金额
期初余额	109 000		
(3)	3 800		
本期发生额	3 800		
期末余额	112 800		

借 短期借款 贷

借方	金额	贷方	金额
		期初余额	16 000
(13)	3 000		
本期发生额	3 000		
		期末余额	13 000

借 应付账款 贷

借方	金额	贷方	金额
		期初余额	6 700
(10)	5 300	(1)	5 300
本期发生额	5 300	本期发生额	5 300
		期末余额	6 700

借 其他应付款 贷

借方	金额	贷方	金额
		期初余额	1 000
		期末余额	1 000

借 应付职工薪酬 贷

借方	金额	贷方	金额
		期初余额	10 800
(6)	10 800		
本期发生额	10 800		
		期末余额	0

借 应交税费 贷

借方	金额	贷方	金额
(9)	5 600	期初余额	5 600
本期发生额	5 600		
		期末余额	0

借 实收资本 贷

借方	金额	贷方	金额
		期初余额	200 000
		(3)	3 800
		(5)	20 000
		(14)	2 000
		本期发生额	25 800
		期末余额	225 800

借 资本公积 贷

借方	金额	贷方	金额
		期初余额	8 000
(14)	2 000		
本期发生额	2 000		
		期末余额	6 000

借 主营业务收入 贷

借方	金额	贷方	金额
		(8)	8 000
		本期发生额	8 000
		期末余额	8 000

借 盈余公积 贷

借方	金额	贷方	金额
		期初余额	6 000
		期末余额	6 000

图 2-4 各 T 型账户登记情况

6. 编制试算平衡表。

表 2-20 综合试算平衡表 单位：元

账 户	期初余额		本期发生额		期末余额	
	借 方	贷 方	借 方	贷 方	借 方	贷 方
库存现金	2 500		1 000	1 000	2 500	
银行存款	9 400		32 100	25 700	15 800	
应收账款	9 100		4 000	7 900	5 200	
原材料	52 100		5 300	3 000	54 400	
库存商品	63 000				63 000	

5 300

续 表

账　户	期初余额		本期发生额		期末余额	
	借　方	贷　方	借　方	贷　方	借　方	贷　方
生产成本	8 000		3 000		11 000	
其他应收款	1 000		800		1 800	
固定资产	109 000		3 800		112 800	
短期借款		16 000	3 000			13 000
应付账款		6 700	5 300	5 300		6 700
其他应付款		1 000				1 000
应付职工薪酬		10 800	10 800			0
应交税费		5 600	5 600			0
实收资本		200 000		25 800		225 800
资本公积		8 000	2 000			6 000
盈余公积		6 000				6 000
主营业务收入				8 000		8 000
合　计	254 100	254 100	76 700	76 700	266 500	266 500

习题十八

解题原理同习题十七,答案略。

习题十九

(一) 各笔业务的经济内容参考如下:

1. 从银行提取现金 1 000 元。
2. 购买原材料 5 000 元,款项未付。
3. 购买固定资产 10 000 元,用银行存款付讫。
4. 向银行借入短期借款 10 000 元,直接用于支付前欠货款。
5. 某采购员出差,预借差旅费 1 000 元,用库存现金支付。
6. 收回应收账款 8 000 元,存入银行。
7. 购入原材料 1 000 元,开出 1 000 元的转账支票一张。
8. 用银行存款归还 20 000 元的短期借款。
9. 领用原材料 2 000 元,投入生产。
10. 销售产品一批,售价 10 000 元,其中 6 000 元收到现款,存入银行,另外 4 000 元对方暂欠。

(二) 会计分录如下:

1. 借: 库存现金　　1 000
　　贷: 银行存款　　1 000
2. 借: 原材料　　5 000
　　贷: 应付账款　　5 000

3. 借：固定资产　　10 000
　　贷：银行存款　　10 000

4. 借：应付账款　　10 000
　　贷：短期借款　　10 000

5. 借：其他应收款　　1 000
　　贷：库存现金　　1 000

6. 借：银行存款　　8 000
　　贷：应收账款　　8 000

7. 借：原材料　　1 000
　　贷：银行存款　　1 000

8. 借：短期借款　　20 000
　　贷：银行存款　　20 000

9. 借：生产成本　　2 000
　　贷：原材料　　2 000

10. 借：银行存款　　6 000
　　应收账款　　4 000
　　贷：主营业务收入　　10 000

习题二十

表 2-21　某公司×年 2 月份账户试算平衡表　　单位：元

账户名称	期初余额		本期发生额		期末余额	
	借　方	贷　方	借　方	贷　方	借　方	贷　方
库存现金				4 350		
银行存款			14 910		10 140	
应收账款	16 660		1 740			
原 材 料				2 620		
固定资产	5 400					
短期借款		2 000				
应付账款				2 700		
应交税费		5 000				
实收资本				0		
合　　计	30 700	30 700	38 130	38 130	25 600	25 600

习题二十一

解题思路同习题二十,答案略。

习题二十二

(一) 首先对每笔错误更正如下:

1. 固定资产账户借方增加 3 400 元,管理费用账户借方减少3 400 元。

2. 应收账款账户借方增加 900 元,银行存款账户借方减少 900 元。

3. 应付账款账户贷方减少 4 660 元。

4. 现金账户借方减少 600 元。

5. 管理费用账户借方增加 6 000 元。

6. 主营业务收入账户贷方增加 8 000 元。

7. 主营业务收入账户贷方减少 3 400 元。

8. 库存商品账户借方减少 3 500 元,主营业务成本账户借方增加 3 500 元。

(二) 然后再编制正确的试算平衡表,见表 2 - 22:

表 2 - 22　某企业结账前试算表

×年 5 月 31 日　　　　单位:元

账户名称	借　方	贷　方
库存现金	200	
银行存款	27 100	
应收账款	38 900	
库存商品	8 500	
固定资产	39 400	
应付账款		22 000
实收资本		90 000
主营业务收入		51 600
主营业务成本	3 900	
管理费用	45 600	
合　计	163 600	163 600

习题二十三

借	原材料(总账)		贷
期初余额	480 000		
本期发生额	(690 000)	本期发生额	860 000
期末余额	310 000		

借	原材料(A)		贷
期初余额	176 000		
本期发生额	320 000	本期发生额	(366 000)
期末余额	(130 000)		

借	原材料(B)		贷
期初余额	(189 000)		
本期发生额	213 000	本期发生额	298 000
期末余额	(104 000)		

借	原材料(C)		贷
期初余额	115 000		
本期发生额	(157 000)	本期发生额	(196 000)
期末余额	76 000		

图 2 - 5　某企业×年 4 月份原材料总账及明细账

习题二十四

1. 编制会计分录：

(1) 借：应付账款——A公司　30 000
　　贷：银行存款　30 000

(2) 借：原材料——甲材料　30 000
　　贷：银行存款　30 000

(3) 借：生产成本　140 000
　　贷：原材料——甲材料　60 000
　　　　　　——乙材料　20 000
　　　　　　——丙材料　60 000

(4) 借：应付账款——B公司　20 000
　　贷：银行存款　20 000

(5) 借：原材料——乙材料　20 000
　　贷：应付账款——A公司　20 000

(6) 借：原材料——丙材料　36 000
　　贷：应付账款——B公司　36 000

2. 开设并登记总分类账和明细分类账：

原材料和应付账款总分类账见图2－6：

借	原材料		贷
期初余额	400 000		
(2)	30 000		
(5)	20 000	(3)	140 000
(6)	36 000		
本期发生额	86 000	本期发生额	140 000
期末余额	346 000		

借	应付账款		贷
		期初余额	100 000
(1)	30 000	(4)	20 000
(4)	20 000	(6)	36 000
本期发生额	50 000	本期发生额	56 000
		期末余额	106 000

图2－6　各个总分类账(T型)

明细分类账见图2－7：

借	原材料——甲材料		贷
期初余额	240 000	(3)	60 000
(2)	30 000		
本期发生额	30 000	本期发生额	60 000
期末余额	210 000		

借	原材料——乙材料		贷
期初余额	40 000	(3)	20 000
(5)	20 000		
本期发生额	20 000	本期发生额	20 000
期末余额	40 000		

借	原材料——丙材料		贷
期初余额	120 000	(3)	60 000
(6)	36 000		
本期发生额	36 000	本期发生额	60 000
期末余额	96 000		

借	应付账款——A 公司		贷
		期初余额	60 000
(1)	30 000	(5)	20 000
本期发生额	30 000	本期发生额	20 000
		期末余额	50 000

借	应付账款——B 公司		贷
		期初余额	40 000
(4)	20 000	(6)	36 000
本期发生额	20 000	本期发生额	36 000
		期末余额	56 000

图 2-7 各个明细分类账(T 型)

习 题 二 十 五

解题思路同习题二十四,答案略。

第三部分 案 例

案 例 1

1. 借:银行存款 250 000
　　贷:实收资本 250 000

2. 借:原材料 60 000
　　贷:银行存款 60 000

3. 借:库存现金 2 000
　　贷:银行存款 2 000

4. 借:固定资产 150 000
　　贷:应付账款 150 000

5. 借:应付账款 80 000
　　贷:银行存款 80 000

案 例 2

营业收入=160 000+26 000=186 000

各种费用=84 000+10 000+60 000+10 000+12 000=176 000

利润=收入-费用=186 000-176 000=10 000

表面看,似乎程开一年来的利润与原来服务员的年薪一样,好像是得不偿失的。但是,在费用中有一项是属于程开的个人生活费,应从其中剔除,这样,相当于利润为 20 000 元,而且支付的广告费 10 000 元有后续效应,明年就不一定有这笔支出,所以,总的来说,程开搞个体经营还是有利可图的。

第三章

复式记账的运用——产品制造企业基本业务的会计核算

第一部分 概　念　题

一、填空题

1. 随着企业生产经营活动的进行，资金的占用形态不断转化，周而复始，形成(　　　　　　　　)。
2. 产品制造企业的主要经济业务有(　　　　　　　　)、(　　　　　　　　)、(　　　　　　　　)、(　　　　　　　　)和(　　　　　　　　)。
3. (　　　　　　　　)是企业开展生产经营活动的前提，它是企业再生产顺利进行的保证。
4. 制造费用的发生额只能转入(　　　　　　　　)账户的借方，管理费用的发生额只能转入(　　　　　　　　)账户的借方。

5. 企业收到的所有者投资都应按(　　　　　　　)入账。以货币资金投资的,应按(　　　　　　　)作为投资者的投资入账;以实物形式投资的,按(　　　　　　　)作为实际投资额入账。
6. 企业所有者投入的资本应当保全,所以除了法律、行政法规另有规定,或者企业进行清算之外,(　　　　　　　)账户很少发生登记借方的业务。
7. 固定资产应按其取得时的(　　　　　　　)入账。
8. 本期完工产品成本=期初在产品成本+(　　　　　　　)-(　　　　　　　)。
9. 成本项目是指生产费用按其(　　　　　　　)的分类。
10. 产品成本项目有直接材料、(　　　　　　　)和(　　　　　　　)。
11. 生产的某产品月末若有在产品,生产成本明细分类账户所归集的生产费用,先在该产品的(　　　　　　　)与(　　　　　　　)之间进行分配,然后才能计算出完工产品的(　　　　　　　)。
12. 会计在记录赊销商品的经济业务时,应借记(　　　　　　　)账户,贷记(　　　　　　　)和(　　　　　　　)账户。
13. 利润总额=营业利润+营业外收入-(　　　　　　　)。
14. 企业在一定时期内发生的、用货币表现的生产耗费,叫作(　　　　　　　)。
15. 行政管理部门为组织和管理生产经营活动而发生的管理费用,应直接记入(　　　　　　　),而不记入(　　　　　　　)。
16. 固定资产由于损耗而减少的价值就是固定资产的(　　　　　　　)。
17. 费用是企业在生产经营过程中发生的各种耗费,包括(　　　　　　　)、间接费用和(　　　　　　　)。
18. 正确计算企业盈亏的关键在于正确计算一个会计期间的(　　　　　　　)和(　　　　　　　)。
19. 每年年末,企业应该将全年(　　　　　　　)自“本年利润”账户借方转入“利润分配”账户的贷方。结转后,“利润分配”账户的期末借方余额表示(　　　　　　　),期末贷方余额表示(　　　　　　　)。
20. (　　　　　　　)账户是用来核算未在损益中确认的各项利得和损失扣除所得税影响后的净额。

二、判断题

1. 发生本单位职工因公出差前借款时,会计分录应为借记“其他应收款”,贷记“库存现金”。　(　　)
2. 企业所有者投入的资本应当保全。在任何情况下,企业所有者都不得抽走

投资。 (　　)

3. 企业的筹集资金业务包括接受外单位或个人捐赠资产。 (　　)

4. 当期发生的销售费用与制造费用的区别在于,前者一定影响当期损益,而后者不一定影响当期损益。 (　　)

5. 财务成果的汇总是通过设置“本年利润”账户来核算的。 (　　)

6. 管理费用的发生直接关系到当月产品成本的高低和利润总额的大小。 (　　)

7. 企业在生产经营中所取得的收入和收益、所发生的费用和损失,最终要增减投入资本,因此,可直接增加或减少企业的投入资本数额。 (　　)

8. “管理费用”账户的借方发生额,应于期末采用一定的方法计入产品成本。 (　　)

9. 若投资者投入旧的设备,则应以现行市价和税金作为原价,借记“固定资产”账户、贷记“实收资本”账户。 (　　)

10. 接受投资者投入实物能引起资产和所有者权益同时增加。 (　　)

11. 固定资产的安装成本属于在建工程,不应计入固定资产的原始价值。 (　　)

12. 外购材料的单位采购成本就是供货单位发票上的单价。 (　　)

13. “在途物资”账户期末如有余额,应为借方余额,表示在途材料的实际成本。 (　　)

14. 主营业务成本＝已销产品的生产成本＋税金及附加＋销售费用。 (　　)

15. 制造费用是指企业各生产车间等生产单位为组织和管理生产而发生的各项间接费用。 (　　)

16. 最基本的成本项目有三项,即直接材料、直接人工和制造费用,简称“料、工、费”。 (　　)

17. “应付职工薪酬”账户期末如有贷方余额,表示应付未付的职工薪酬,即本月应付职工薪酬大于实发职工薪酬的差额。 (　　)

18. 计提生产车间固定资产折旧应记入“生产成本”账户。 (　　)

19. “应交税费”账户的余额必定在贷方,表示应缴未缴的税费。 (　　)

20. “应付账款”与“预付账款”账户都应按供应单位名称分别设置明细账。 (　　)

21. 企业计提固定资产折旧时,应借记“累计折旧”账户,贷记“固定资产”账户。 (　　)

22. 企业没有设置“预付账款”账户,如果发生预付材料价款经济业务,可以通过“应付账款”账户进行核算。 (　　)

23. 月末结转后,“主营业务收入”账户期末余额在贷方。 (　　)

24. “短期借款”账户不核算应支付的借款利息。 ( )
25. 企业发生的利息支出计入“管理费用”。 ( )
26. 企业职工的薪酬应直接计入产品成本。 ( )
27. 主营业务成本=产品销售数量×产品单位售价。 ( )
28. “税金及附加”账户用来反映企业应缴纳税费的增加数。 ( )
29. 企业为生产产品而购进材料时需要向供货方支付增值税额,称为进项税,计入所购商品成本。 ( )
30. 行政管理部门领用的原材料应记入“制造费用”账户的借方。 ( )
31. 损益类账户月末结账后,借方和贷方发生额一定相等。 ( )
32. 结转所得税费用的会计分录是:借记“所得税费用”账户,贷记“本年利润”账户。 ( )
33. 盈余公积金是根据国家规定,按企业实现利润总额的一定比例提取的。 ( )
34. 企业实现的利润,按规定依法交纳所得税后,一般按照下列顺序进行分配:弥补以前年度亏损;向投资者分配利润;提取公积金和公益金。 ( )

三、单项选择题

1. 下列项目中不属于产品直接生产费用的是( )。
   A. 为生产产品耗用的原材料　　B. 车间设备发生的修理费
   C. 支付给生产工人的工资　　D. 为生产工人计提的福利费
2. 销售业务的发生,使企业经营资金的形态发生( )。
   A. 货币资金转化为储备资金　　B. 由储备资金转化为生产资金
   C. 由生产资金转化为成品资金　　D. 由成品资金转化为货币资金
3. 计提短期借款利息应记入( )账户的贷方。
   A. 短期借款　　B. 管理费用
   C. 应付利息　　D. 财务费用
4. 不应计入产品成本的费用是( )。
   A. 制造费用　　B. 管理费用
   C. 直接材料费用　　D. 直接人工费用
5. 下列账户期末结转后可能有余额的是( )。
   A. 财务费用　　B. 税金及附加
   C. 生产成本　　D. 制造费用
6. 摊销应由本月负担的管理部门用房租金应记入( )账户的借方。
   A. 预付账款　　B. 销售费用
   C. 管理费用　　D. 财务费用

7. 下列账户可以与"应交税费——应交增值税"账户形成对应关系的是（　　）。

A. 库存商品　　B. 本年利润

C. 主营业务收入　　D. 应收账款

8. 下列账户中同"主营业务收入"账户发生对应关系的账户是（　　）。

A. 主营业务成本　　B. 销售费用

C. 税金及附加　　D. 本年利润

9. 企业为出售而购入的价值较高的资产，应列作（　　）核算。

A. 固定资产　　B. 无形资产

C. 长期待摊费用　　D. 库存商品

10. "固定资产"科目所核算的固定资产的原始价值，是指（　　）。

A. 该固定资产投入市场初期的价格　　B. 不包括运杂费、安装费的买价

C. 购建当时的买价和附带支出　　D. 现行的购置价格与附带支出

11. 购入需安装的设备一台，以银行存款支付买价 8 000 元、增值税税金 1 040 元、设备安装费用 1 200 元。对该项业务记入"固定资产"账户借方的金额为（　　）。

A. 8 000 元　　B. 9 040 元

C. 9 200 元　　D. 10 240 元

12. 固定资产因损耗而减少的价值，应贷记（　　）账户。

A. 固定资产　　B. 累计折旧

C. 管理费用　　D. 制造费用

13. 从外地采购的材料验收入库时应记入（　　）账户的借方。

A. 制造费用　　B. 管理费用

C. 原材料　　D. 销售费用

14. 企业购进固定资产，在安装完工交付使用时，将（　　）从"在建工程"账户贷方转入"固定资产" 账户的借方。

A. 购进的价款

B. 购进时发生的包装费、运杂费等费用

C. 安装成本

D. 上述三项

15. 在下列项目中（　　）属于营业外收入。

A. 销售材料的收入　　B. 出租包装物的租金的收入

C. 债务重组利得　　D. 出租固定资产的租金收入

16. 销售产品一批，货款尚未收回，应计入（　　）账户的贷方。

A. 库存商品　　B. 主营业务成本

C. 应收账款　　D. 主营业务收入

17. “利润分配”账户在年终结转后出现借方余额表示(　　)。

A. 未分配的利润额　　B. 已分配的利润额

C. 未弥补的亏损额　　D. 已实现的利润额

18. 某企业某月“制造费用”账户共发生 6 000 元,月末按工时在甲、乙两种产品之间进行分配,其中甲产品有 100 工时,乙产品有 200 工时,甲产品应分配的制造费用为(　　)元。

A. 2 000　　B. 4 000　　C. 1 000　　D. 3 000

19. 某企业购进一批原材料,以银行存款支付买价 10 000 元,增值税进项税额 1 300 元, 运杂费 500 元,采购员差旅费 600 元。则该批材料的实际采购成本为(　　)。

A. 12 400 元　　B. 11 800 元　　C. 11 100 元　　D. 10 500 元

20. 下列需用产品或劳务抵偿的债务是(　　)。

A. 应付账款　　B. 预付账款

C. 短期借款　　D. 合同负债

21. 采购材料支付的增值税属于价外税,以后可以从产品销售时取得的销项税额中抵扣。因此,企业收到增值税专用发票列示的增值税额,应借记(　　)账户。

A. 在途物资——甲材料　　B. 应交税费——应交增值税

C. 应收账款——A 公司　　D. 营业外支出——材料损耗

22. 某企业本月支付厂部管理人员工资 15 000 元,预先支付厂部半年(含本月)报刊费 1 200 元和生产车间设备半年保险费3 000元(含本月)。该企业本月管理费用发生额为(　　)元。

A. 15 000　　B. 16 200　　C. 15 200　　D. 15 700

23. “生产成本”账户的贷方登记(　　)。

A. 为生产产品发生的各项费用

B. 完工入库产品的生产成本

C. 已售产品的生产成本

D. 期末转入“本年利润”账户的成本

24. 制造费用的分配结果应体现(　　)的分配原则。

A. 受益大的产品多分摊　　B. 受益小的产品多分摊

C. 受益大的产品少负担　　D. 平均分摊

25. 产品生产成本的计算在(　　)中进行。

A. “生产成本”总分类账户　　B. “库存商品”总分类账户

C. “生产成本”明细分类账户　　D. “库存商品”明细分类账户

26. “所得税费用”账户的贷方登记(　　)。

A. 转入“本年利润”账户的所得税费用

B. 实际交纳的所得税费用

C. 应由本企业负担的税费

D. 转入“生产成本”账户的税费

27. 企业为维持正常的生产经营所需资金而向银行等机构借入借款期在1年以内的款项一般称为(　　)。

A. 长期借款　　B. 短期借款

C. 长期负债　　D. 流动负债

28. 短期借款利息核算不会涉及的账户是(　　)。

A. 短期借款　　B. 应付利息

C. 财务费用　　D. 银行存款

四、多项选择题

1. 企业投资者对企业进行投资可采用的资产可以是(　　　)。

A. 货币资金　　B. 固定资产　　C. 有价证券

D. 无形资产　　E. 原材料、在产品、库存商品等

2. 关于资金筹集业务,下列说法中正确的有(　　　)。

A. 企业筹集资金的渠道,一是企业的所有者,二是企业的债权人

B. 从企业所有者处筹集的资金形成企业所有者权益

C. 从企业债权人处筹集的资金形成企业负债

D. 企业除了向银行等金融机构融资外,还可以通过发行债券融资

E. 公积金和未分配利润也是企业筹集资金的重要来源

3. 领用材料的核算可能涉及的账户有(　　　)。

A. 在途物资　　B. 原材料　　C. 财务费用

D. 生产成本　　E. 制造费用

4. 企业预付材料的价款,可以记入(　　　)。

A. “预付账款”账户借方　　B. “预付账款”账户贷方

C. “应付账款”账户借方　　D. “应付账款”账户贷方

E. “应收账款”账户借方

5. 运杂费的常用分摊标准有(　　　)。

A. 材料的重量　　B. 材料的数量

C. 材料的体积　　D. 材料的买价金额

E. 材料的采购成本

6. 工业企业原材料供应过程涉及的账户有(　　　)。

A. 应付账款 B. 在途物资 C. 原材料
D. 银行存款 E. 应交税费——应交增值税

7. 下列应记入“制造费用”账户的有( )。
A. 生产车间领用材料
B. 为车间机器正常运转领用润滑油
C. 车间技术员小李的工资
D. 生产车间流水线上工作的工人工资
E. 行政管理部门用的水电费

8. 期末结转损益类科目,可能贷记( )账户。
A. 主营业务收入 B. 主营业务成本
C. 销售费用 D. 本年利润
E. 公允价值变动损益

9. “税金及附加”账户借方登记的内容有( )。
A. 增值税 B. 所得税 C. 消费税
D. 资源税 E. 城市维护建设税

10. 下列不计入营业利润的是( )。
A. 投资收益 B. 管理费用
C. 营业外收入 D. 营业外支出
E. 财务费用

11. 下列属于期间费用的是( )。
A. 财务费用 B. 直接材料 C. 管理费用
D. 销售费用 E. 制造费用

12. 影响企业库存商品入账价值的因素主要有( )。
A. 材料采购价格 B. 材料采购费用 C. 制造费用
D. 生产成本 E. 销售费用

13. 对于工业企业来说,下列属于其他业务收入的是( )。
A. 主营业务收入 B. 材料销售收入
C. 技术转让收入 D. 罚款收入
E. 包装物出租租金收入

14. 下列账户中,能与“主营业务收入”账户发生对应关系的是( )。
A. 应收票据 B. 银行存款 C. 应收账款
D. 合同负债 E. 本年利润

15. 下列费用中,属于生产过程发生的费用有( )。
A. 车间机器设备折旧费
B. 材料采购费用

C. 生产工人薪酬

D. 为购买生产设备而贷款的利息费用

E. 构成产品实体的材料消耗

16. 下列账户中应将本期发生额转入“本年利润”账户的是(　　)。

A. 主营业务收入　　B. 营业外收入

C. 销售费用　　D. 制造费用

E. 管理费用

17. 主营业务收入是企业在(　　)等经营业务中实现的收入。

A. 销售产成品　　B. 出租固定资产

C. 提供工业性劳务　　D. 销售自制半成品

E. 销售原材料

18. 固定资产应该按其取得时的实际成本入账,具体包括(　　)。

A. 买价　　B. 增值税

C. 运杂费、包装费　　D. 安装费、保险费

E. 采购人员工资

19. 在材料采购业务核算时,与“在途物资”账户的借方相对应的账户一般有(　　)账户。

A. 应付账款　　B. 应付票据

C. 原材料　　D. 预付账款

E. 银行存款

20. “生产成本”账户借方登记(　　)。

A. 直接材料　　B. 直接工资

C. 分配计入的制造费用　　D. 销售产品的运费

E. 管理人员工资

21. 下列账户,在期末结转利润后,无余额的有(　　)。

A. 所得税费用　　B. 税金及附加

C. 主营业务成本　　D. 应交税费

E. 管理费用

22. 在下列各项目中,应记入“营业外支出”账户借方的有(　　)。

A. 非货币性资产交换损失　　B. 债务重组损失

C. 自然灾害造成的损失　　D. 公益性捐赠支出

E. 盘亏损失

23. 在下列项目中,应记入“营业外收入”账户贷方的有(　　)。

A. 包装物出租收入　　B. 政府补助

C. 出租设备的租金收入　　D. 非货币性资产交换利得

E. 债务重组利得

24. 某工业企业采购 A、B 两种材料,下列采购支出属于直接采购成本的有(　　)。

A. 两种材料的运费　　B. A 材料的买价

C. A 材料的增值税　　D. B 材料的买价

E. B 材料的包装费

25. 为了反映企业在一定时期内利润的实现和分配情况,应设置与运用(　　)账户。

A. 本年利润　　B. 利润分配

C. 投资收益　　D. 财务费用

E. 管理费用

26. 生产准备业务核算的主要内容包括(　　)。

A. 短期借款的核算

B. 固定资产购入业务的核算

C. 材料采购业务的核算

D. 材料发出业务的核算

E. 材料转让业务核算

27. 企业实现的净利润可以进行(　　)的分配。

A. 计算缴纳所得税　　B. 支付高管利润提成

C. 提取法定盈余公积　　D. 提取公益金

E. 向投资人分配利润

28. 产品生产成本计算的一般程序包括(　　)。

A. 确定成本计算对象

B. 确定成本计算期和成本项目

C. 归集和分配生产费用

D. 将费用在完工产品和在产品之间进行分配

E. 计算所得税

29. 企业购入需安装的设备一台,用银行存款支付买价、税金、运费和包装费,在安装过程中耗用人工、材料。这项业务涉及的账户为(　　)。

A. 应付职工薪酬　　B. 固定资产

C. 在建工程　　D. 原材料

E. 银行存款

30. 下列账户中,月末结账后一般应该没有余额的是(　　)。

A. 生产成本　　B. 制造费用

C. 管理费用　　D. 在建工程

E. 财务费用

31. 关于实收资本,下列说法正确的是(　　　　)。

A. 是企业实际收到投资人投入的资本

B. 是企业进行正常经营的条件

C. 是企业向外投出的资产

D. 应按照实际投资数额入账

E. 在生产经营中取得的收益不得直接增加实收资本

32. 关于"制造费用"账户,下列说法正确的是(　　　　)。

A. 借方登记实际发生的各项制造费用

B. 贷方登记分配转入产品成本的制造费用

C. 期末余额在借方,表示在产品的制造费用

D. 期末结转"本年利润"账户后没有余额

E. 期末一般没有余额

33. 下列账户中,进行本月职工薪酬费用分配的核算,可能涉及的账户有(　　　　)。

A. 生产成本　　B. 管理费用

C. 应付职工薪酬　　D. 制造费用

E. 库存现金

34. 为了正确计算产品的生产成本,一般应设置(　　　　)账户。

A. 生产成本　　B. 管理费用

C. 在途物资　　D. 制造费用

E. 主营业务成本

35. 由于损耗而应分摊计入某个会计期间的固定资产的成本,叫固定资产折旧费,按月计提的时候,应借记(　　　　)账户。

A. 管理费用　　B. 固定资产

C. 制造费用　　D. 所得税费用

E. 营业外支出

第二部分 | 核　算　题

习　题　一

(一) 目的:熟悉工业企业一些常用的收入和费用类会计科目,以及费用和生

产成本的区分。

(二) 资料：某工业企业×年6月发生的有关收入和费用如表3-1所示：

表3-1 某企业×年6月收入和费用项目

项目	生产成本	费用	收入	会计科目
1. 甲产品销售收入				
2. 生产甲产品工人的薪酬				
3. 生产甲产品耗用的直接材料				
4. 获得政府补助				
5. 银行借款利息支出				
6. 技术转让费收入				
7. 企业管理人员的薪酬				
8. 生产车间机器折旧费				
9. 出租房屋租金收入				
10. 产品销售展览费				
11. 持有债券的利息收入				
12. 公益性捐赠支出				
13. 本期产品销售税金				
14. 乙产品销售收入				
15. 已销甲、乙产品的生产成本				
16. 生产工人的薪酬				
17. 车间日常办公费				
18. 厂部办公费				
19. 已售出材料的成本				

(三) 要求：**1.** 根据上述项目内容，区分生产成本、费用和收入，并在合适的栏目内画○。

2. 分别在表格中写出上述各项目所适用的会计科目。

习 题 二

(一) 目的：练习资金筹集业务的核算。

(二) 资料：某企业某年7月份发生下列经济业务：

1. 接受A公司投资70 000元存入银行。

2. 收到国家增拨的投资200 000元存入银行。

3. 收到B公司投资，其中设备协议价80 000元交付使用，材料价值100 000元验收入库。

4. 从银行取得借款50 000元，期限6个月，年利率为5.8%，利息于季度末结算，所得款项存入银行。

5. 收到C公司投资的全新机器设备一台，发票上显示该设备买价300 000元，增值税39 000元，设备交付使用。

6. 经有关部门批准将资本公积金 20 000 元转增资本。

7. 收到 D 公司投入的生产线,其原值 600 000 元,已提折旧50 000元,双方协作价为 580 000 元。

8. 用银行存款 500 000 元偿还到期的银行临时借款。

9. 经协商签订协议,隆升电机厂将某商标权以 190 000 元向本公司作长期投资。

(三) 要求:根据上述资料编制会计分录。

习题三(作业题)

(一) 目的:练习并掌握企业筹集资金的核算。

(二) 资料:某企业某年 1 月份发生下列经济业务:

1. 1 月 1 日,向银行申请取得期限为 3 年的借款 150 000 元,已存入银行存款账户。

2. 1 月 5 日,国家以新建厂房一栋向企业投资,价值 500 000 元。

3. 1 月 10 日,用银行存款归还已到期的 1 年期借款本息共计106 000 元,其中本金 100 000 元,已经预提的利息 6 000 元。

4. 1 月 15 日,因临时需要向银行申请 3 个月借款 50 000 元,存入银行存款户。

5. 1 月 16 日,收到飞龙工厂以专利权向企业的投资,评估价60 000元。

6. 1 月 20 日,收到大华工厂投入资本 200 000 元,存入银行。

7. 1 月 30 日,经批准将资本公积 120 000 元转增注册资本。

8. 1 月 31 日,用银行存款归还已到期的期限为 6 个月的借款600 000 元。

9. 1 月 31 日,收到万达工厂投入的机器设备,双方协商价100 000元;投入的土地使用权,双方协商价 40 000 元。

(三) 要求:根据上述经济业务编制会计分录。

习 题 四

(一) 目的:练习生产准备业务的核算。

(二) 资料:北方厂某年 4 月发生下列经济业务:

1. 购进 1 台设备,买价 80 000 元,增值税 10 400 元,运输费 1 000 元,包装费 800 元,所有款项均以银行存款支付,设备交付使用。

2. 从国外进口设备一台,支付买价 10 000 美元(汇率 7.65),保险费和佣金 1 000 美元,另外支付运费 2 000 元,设备进行安装。(不考虑进口环节增值税)

3. 上述进口设备安装过程支付安装工人工资 1 000 元,使用各种材料 500

元。设备安装完毕交付使用。

4. 向海宁厂购入甲材料 15 000 千克,每千克 1.00 元,乙材料2 500 千克,每千克 2.00 元,货款共计 20 000 元,增值税额为2 600 元,所有款项尚未支付。

5. 以现金支付上述甲、乙材料的装卸费 350 元,并按购入甲、乙材料的重量比例分配装卸费用。

6. 向东联厂购进甲材料 5 000 千克,每千克 1.00 元,增值税额为 650 元,开出期限为 3 个月,面值为 5 650 元的商业承兑汇票交给东联厂。

7. 预付给东方工厂购买乙材料货款 10 000 元。

8. 以银行存款支付前欠海宁厂货款 15 000 元。

9. 预付给东方厂货款的乙材料到货,数量 3 000 千克,每千克2.00元,对方代垫运杂费 300 元,增值税额 780 元。

10. 收到东方厂退回的货款 2 920 元。

11. 向海宁厂购进甲材料 20 000 千克,每千克 1.00 元;乙材料5 000 千克,每千克 2.00 元,货款 30 000 元及增值税 3 900 元以银行存款支付。

12. 以银行存款支付上述甲、乙材料的运杂费 1 000 元。并按购入甲、乙材料的重量比例分配运杂费。

13. 向东联厂购进甲材料 33 900 元(含税价),款项尚未支付。

14. 月末,计算并结转甲、乙材料的实际采购成本。

(三) 要求:根据上述资料,编制会计分录。

习 题 五

(一) 目的:练习材料采购成本的计算。

(二) 资料:

1. 某企业×年 11 月份购入下列材料,用银行存款支付价款15 000 元和增值税发票上的增值税额 2 400 元。

品种	体积	重量	买价
甲种材料	200 立方米	1 000 千克	3 000 元
乙种材料	100 立方米	3 000 千克	8 000 元
丙种材料	200 立方米	1 000 千克	4 000 元

2. 以银行存款支付三种材料的运杂费 5 000 元,按不同的标准分配该项采购费用。

(三) 要求:**1.** 分别编制如表 3-2,表 3-3,表 3-4 的材料采购成本计算表。(不同的分配标准)

2. 表中不同的单位成本数据说明什么问题?

表 3-2 材料采购成本计算表

项　目	分配标准(重量)	分配率(元/千克)	运杂费分配额(元)	买价(元)	总成本(元)	单位成本(元/千克)
甲种材料						
乙种材料						
丙种材料						
合　计						

表 3-3 材料采购成本计算表

项　目	分配标准(体积)	分配率(元/立方米)	运杂费分配额(元)	买价(元)	总成本(元)	单位成本(元/千克)
甲种材料						
乙种材料						
丙种材料						
合　计						

表 3-4 材料采购成本计算表

项　目	分配标准(买价)	分配率(元/元)	运杂费分配额(元)	买价(元)	总成本(元)	单位成本(元/千克)
甲种材料						
乙种材料						
丙种材料						
合　计						

习题六(作业题)

(一) 目的: 同习题五。

(二) 资料: 某企业一次性购入 A,B,C 三种材料,其中: A 材料 50 吨,每吨 200 元,共 10 000 元;B 材料 30 吨,每吨 100 元,共3 000 元;C 材料 20 吨,每吨 350 元,共 7 000 元。在采购过程中,用银行存款支付了运输费用 2 400 元;用库存现金支付了其他采购费用 800 元。运输费用按材料重量分配,其他采购费用按材料的买价分配。

(三) 要求: **1.** 计算 A,B,C 三种材料的采购成本。

2. 编制如表 3－5 的“材料采购成本计算表”。

表 3－5 材料采购成本计算表

成本项目	A 材 料		B 材 料		C 材 料	
	总成本	单位成本	总成本	单位成本	总成本	单位成本
买价 运输费用 其他采购费用						
采购总成本						

习题七(作业题)

(一) 目的：进一步练习生产准备业务的核算。

(二) 资料：某工厂某年 10 月份发生下列经济业务：

1. 购进 1 台机器，买价 20 000 元，增值税 2 600 元，运输费 900 元，包装费 500 元，运输费和包装费以银行存款支付，买价和增值税尚未支付，设备交付使用。
2. 购买设备一套，买价 30 000 元，增值税 3 900 元，其他杂费共 2 300 元，所有款项都用银行存款支付。设备进行安装。
3. 在安装上述设备过程中，耗用工人薪酬 1 500 元，耗用各种材料 800 元。
4. 设备安装工作完毕，经验收合格交付使用，结转安装工程成本。
5. 向大明工厂购进甲材料 1 500 千克，单价 30 元，计 45 000 元，增值税 5 850 元；乙材料 2 000 千克，单价 15 元，计 30 000 元，增值税 3 900 元，全部款项以银行存款支付。
6. 用银行存款支付上述甲、乙材料的运杂费 7 000 元。(运杂费按材料重量分摊)
7. 向宏天工厂购进丙材料 3 000 千克，单价 25 元，计 75 000 元，增值税 9 750 元，款项尚未支付。
8. 用现金支付丙材料的运费及装卸费 3 000 元。
9. 甲、乙、丙三种材料发生入库前的挑选整理费 3 250 元(按材料重量比例分摊)，用库存现金支付。
10. 本期购进的甲、乙、丙材料均已验收入库，现结转实际采购成本。

(三) 要求：1. 根据上述经济业务编制会计分录(运杂费和挑选整理费按材料重量分摊)。

2. 根据有关会计分录，登记“在途物资”总分类账。

习 题 八

(一) 目的：练习产品生产业务的核算。

(二) 资料：某企业生产甲、乙两种产品，×年 4 月的有关经济业务如下：

1. 本月生产车间领用材料及用途汇总见表 3 - 6：

表 3 - 6 领用材料消耗情况表 单位：元

项 目	A材料	B材料	C材料	合 计
生产产品耗用	50 000	40 000	10 000	100 000
其中：甲产品	35 000	12 000	4 000	51 000
乙产品	15 000	28 000	6 000	49 000
车间一般耗用	700	—	200	900
合 计	50 700	40 000	10 200	100 900

2. 计算出本月应付职工薪酬 72 960 元，具体分配如下：

生产工人薪酬	61 560 元
车间管理人员薪酬	11 400 元
合计	72 960 元

3. 开出现金支票一张 72 960 元，提取现金准备发放职工薪酬。

4. 以库存现金 72 960 元发放本月职工薪酬。

5. 以银行存款购入车间办公用品及劳保用品 1 200 元。

6. 租入厂房一间，预付 3 个月的租金 4 500 元，本月负担1 500 元。

7. 月末，计提本月生产车间的折旧费 1 300 元。

8. 月末，用银行存款支付本月车间水电费 1 000 元。

9. 根据上述业务，汇总制造费用，按甲、乙两种产品的生产工时进行分摊，甲产品生产工时 600 小时，乙产品生产工时 400 小时。

10. 计算甲、乙两种产品成本。甲产品全部完工，结转完工入库产品生产成本(职工薪酬按工时分配)。

(三) 要求：**1.** 根据所给资料编制会计分录。

2. 开设“制造费用”和“生产成本”账户，并结出本期发生额及期末余额。

习题九(作业题)

(一) 目的：同习题八。

(二) 资料：某企业×年 8 月发生下列经济业务：

1. 生产车间生产产品领用甲材料 20 吨,单价 420 元;乙材料 30 吨,单价 64 元。

2. 以银行存款支付车间办公用电费 1 000 元,管理部门用水电费 1 200 元。

3. 总经理出差回来,报销差旅费 1 800 元,补付现金 800 元。

4. 从银行提回现金 45 600 元以备发放职工薪酬。

5. 以现金发放职工薪酬 45 600 元。

6. 月末按用途将职工薪酬加以分配,其中：

生产工人薪酬 38 760 元;

车间管理人员薪酬 3 420 元;

企业管理人员薪酬 3 420 元。

7. 按固定资产原价计提折旧,其中车间固定资产折旧 8 000 元;行政管理部门固定资产折旧 4 000 元。

8. 本月生产车间领用周转材料价值 1 000 元。

9. 用银行存款支付车间办公用品费 500 元。

10. 用银行存款支付厂部办公费等 400 元。

11. 以银行存款支付本月厂部电话租金 1 200 元。

12. 以银行存款支付车间办公费 500 元,厂部办公费 300 元。

13. 厂部张华预借差旅费 800 元,开出现金支票支付。

14. 将本月发生的制造费用全数转入“生产成本”账户。

15. 本月生产产品全部完工,结转完工产品成本(假设期初无在产品)。

(三) 要求：将上述经济业务编制会计分录。

习 题 十

(一) 目的：练习产品生产中原材料费用的分配。

(二) 资料：某企业生产甲、乙、丙、丁四种产品。

1. ×年 12 月份各产品直接领用材料如下：

产品	产量	领用材料	材料重量	材料金额
甲产品	8 000 千克	A 材料	4 000 千克	12 000 元
乙产品	2 000 千克	A 材料	1 000 千克	3 000 元
丙产品	3 600 千克	B 材料	2 880 千克	7 200 元
丁产品	5 000 千克	B 材料	4 000 千克	10 000 元

2. 甲、乙两种产品共同耗用 C 材料 3 000 元(按产品的产量比例分摊)。

3. 丙、丁两种产品共同耗用 D 材料 4 300 元(按产品直接耗用材料金额的比例分摊)。

(三) 要求：编制如表 3-7 的材料费用分配表。

表 3-7 材料费用分配表

产品名称	直接耗用材料费用(元)	材料间接费用分配			材料费用合计(元)
		分配标准	分 配 率	分配金额	
甲产品					
乙产品					
小 计					
丙产品					
丁产品					
小 计					
合 计		—	—		

习 题 十 一

(一) 目的：练习制造费用的分配。

(二) 资料：某企业×年 5 月份发生制造费用如下：

1. 以银行存款支付生产部门用电费 1 660 元。

2. 计提本月份生产部门固定资产折旧费 8 000 元。

3. 本月应付生产部门管理人员工资 2 840 元。

4. 生产车间领用材料 2 800 元。

5. 摊销以前预付的由生产部门负担的财产保险费 300 元。

6. 按产品生产工时比例分配制造费用。甲、乙、丙产品本月生产工时分别为 100 工时、300 工时和 400 工时。

(三) 要求：**1.** 根据上述经济业务编制有关会计分录。

2. 编制制造费用分配表。

习 题 十 二

(一) 目的：练习产品生产成本的计算。

(二) 资料：某企业×年 8 月生产甲产品 100 件，乙产品 80 件，丙产品 50 件。各项耗费情况如下：

原材料：	甲产品	30 000
	乙产品	20 100
	丙产品	10 900
	车间一般用	950
职工薪酬：	生产工人	43 320

车间管理人员 8 550

折旧费：车间 6 020

办公费：车间 8 800

另外,已知：**1.** 甲产品本月全部完工,月初、月末均无在产品,共耗用生产工时 600 小时。

2. 乙产品本月完工 60 件,月初有在产品成本12 889.53 元,其中原材料7 850元,工资福利费3 500.34 元,制造费用 1 539.19 元;月末在产品成本为 15 878.50 元,其中原材料 10 050 元,工资福利费 3 279.5 元,制造费用 2 549 元;本月共耗用生产工时 580 小时。

3. 丙产品本月全部未完工,月初有在产品成本 5 678 元,其中原材料 3 200 元,工资福利费 589 元,制造费用 1 889 元;本月共耗用生产工时 340 小时。

(三) 要求：根据上述资料计算甲、乙、丙三种产品的完工产品成本,编制如表 3－8、表 3－9 和表 3－10 的产品成本明细账并结转完工入库产品成本(工人薪酬及制造费用按耗用的生产工时分摊)。

表 3－8　产品成本明细账

产品名称：甲产品　　　　单位：元

项　目	产　量	原材料	职工薪酬	制造费用	合　计
本月生产费用					
结转完工产品成本					
完工产品单位成本					

表 3－9　产品成本明细账

产品名称：乙产品　　　　单位：元

项　目	产　量	原材料	职工薪酬	制造费用	合　计
月初在产品费用					
本月生产费用					
生产费用合计					
结转完工产品成本					
完工产品单位成本					
月末在产品成本					

表 3-10 产品成本明细账

产品名称：丙产品　　　　　　　　　　　　　　　　　　单位：元

项　目	原材料	职工薪酬	制造费用	合　计
月初在产品费用				
本月生产费用				
生产费用合计				
月末在产品成本				

习 题 十 三

(一) 目的：练习产品销售业务的核算。

(二) 资料：某工业企业×年 12 月发生下列销售业务：

1. 销售给开封厂甲产品 100 件，每件售价 180 元，增值税 2 340 元，款项收到，存入银行。

2. 以银行存款支付销售甲产品的广告费 7 000 元。

3. 销售给东欣公司甲产品 50 件，每件售价 180 元，增值税 1 170 元，货款和增值税共计 10 170 元，收到该厂开出的期限为 3 个月的商业承兑汇票一张。

4. 以现金支付上述销售给东欣公司的包装费 250 元。

5. 预收美化公司货款 10 000 元存入银行。

6. 销售给开态公司 100 件乙产品，每件售价 50 元，增值税 650 元，收到支票一张存入银行。

7. 向黄海公司销售丙产品 500 件，每件售价 30 元，增值税 1 950 元，代垫运费 320 元，款项尚未收到。

8. 发出甲产品 40 件给美化公司，每件售价 180 元，增值税 936 元，余款退回给美化公司。

9. 销售给开封厂 100 件甲产品中，有两件因质量有问题退货，用银行存款支付退货款及增值税共计 406.8 元。

10. 收到黄海公司丙产品的货款、增值税及代垫运费 17 270 元。

11. 按规定计算出本月应负担的已销产品的消费税 2 400 元。

12. 月末，结算销售产品的生产成本。甲产品每件成本 100 元；乙产品每件成本 30 元；丙产品每件成本 18 元。

(三) 要求：根据所给资料编制会计分录。

习题十四(作业题)

(一) 目的：同习题十三。

(二) 资料：某企业×年 8 月发生销售业务如下：

1. 销售甲产品 500 千克，货款 30 000 元，应交增值税 3 900 元，并收到银行汇款，货物由对方单位自提。

2. 销售乙产品 800 千克，货款 12 000 元，应交增值税 1 560 元，收到购货单位开出的面值为 13 560 元、为期一个月的商业承兑汇票。

3. 销售丙产品 80 台，单价 400 元，增值税税率为 13%，价税款暂未收到。

4. 预收甲产品货款 19 000 元，款项收到存入银行。

5. 开出转账支票一张，支付广告费 800 元。

6. 销售丁产品 500 千克，货款 17 500 元，应交增值税 2 275 元。以上款项在购货方预付账款中扣除，缺额部分对方当场以银行存款补付。

7. 通过银行收到某公司前欠货款 50 000 元。

8. 月末结转本月销售甲产品 500 千克、乙产品 800 千克、丙产品 80 台以及丁产品 500 千克的生产成本分别为：20 000 元、8 000 元、25 000 元和 12 000 元。

9. 月末，计算出本月主营业务税金 680 元。

(三) 要求：根据上述资料编制会计分录。

习 题 十 五

(一) 目的：练习财务成果业务的核算。

(二) 资料：某企业×年 12 月份发生下列业务：

1. 以现金购买管理部门用办公用品 800 元。

2. 业务员王美报销差旅费 900 元，上个月出差时预借差旅费1 200 元，余款退回现金。

3. 以银行存款支付债务重组损失 3 000 元。

4. 计提本月的短期借款利息 900 元。

5. 有 4 000 元应收账款本月确证无法收回。

6. 管理部门领用原材料 400 元。

7. A 公司急需一批甲材料，本企业转让给其一批甲材料，转让款为 7 000 元，款项已由银行收讫。(不考虑增值税)

8. 以银行存款 50 000 元捐赠给希望工程。

9. 摊销管理部门本月的保险费 500 元。

10. 没收包装物押金收入 600 元。

11. 企业从联营体中分得利润 1 200 元,存入银行。

12. 开出转账支票支付银行借款利息 11 020 元,其中本月应承担的利息费用为 1 020 元。

13. 从银行提取现金 15 000 元。当天支付行政管理人员工资9 025元,剩余现金准备零星支用。

(三) 要求:根据上述资料编制会计分录。

习题十六(作业题)

(一) 目的:进一步熟悉财务成果业务的核算。

(二) 资料:

1. 某企业×年 11 月底有关损益类账户总分类账的累计余额如表 3-11 所示:

表 3-11 某企业×年 11 月底损益类账户累计余额表 单位:元

账户名称	借方累计余额	贷方累计余额
主营业务收入		500 000
主营业务成本	375 000	
销售费用	30 000	
税金及附加	25 000	
其他业务收入		6 000
其他业务成本	3 500	
管理费用	3 000	
财务费用	2 000	
营业外收入		
营业外支出	1 500	
所得税费用	6 000	

2. "利润分配"账户借方余额为 40 125 元。

3. 12 月份内发生以下收支经济业务:

(1) 出售产品一批,售价 67 800 元(含增值税 13%),货款收到存入银行。

(2) 按出售产品的实际销售成本 40 000 元转账。

(3) 按 10%税率计算销售产品应缴纳的消费税 6 000 元(属于税金及附加)。

(4) 以库存现金支付产品销售过程中的运杂费、包装费 1 000 元。

(5) 以银行存款支付管理部门办公经费 500 元。

(6) 以银行存款支付违约金 600 元。

(7) 没收 A 公司逾期未还包装物加收的押金 400 元(不考虑增值税)。

4. 计算、结转和分配利润。

(1) 计算12月份利润总额(不作会计分录)。

(2) 按12月份利润总额的25%计算应缴纳的所得税。

(3) 按12月份税后利润的10%计算应提取的盈余公积金。

(4) 按12月份税后利润的15%计算应提取的盈余公益金。

(5) 按12月份税后利润的10%计算应付给投资者的利润。

(6) 将1至12月份各损益类账户累计余额及所得税费用转入“本年利润”账户。

(7) 将全年实现的净利润自“本年利润”账户转入“利润分配”账户。

(三) 要求:根据上列资料的各项经济业务内容编制会计分录,同时登记“本年利润”和“利润分配”总分类账。

习 题 十 七

(一) 目的:练习销售业务与财务成果的核算。

(二) 资料:某公司×年12月份发生如下经济业务:

1. 2日,销售甲产品59件给A公司,每件售价1 900元,增值税14 573元,代垫运费2 300元,货款与代垫运费尚未收到。

2. 3日,销售乙产品120件给B公司,每件售价340元,增值税销项税额5 304元,货款已通过银行收讫。

3. 4日,预收C公司货款90 000元。

4. 5日,让售A材料600千克,每千克70元,增值税5 460元,款项已通过银行收讫。

5. 8日,收到2日销售给A公司的甲产品货款与运费。

6. 10日,根据合同,向C公司发出乙产品220件,每件售价340元,增值税9 724元,货款冲减4日的预收款后余额退回。

7. 12日,收到联营公司的利润分红4 000元,存入银行。

8. 15日,以银行存款向当地的养老院捐赠10 000元。

9. 20日,收到捐赠款40 000元,存入银行。

10. 21日,收到包装公司的账单,本月销售产品共发生了包装费5 000元,以银行存款支付。

11. 22日,以银行存款支付给报社广告费6 500元。

12. 30日,结转销售产品的成本,其中甲产品每件成本1 100元,乙产品每件成本140元。

13. 30日,结转让售A材料成本,每千克A材料成本35元。

14. 计算应缴城市维护建设税2 120元,其中产品销售应缴纳的城建税为

1 800 元,材料销售应缴纳的城建税为 320 元。

15. 结转本月所有的收入、成本与费用至“本年利润”账户。

16. 按利润总额的 25%计算应缴所得税。

17. 按税后利润的 10%计提盈余公积。

18. 将缴纳所得税费用及提取盈余公积后的利润的 30%作为应付给投资者的利润。

(三) 要求: **1.** 根据上述资料编制会计分录。

2. 假定 12 月初未分配利润为 5 000 元,计算 12 月底未分配利润的数额。

习题十八(作业题)

(一) 目的: 同习题十七。

(二) 资料: 某企业×年 5 月发生如下经济业务:

1. 出售 A 产品 100 件,每件售价 1 017 元(含税价,增值税率 13%),款项已收存银行。

2. 出售 A 产品 50 件,每件售价 900 元,售给五一工厂,增值税额 5 850 元,款项尚未收回。

3. 用银行存款 2 000 元支付电视广告费。

4. 收回五一工厂前欠款项 52 200 元存入银行。

5. 结转 A 产品本月的销售成本(每件制造成本 550 元)。

6. 本月应缴的城市维护建设税为 1 145.7 元。

7. 以银行存款上缴城市维护建设税。

8. 以银行存款 500 元支付金融机构手续费。

9. 以银行存款支付各种管理费用 1 000 元。

10. 月终结转主营业务收入、主营业务成本、销售费用、管理费用、财务费用,以及税金及附加。

11. 按利润总额的 25%计算应缴纳的所得税。

12. 按规定从税后利润中提取盈余公积 2 000 元。

13. 按规定从利润中计算应付利润 8 000 元。

14. 用银行存款支付应付利润 8 000 元。

(三) 要求: 根据上述资料编制会计分录。

习 题 十 九

(一) 目的: 练习企业经营过程综合业务的核算。

(二) 资料: 某企业×年 12 月份发生如下经济业务:

1. 收到 A 公司投入的股款 100 000 元,存入银行。

2. 收到 B 公司实物资产投资,其中设备一台协议价为 200 000 元,材料一批价值为 20 000 元,已经验收入库。

3. 收到 C 公司投入的一项专有技术,经评估确认其价值为80 000元。

4. 从银行借入短期借款 100 000 元供企业经营周转用,期限为 6 个月,年利率为 6%,次年的 6 月 4 日归还本金和利息。

5. 向银行借入 2 年期、年利率为 8%、到期一次还本付息的借款 800 000 元供企业计划的新项目用。款项已经存入银行。

6. 用银行存款 10 000 元预付本月在内的 5 个月的管理部门用房租金。

7. 购入需要安装的设备一台,设备买价为 100 000 元,增值税为 13 000 元,运费等其他费用为 3 000 元,所有款项均已通过银行转账支付。

8. 上述购入的设备运到企业,开始进行安装,共领用材料价值3 000 元,应付安装工人酬金 1 000 元。

9. 上述设备安装工作完毕,经验收合格交付使用,结转安装工程成本。

10. 供应单位发来甲材料 38 000 元,增值税率为 13%,价款已用银行存款支付。

11. 向 D 公司购买乙材料一批,买价 100 000 元,增值税率 13%,由买方负担的运费 500 元,买价和增值税开出一张商业汇票交给 D 公司,运费以现金付讫。

12. 上述购买的甲材料和乙材料验收入库,结转其采购成本。

13. 生产 52 号产品领用甲材料 6 600 元,乙材料 3 400 元。

14. 领用材料一批,其中用于车间一般性消耗 4 200 元,管理部门用为 1 000 元。

15. 用库存现金支付生产车间本月的水电费 800 元。

16. 车间领用甲材料 5 000 元用于 53 号产品的生产。

17. 用银行存款 2 000 元支付销售 A 产品广告费。

18. 企业购买一台车床买价 24 000 元,运杂费 1 000 元,款项暂未支付,设备交付使用(不考虑增值税)。

19. 开出现金支票购买车间办公用品 1 000 元(不考虑增值税)。

20. 分配职工薪酬费用,其中 52 号产品工人分配 12 000 元,53 号产品工人分配 10 000 元,车间管理人员分配 8 000 元,厂部管理人员分配 2 000 元。

21. 提取本月折旧,其中车间 3 800 元,管理部门 1 200 元。

22. 将本月发生的制造费用,按生产工时(52 号产品 600 个,53 号产品 400 个)分配计入 A,B 产品成本(列出计算式)。

23. 本月生产的 52 号产品 15 台现已完工(假设期初没有在产品成本),结转其生产成本。

24. 销售 52 号产品一批,售价 20 000 元,销售 53 号产品一批,售价为 10 000 元,增值税率为 13%,用库存现金支付代垫运费1 000 元,款项尚未收到。

25. 按 5%税率计算应交销售 52 号产品的消费税。

26. 计提应由本月负担的上述第 4 笔业务的银行借款利息。

27. 用银行存款 5 000 元支付公益性捐赠支出。

28. 从被投资方分得利润 18 000 元,存入银行。

29. 经批准将资本公积金 60 000 元转增资本。

30. 用银行存款 34 000 元支付上年分配给投资者的利润。

31. 结转本期已销产品的生产成本 18 000 元。

32. 将本月实现的主营业务收入、投资收益,发生的主营业务成本、销售费用、税金及附加、管理费用、财务费用、营业外支出等转入“本年利润”账户。

33. 将本月实现利润总额按 25%税率计算所得税费用并予以结转。

34. 按税后利润的 10%提取盈余公积金。

35. 将剩余利润 20%分配给投资人。

(三) 要求:编制本月业务的会计分录。

习 题 二 十

(一) 目的:理解并运用材料采购阶段相关账户之间的对应关系。

(二) 资料:企业期初库存原材料 60 000 元,本期仓库共发出材料 29 000 元,期末库存材料成本 110 500 元,“应付账款”(购材料款)期初贷方余额 123 000 元,期末贷方余额为 151 000 元,本期没有发生偿还应付款的业务。

(三) 要求:计算本期购入材料中已付款的材料有多少。

习 题 二 十 一

(一) 目的:理解并运用财务成果阶段相关账户之间的对应关系。

(二) 资料:某企业年初所有者权益总额为 650 000 元。本年接受投资 10 万元。1 至 12 月份累计实现利润总额 250 000 元。1 至 11 月份累计已交所得税费用 34 000 元,所得税税率为 25%。年末按 10%提取盈余公积金,分配给投资人利润52 400 元。

(三) 要求:计算在没有其他纳税调整事项的条件下,12 月份的应缴所得税费用、年末未分配利润和年末所有者权益总额分别是多少。

习题二十二(作业题)

(一) 目的:理解并运用财务成果分配阶段相关账户之间的对应关系。

(二) 资料：某企业本年的应纳税所得额为 90 万元,会计利润总额为 85 万元(所得税费用应该按照应纳税所得额而不是会计利润缴纳)。若企业所得税税率为 25%,法定盈余公积金提取率为 10%,公益金提取率为 5%,向投资者分配利润 35 万元。

(三) 要求：计算其本年末未分配利润额为多少。

习题二十三

(一) 目的：掌握制造成本的计算。

(二) 资料：表 3－12 列示的是不同企业的有关生产成本等账户资料。

表 3－12 生产成本等账户资料 单位：元

	A 公司	B 公司	C 公司	D 公司	E 公司	F 公司
期初库存材料	1 000	1 000	1 000	1 000	0	4 550
本期购入材料	13 000	16 200	9 200	2 600	16 000	(12)
期末库存材料	1 200	1 200	1 200	0	1 000	4 810
直接材料	(1)	16 000	9 000	3 600	(10)	(13)
直接人工	2 000	26 000	16 500	8 000	18 000	19 500
制造费用	900	14 000	(6)	13 000	21 000	29 500
期初在产品	1 500	0	1 200	1 300	6 000	6 240
期末在产品	1 150	0	4 500	300	(11)	8 450
期初库存产成品	1 800	10 000	6 000	7 800	15 300	9 750
期末库存产成品	2 250	(4)	7 950	(8)	22 800	11 375
营业收入	17 000	84 000	27 700	(9)	120 000	94 250
营业成本	(2)	(5)	(7)	28 000	45 000	(14)
营业毛利	(3)	22 600	5 300	−4 000	75 000	22 100

(三) 要求：计算填列表格中(1)至(14)的空格数字。

注：制造费用中不含材料费。

第三部分 | 案 例

案例 1

飞伍和宇明是大学的同班同学，毕业5年后，有一天两人偶然碰到，就互相聊了起来，聊到工作时，飞伍说他在1年前开始接触会计，并且已经为公司做账。而宇明恰恰是在5年之内一直从事会计工作的，于是两人就工作问题热烈地讨论起来，在讨论过程中，宇明发现飞伍在会计知识方面还有许多不懂之处，于是提出到飞伍的公司去看一看他做的账簿，在翻看飞伍的账簿时，宇明发现有如下情况：

1. ×年10月购进并入库了一批价值为100 000元的甲材料，按国家消费税法的规定，缴纳了10 000元的消费税，按税法规定，这种原材料加工成产品后国家不再征收消费税，该批原材料在×年已全部加工成产品，并已全部对外销售。当时飞伍认为，增值税作为购进环节的流转税可以抵扣，消费税按可比性原则也可以抵扣。所以，他做了如下的会计分录：

借：原材料　　100 000

　　应交税费　　10 000

　　贷：银行存款　　110 000

2. ×年11月，在购进乙、丙材料时，共支付了10 000元的外地运杂费，为简化核算起见，飞伍把它作为管理费用处理，会计处理如下：

借：管理费用　　10 000

　　贷：银行存款　　10 000

3. 按公司规定，丁材料按计划成本计价，到×年11月末，其账面余额为500 000元，材料成本差异账面余额为−6 700元，飞伍当时认为，按历史成本原则，原材料应按实际成本反映，在到×年11月末，飞伍作如下账务处理：

借：材料成本差异　　6 700

　　贷：原材料　　6 700

4. ×年11月，在购进另外一批甲材料时，由于途中的自然损耗，验收时发现应入库1 000千克的甲原材料只入库了950千克，该批原材料单位购进成本为200元。飞伍认为没有验收入库的原材料应作为当期损失，作账务处理如下：

借：管理费用　　10 000

　　贷：在途物资　　10 000

借：管理费用　　　　　　　　10 000
　　贷：在途物资　　　　　　　　10 000

宇明看了上面的这些会计记录后，认为这些会计记录是错误的，并指导飞伍作了必要的调整。

案例要求：你认为飞伍的会计记录错在哪里，应作怎样的调整？

案　例　2

徐忠正在一个公司的会计部门实习，他看到公司账上有三笔业务似乎有问题，就向你请教，假如你是他的朋友，你如何解答他的问题？

1. 某产品的专用设备12月的应提折旧为50 000元，相关人员的会计处理为：

借：制造费用　　　　　　　　50 000
　　贷：累计折旧　　　　　　　　50 000

2. 发出甲材料10 000元，用于非增值税产品生产，该产品已生产完工，并全部出售。甲原材料的增值税税率为13%，相关人员的会计处理为：

借：生产成本　　　　　　　　10 000
　　贷：原材料　　　　　　　　10 000

3. 从建行借入期限为3个月的借款，按借款合同的规定，利息在每月月末支付一次，借款本金为600 000元，月利率为0.5%，相关人员的会计处理如下：

借：财务费用　　　　　　　　3 000
　　贷：应付利息　　　　　　　　3 000
借：应付利息　　　　　　　　3 000
　　贷：银行存款　　　　　　　　3 000

第三章答案

第一部分　概　念　题

一、填空题

1. 资金的循环与周转　**2.** 资金筹集　生产准备　产品生产　产品销售　财务成果计算与分配　**3.** 资金筹集　**4.** 生产成本　本年利润　**5.** 实际投资额　实际收到或存入企业开户行的金额　投资各方确认的价值　**6.** 实收资本　**7.** 实际成本(或原始价值)　**8.** 本期生产费用　期末在产品成本　**9.** 经济用途　**10.** 直接人工　制造费用　**11.** 完工产品　月末在产品　单位成本　**12.** 应收账款　主营业务收入　应交税费——应交增值税(销项税)　**13.** 营业外支出　**14.** 生产成本　**15.** 当期损益　产品生产成本　**16.** 折旧额　**17.** 直接费用　期间费用　**18.** 收入　费用　**19.** 实现的净利润　未弥补亏

损　未分配利润　**20.** 其他综合收益

二、判断题

1. √　**2.** ×　**3.** ×　**4.** √　**5.** √　**6.** ×　**7.** ×　**8.** ×　**9.** ×　**10.** √
11. ×　**12.** ×　**13.** √　**14.** ×　**15.** √　**16.** √　**17.** √　**18.** ×　**19.** ×
20. √　**21.** ×　**22.** √　**23.** ×　**24.** √　**25.** ×　**26.** ×　**27.** ×　**28.** ×
29. ×　**30.** ×　**31.** √　**32.** ×　**33.** ×　**34.** ×

三、单项选择题

1. B　**2.** D　**3.** C　**4.** B　**5.** C　**6.** C　**7.** D　**8.** D　**9.** D　**10.** C　**11.** C
12. B　**13.** C　**14.** D　**15.** C　**16.** D　**17.** C　**18.** A　**19.** D　**20.** D
21. B　**22.** C　**23.** B　**24.** A　**25.** C　**26.** A　**27.** B　**28.** A

四、多项选择题

1. ABCDE　**2.** ABCD　**3.** BDE　**4.** AC　**5.** ABCD　**6.** ABCDE　**7.** ABC
8. BCDE　**9.** CDE　**10.** CD　**11.** ACD　**12.** ABCD　**13.** BCE　**14.** ABCDE
15. ACE　**16.** ABCE　**17.** ACD　**18.** ACD　**19.** ABDE　**20.** ABC
21. ABCE　**22.** ABCDE　**23.** BDE　**24.** BDE　**25.** AB　**26.** BC　**27.** CDE
28. ABCD　**29.** ABCDE　**30.** BCE　**31.** ABDE　**32.** ABE　**33.** ABCD
34. AD　**35.** AC

第二部分　核　算　题

习　题　一

表 3-13　某企业×年 6 月份收入和费用项目

项　　目	生产成本	费 用	收 入	会计科目
1. 甲产品销售收入			○	主营业务收入
2. 生产甲产品工人的薪酬	○			生产成本
3. 生产甲产品耗用的直接材料	○			生产成本
4. 获得政府补助			○	营业外收入
5. 银行借款利息支出		○		财务费用
6. 技术转让费收入			○	其他业务收入
7. 企业管理人员的薪酬		○		管理费用
8. 生产车间机器折旧费	○			制造费用
9. 出租房屋租金收入			○	其他业务收入
10. 产品销售展览费		○		销售费用
11. 持有债券的利息收入			○	投资收益
12. 公益性捐赠支出		○		营业外支出
13. 本期产品销售税金		○		税金及附加
14. 乙产品销售收入			○	主营业务收入
15. 已销甲、乙产品的生产成本		○		主营业务成本
16. 生产工人薪酬	○			生产成本

续 表

项　　目	生产成本	费 用	收 入	会计科目
17. 车间日常办公费	○			制造费用
18. 厂部办公费		○		管理费用
19. 已售出材料的成本		○		其他业务成本

习　题　二

1. 借：银行存款　70 000
　　贷：实收资本——A公司　70 000

2. 借：银行存款　200 000
　　贷：实收资本——国家　200 000

3. 借：固定资产　80 000
　　原材料　100 000
　　贷：实收资本——B公司　180 000

4. 借：银行存款　50 000
　　贷：短期借款　50 000

5. 借：固定资产　300 000
　　应交税费——应交增值税(进项税)　39 000
　　贷：实收资本——C公司　339 000

6. 借：资本公积　20 000
　　贷：实收资本　20 000

7. 借：固定资产　580 000
　　贷：实收资本　580 000

8. 借：短期借款　500 000
　　贷：银行存款　500 000

9. 借：无形资产——商标权　190 000
　　贷：实收资本——隆升电机厂　190 000

习题三(作业题)

解题思路同习题二,答案略。

习　题　四

1. 借：固定资产　81 800
　　应交税费——应交增值税　10 400
　　贷：银行存款　92 200

2. 借：在建工程	86 150	
贷：银行存款		86 150
3. 借：在建工程	1 500	
贷：应付职工薪酬		1 000
原材料		500
借：固定资产	87 650	
贷：在建工程		87 650
4. 借：在途物资——甲材料	15 000	
——乙材料	5 000	
应交税费——应交增值税——进项税	2 600	
贷：应付账款		22 600
5. 借：在途物资——甲材料	300	
——乙材料	50	
贷：库存现金		350

装卸费分配率 $=\dfrac{350}{15\,000+2\,500}=0.02$ 元/千克

甲材料应分摊的装卸费＝15 000 千克×0.02 元/千克＝300 元

乙材料应分摊的装卸费＝2 500 千克×0.02 元/千克＝50 元

6. 借：在途物资——甲材料	5 000	
应交税费——应交增值税——进项税	650	
贷：应付票据		5 650
7. 借：预付账款	10 000	
贷：银行存款		10 000
8. 借：应付账款	15 000	
贷：银行存款		15 000
9. 借：在途物资——乙材料	6 300	
应交税费——应交增值税——进项税	780	
贷：预付账款		7 080
10. 借：银行存款	2 920	
贷：预付账款		2 920
11. 借：在途物资——甲材料	20 000	
——乙材料	10 000	
应交税费——应交增值税——进项税	3 900	
贷：银行存款		33 900
12. 借：在途物资——甲材料	800	
——乙材料	200	
贷：银行存款		1 000

$$运输费分配率=\frac{1\ 000}{20\ 000+5\ 000}=0.04\ 元/千克$$

甲材料应分摊的运杂费=20 000 千克×0.04 元/千克=800 元

乙材料应分摊的运杂费=5 000 千克×0.04 元/千克=200 元

13. 借：在途物资——甲材料　　30 000
　　应交税费——应交增值税——进项税　　3 900
　　贷：应付账款　　33 900

14. 甲材料实际采购成本：71 100 元(15 000+300+5 000+20 000+800+30 000)

乙材料实际采购成本：21 550 元(5 000+50+6 300+10 000+200)

借：原材料——甲材料　　71 100
　　　　——乙材料　　21 550
　　贷：在途物资——甲材料　　71 100
　　　　　　　——乙材料　　21 550

习 题 五

1. 填表如下：

表 3-14 材料采购成本计算表

项　目	分配标准(重量)	分配率(元/千克)	运杂费分配额(元)	买价(元)	总成本(元)	单位成本(元/千克)
甲种材料	1 000 千克	1	1 000	3 000	4 000	4
乙种材料	3 000 千克	1	3 000	8 000	11 000	3.67
丙种材料	1 000 千克	1	1 000	4 000	5 000	5
合　计	5 000 千克		5 000	15 000	20 000	

表 3-15 材料采购成本计算表

项　目	分配标准(体积)	分配率(元/立方米)	运杂费分配额(元)	买价(元)	总成本(元)	单位成本(元/千克)
甲种材料	200 立方米	10	2 000	3 000	5 000	5
乙种材料	100 立方米	10	1 000	8 000	9 000	3
丙种材料	200 立方米	10	2 000	4 000	6 000	6
合　计	500 立方米		5 000	15 000	20 000	

表 3-16 材料采购成本计算表

项　目	分配标准（买价）	分配率（元/元）	运杂费分配额（元）	买价（元）	总成本（元）	单位成本（元/千克）
甲种材料	3 000 元	0.33	1 000	3 000	4 000	4
乙种材料	8 000 元	0.33	2 667	8 000	10 667	3.56
丙种材料	4 000 元	0.33	1 333	4 000	5 333	5.33
合　计	15 000 元		5 000	15 000	20 000	

2. 由上述表中的数据可以发现，选用不同的分配标准，则分配的结果不一致，最后导致材料单位成本不一致，所以在分配共同采购费用时，选用合适的分配标准非常重要。

习　题　六

解题思路同习题五，答案略。

习　题　七

解题思路同习题四，答案略。

习　题　八

1. 编制会计分录如下：

(1) 借：生产成本——甲产品　51 000
　　　　　　　——乙产品　49 000
　　　制造费用　900
　　　贷：原材料　100 900

(2) 借：生产成本　61 560
　　　制造费用　11 400
　　　贷：应付职工薪酬　72 960

(3) 借：库存现金　72 960
　　　贷：银行存款　72 960

(4) 借：应付职工薪酬　72 960
　　　贷：库存现金　72 960

(5) 借：制造费用　1 200
　　　贷：银行存款　1 200

(6) 预付租金时：
　借：预付账款　4 500
　　贷：银行存款　4 500

摊配本月负担的租金时:

借: 制造费用 1 500

　贷: 预付账款 1 500

(7) 借: 制造费用 1 300

　贷: 累计折旧 1 300

(8) 借: 制造费用 1 000

　贷: 银行存款 1 000

(9)

借	制造费用		贷
(1)	900		
(2)	11 400		
(5)	1 200	(9)	17 300
(6)	1 500		
(7)	1 300		
(8)	1 000		
本期发生额	17 300	本期发生额	17 300

图 3-1　制造费用 T 型账户

分配率=17 300/(600+400)=17.3 元/工时

甲产品应分配制造费用: 600×17.3=10 380 元

乙产品应分配制造费用: 400×17.3=6 920 元

会计分录为:

借: 生产成本——甲产品 10 380

　　　　　——乙产品 6 920

　贷: 制造费用 17 300

(10) 工资费用分配率=61 560/(600+400)=61.56 元/工时

甲产品应分配职工薪酬: 600×61.56=36 936 元

乙产品应分配职工薪酬: 400×61.56=24 624 元

甲产品: 51 000+36 936+10 380=98 316 元

乙产品: 49 000+24 624+6 920=80 544 元

会计分录:

借: 库存商品——甲产品 98 316

　贷: 生产成本——甲产品 98 316

借	生产成本		贷
(1)	100 000		
(2)	61 560		
(9)	17 300	(10)	98 316
本期发生额	178 860	本期发生额	98 316
期末余额	80 544		

图 3-2　生产成本 T 型账户

习　题　九

解题思路同习题八,答案略。

习　题　十

表 3 - 17　材料费用分配表

产品名称	直接耗用材料费用(元)	材料间接费用分配			材料费用合计(元)
		分配标准	分 配 率	分配金额	
甲产品	12 000	8 000 千克	0.3①	2 400	14 400
乙产品	3 000	2 000 千克	0.3	600	3 600
小　计	15 000	10 000 千克		3 000	18 000
丙产品	7 200	7 200 元	0.25②	1 800	9 000
丁产品	10 000	10 000 元	0.25	2 500	12 500
小　计	17 200	17 200 元		4 300	21 500
合　计	32 200	—	—	7 300	39 500

注: ①: 3 000÷(8 000+2 000)=0.3 元/千克

②: 4 300÷(7 200+10 000)=0.25

习 题 十 一

1. 编制会计分录如下:

(1) 借: 制造费用　　1 660
　　贷: 银行存款　　1 660

(2) 借: 制造费用　　8 000
　　贷: 累计折旧　　8 000

(3) 借: 制造费用　　2 840
　　贷: 应付职工薪酬　　2 840

(4) 借: 制造费用　　2 800
　　贷: 原材料　　2 800

(5) 借: 制造费用　　300
　　贷: 预付账款　　300

(6) 借: 生产成本——甲产品　　1 950
　　　　　　——乙产品　　5 850
　　　　　　——丙产品　　7 800
　　贷: 制造费用　　15 600

2. 制造费用分配表见表 3 - 18:

表 3-18 制造费用分配表

产品名称	分配标准	制造费用	
	(产品生产工时)	分配率	分配额(元)
甲	100	19.5	1 950
乙	300	19.5	5 850
丙	400	19.5	7 800
合　计	800		15 600

其中分配率=15 600/(100+300+400)=19.5 元/小时

习题十二

工资费用分配率=43 320/(600+580+340)=28.5 元/小时

甲产品应分配薪酬=600×28.5=17 100 元

乙产品应分配薪酬=580×28.5=16 530 元

丙产品应分配薪酬=340×28.5=9 690 元

制造费用=950+8 550+6 020+8 800=24 320 元

制造费用分配率=24 320/(600+580+340)=16 元/小时

甲产品应分配的制造费用=600×16=9 600 元

乙产品应分配的制造费用=580×16=9 280 元

丙产品应分配的制造费用=340×16=5 440 元

表 3-19 产品成本明细账

产品名称：甲产品　　单位：元

项　目	产　量	原材料	职工薪酬	制造费用	合　计
本月生产费用		30 000	17 100	9 600	56 700
结转完工产品成本	100	30 000	17 100	9 600	56 700
完工产品单位成本		300	171	96	567

表 3-20 产品成本明细账

产品名称：乙产品　　单位：元

项　目	产　量	原材料	职工薪酬	制造费用	合　计
月初在产品费用		7 850	3 500.34	1 539.19	12 889.53
本月生产费用		20 100	16 530	9 280	45 910
生产费用合计		27 950	20 030.34	10 819.19	58 799.53
结转完工产品成本	60	17 900	16 750.84	8 270.19	42 921.03
完工产品单位成本		298.33	279.18	137.84	715.35
月末在产品成本		10 050	3 279.50	2 549	15 878.50

表 3-21 产品成本明细账

产品名称：丙产品　　　　　　　　　　　　　　　　单位：元

项　　目	原材料	职工薪酬	制造费用	合　计
月初在产品费用	3 200	589	1 889	5 678
本月生产费用	10 900	9 690	5 440	26 030
生产费用合计	14 100	10 279	7 329	31 708
月末在产品成本	14 100	10 279	7 329	31 708

习题十三

1. 借：银行存款　20 340
　　贷：主营业务收入　18 000
　　　　应交税费——应交增值税——销项税　2 340

2. 借：销售费用　7 000
　　贷：银行存款　7 000

3. 借：应收票据　10 170
　　贷：主营业务收入　9 000
　　　　应交税费——应交增值税——销项税　1 170

4. 借：销售费用　250
　　贷：库存现金　250

5. 借：银行存款　10 000
　　贷：合同负债　10 000

6. 借：银行存款　5 650
　　贷：主营业务收入　5 000
　　　　应交税费——应交增值税——销项税　650

7. 借：应收账款　17 270
　　贷：主营业务收入　15 000
　　　　应交税费——应交增值税——销项税　1 950
　　　　银行存款　320

8. 借：合同负债　10 000
　　贷：主营业务收入　7 200
　　　　应交税费——应交增值税——销项税　936
　　　　银行存款　1 864

9. 借：主营业务收入　360
　　应交税费——应交增值税　46.8
　　贷：银行存款　406.8

10. 借：银行存款	17 270	
贷：应收账款		17 270
11. 借：税金及附加	2 400	
贷：应交税费——应交消费税		2 400
12. 借：主营业务成本	30 800	
贷：库存商品		30 800

甲产品：(100＋50＋40－2)×100＝18 800 元

乙产品：100×30＝3 000 元

丙产品：500×18＝9 000 元

共计：18 800＋3 000＋9 000＝30 800 元

习 题 十 四

解题思路同习题十三,答案略。

习 题 十 五

1. 借：管理费用	800	
贷：库存现金		800
2. 借：管理费用	900	
库存现金	300	
贷：其他应收款		1 200
3. 借：营业外支出	3 000	
贷：银行存款		3 000
4. 借：财务费用	900	
贷：应付利息		900
5. 借：坏账准备	4 000	
贷：应收账款		4 000
6. 借：管理费用	400	
贷：原材料		400
7. 借：银行存款	7 000	
贷：其他业务收入		7 000
8. 借：营业外支出	50 000	
贷：银行存款		50 000
9. 借：管理费用	500	
贷：预付账款		500
10. 借：其他应付款	600	
贷：其他业务收入		517.24
应交税费——应交增值税——销项税		82.76

11. 借：银行存款　1 200
　　贷：投资收益　　1 200

12. 借：财务费用　1 020
　　应付利息　10 000
　　贷：银行存款　　11 020

13. 借：管理费用　9 025
　　库存现金　5 975
　　贷：银行存款　　15 000

习 题 十 六

解题思路同习题十五，答案略。

习 题 十 七

1. 编制会计分录如下：

(1) 借：应收账款——A 公司　128 973
　　贷：主营业务收入　　112 100
　　　　应交税费——应交增值税——销项税　14 573
　　　　银行存款　　2 300

(2) 借：银行存款　46 104
　　贷：主营业务收入　　40 800
　　　　应交税费——应交增值税——销项税　5 304

(3) 借：银行存款　90 000
　　贷：合同负债——C 公司　　90 000

(4) 借：银行存款　47 460
　　贷：其他业务收入　　42 000
　　　　应交税费——应交增值税——销项税　5 460

(5) 借：银行存款　128 973
　　贷：应收账款　　128 973

(6) 借：合同负债　90 000
　　贷：主营业务收入　　74 800
　　　　应交税费——应交增值税——销项税　9 724
　　　　银行存款　　5 476

(7) 借：银行存款　4 000
　　贷：投资收益　　4 000

(8) 借: 营业外支出	10 000	
贷: 银行存款		10 000
(9) 借: 银行存款	40 000	
贷: 营业外收入		40 000
(10) 借: 销售费用	5 000	
贷: 银行存款		5 000
(11) 借: 销售费用	6 500	
贷: 银行存款		6 500
(12) 借: 主营业务成本	112 500	
贷: 库存商品		112 500
(13) 借: 其他业务成本	21 000	
贷: 原材料		21 000
(14) 借: 税金及附加	1 800	
其他业务成本	320	
贷: 应交税费		2 120
(15) 借: 本年利润	157 120	
贷: 主营业务成本		112 500
其他业务成本		21 320
销售费用		11 500
税金及附加		1 800
营业外支出		10 000
借: 主营业务收入	227 700	
营业外收入	40 000	
其他业务收入	42 000	
投资收益	4 000	
贷: 本年利润		313 700
(16) 借: 所得税费用	39 145	
贷: 应交税费——应交所得税		39 145
借: 本年利润	39 145	
贷: 所得税费用		39 145
(17) 借: 利润分配——提取盈余公积	11 743.50	
贷: 盈余公积		11 743.50
(18) 借: 利润分配——应付利润	31 707.45	
贷: 应付股利		31 707.45

2. 12 月底未分配利润＝5 000＋(313 700－157 120－39 145－11 743.50－31 707.45)＝78 984.05 元

习 题 十 八

解题思路同习题十七,答案略。

习 题 十 九

1. 编制会计分录如下:

(1) 借: 银行存款	100 000	
贷: 实收资本——A 公司		100 000
(2) 借: 固定资产	200 000	
原材料	20 000	
贷: 实收资本——B 公司		220 000
(3) 借: 无形资产	80 000	
贷: 实收资本——C 公司		80 000
(4) 借: 银行存款	100 000	
贷: 短期借款		100 000
(5) 借: 银行存款	800 000	
贷: 长期借款		800 000
(6) 借: 预付账款	10 000	
贷: 银行存款		10 000
借: 管理费用	2 000	
贷: 预付账款		2 000
(7) 借: 在建工程	103 000	
应交税费——应交增值税	13 000	
贷: 银行存款		116 000
(8) 借: 在建工程	4 000	
贷: 原材料		3 000
应付职工薪酬		1 000
(9) 借: 固定资产	107 000	
贷: 在建工程		107 000
(10) 借: 在途物资——甲材料	38 000	
应交税费——应交增值税——进项税	4 940	
贷: 银行存款		42 940

(11)	借：在途物资——乙材料	100 500	
	应交税费——应交增值税——进项税	13 000	
	贷：应付票据		113 000
	库存现金		500
(12)	借：原材料——甲材料	38 000	
	——乙材料	100 500	
	贷：在途物资——甲材料		38 000
	——乙材料		100 500
(13)	借：生产成本——52 号产品	10 000	
	贷：原材料——甲材料		6 600
	——乙材料		3 400
(14)	借：制造费用	4 200	
	管理费用	1 000	
	贷：原材料		5 200
(15)	借：制造费用	800	
	贷：库存现金		800
(16)	借：生产成本——53 号产品	5 000	
	贷：原材料		5 000
(17)	借：销售费用	2 000	
	贷：银行存款		2 000
(18)	借：固定资产	25 000	
	贷：应付账款		25 000
(19)	借：制造费用	1 000	
	贷：银行存款		1 000
(20)	借：生产成本——52 号产品	12 000	
	——53 号产品	10 000	
	制造费用	8 000	
	管理费用	2 000	
	贷：应付职工薪酬		32 000
(21)	借：制造费用	3 800	
	管理费用	1 200	
	贷：累计折旧		5 000
(22)	借：生产成本——52 号产品	10 680	
	——53 号产品	7 120	
	贷：制造费用		17 800

	计算式：17 800÷(600+400)=17.8 元/工时		
	17.8×600=10 680 元		
	17.8×400=7 120 元		
(23)	借：库存商品——52 号产品	32 680	
	贷：生产成本——52 号产品		32 680
(24)	借：应收账款	34 900	
	贷：主营业务收入		30 000
	应交税费——应交增值税——销项税		3 900
	库存现金		1 000
(25)	借：税金及附加	1 000	
	贷：应交税费——应交消费税		1 000
(26)	借：财务费用	500	
	贷：应付利息		500
	计算式：100 000×6%÷12=500 元		
(27)	借：营业外支出	5 000	
	贷：银行存款		5 000
(28)	借：银行存款	18 000	
	贷：投资收益		18 000
(29)	借：资本公积	60 000	
	贷：实收资本		60 000
(30)	借：应付股利	34 000	
	贷：银行存款		34 000
(31)	借：主营业务成本	18 000	
	贷：库存商品		18 000
(32)	借：本年利润	32 700	
	贷：主营业务成本		18 000
	销售费用		2 000
	管理费用		6 200
	税金及附加		1 000
	财务费用		500
	营业外支出		5 000
	借：主营业务收入	30 000	
	投资收益	18 000	
	贷：本年利润		48 000

(33) 借: 所得税费用		3 825	
	贷: 应交税费——应交所得税		3 825
借: 本年利润		3 825	
	贷: 所得税费用		3 825
(34) 借: 利润分配——提取盈余公积		1 147.50	
	贷: 盈余公积		1 147.50
(35) 借: 利润分配——应付股利		2 065.50	
	贷: 应付股利		2 065.50

习题二十

本期增加的原材料金额=110 500+29 000−60 000=79 500 元

本期增加的应付账款金额=151 000−123 000=28 000 元

本期购入的材料已付款的金额=79 500−28 000=51 500 元

习题二十一

12 月份的应缴所得税费用=250 000×25%−34 000=28 500 元

年末未分配利润=(250 000−34 000−28 500)×90%−52 400=116 350 元

年末所有者权益总额=650 000+100 000+250 000×75%−52 400=885 100 元

习题二十二

解题思路同习题二十一,答案略。

习题二十三

解题思路:题的表格中各项目之间有如下关系:

1. 期初库存材料+本期购入材料=期末库存材料+直接材料
2. 期初库存产成品+(期初在产品+直接材料+直接人工+制造费用−期末在产品)−期末库存产成品=营业成本
3. 营业收入−营业成本=营业毛利

根据上述三个关系式,可以得出各空格数字为:

(1)=12 800;(2)=15 600;(3)=1 400;(4)=4 600;(5)=61 400;(6)=2 150;(7)=22 400;(8)=5 400;(9)=24 000;(10)=15 000;(11)=7 500;(12)=27 245;(13)=26 985;(14)=72 150

第三部分 案 例

案 例 1

分析思路：物资采购成本的确认与计量，是存货核算的一项重要内容。在计量与确认物资采购成本时我们应把握好两项原则：一是凡为采购材料而发生的一切必要的合理支出按历史成本原则都应计入原材料的采购成本；二是按重要性原则，对一些费用金额较少的，应由很多种原材料来共同承担，计入还是不计入原材料的采购成本对原物资采购成本的升降影响不大的如小额的运杂费、采购人员的工资及差旅费、专设的采购机构经费等，为了不增加没有必要增加的核算工作量，这些费用就作为期间费用，计入管理费用。另外，在购入原材料时支付的增值税能否计入原材料成本，要符合税法的规定：凡是在存货出售后可以抵扣的进项税额，不能计入存货的采购成本；凡是在存货销售后不能抵扣的进项税额，应计入存货的采购成本。

对于业务 1，由于按税法的规定，这种原材料加工成产品后国家不再征收消费税，因此在销售时不会再产生应税负债，所以也就不能把应交税费放在借方等待抵扣，应该在业务发生之时就把此税金列入税金及附加。飞伍对业务 1 的处理是不当的，应作如下分录：

借：原材料	100 000	
税金及附加	10 000	
贷：银行存款		110 000

对于业务 2，10 000 元的外地运杂费是一笔较大的采购费用，应按一定的标准在乙、丙两种材料之间分配，飞伍的处理是不当的，应把原有的错误分录冲销后，确定这 10 000 元运杂费的分配标准，计算费用分配率，然后在乙、丙两种材料之间进行分配。

对于业务 3，在材料按计划成本计价的前提下，原材料在会计信息中是以历史成本反映的，即在会计报表中按实际成本反映。在账簿中是以间接的方式反映计划成本的，即在账簿上反映计划成本的同时，反映材料成本差异，从而达到在账簿上反映材料历史成本的目的。飞伍的做法，在账簿上取消了材料的计划成本资料，从而使按计划成本对材料计价的作用消失，这是不对的，应把原有的分录冲销掉。

对于业务 4，材料购入途中的自然损耗，并不降低材料的总采购成本，它会提高材料的单位采购成本。飞伍把材料购入途中发生的自然损耗，作为材料的总采购成本的抵减是不对的，应把原有计入管理费用的分录改为把损耗计入物资采购，即：

借: 原材料 10 000
　　贷: 在途物资 10 000

案 例 2

徐忠的判断是正确的,这三笔业务确实存在一些问题,你可以对他作出如下的解释:

1. 对该笔业务,按权责发生制原则,某产品的专用设备的折旧应由该产品成本负担,不应计入制造费用账户,而应计入该产品的生产成本账户,应作如下分录:

借: 生产成本 50 000
　　贷: 累计折旧 50 000

2. 对该笔业务,由于甲材料 10 000 元用于非增值税产品生产,在该产品出售时不会产生增值税的销项税,其耗用的原材料在购进时产生的增值税进项税额无法抵扣,应将其耗用的原材料在购进时产生的增值税进项税额转入产品生产成本,应作如下分录:

借: 生产成本 11 300
　　贷: 原材料 10 000
　　　　应交税费——应交增值税(进项税转出) 1 300

3. 对于该笔业务,利息每月月末支付一次,可以不用事先计提利息,当然该企业的会计处理不影响会计信息的可靠性,可以不作更正,但以后类似业务的处理方法应作如下处理:

借: 财务费用 3 000
　　贷: 银行存款 3 000

第四章

会计要素的确认和计量

第一部分 概　念　题

一、填空题

1. 流动资产主要包括(　　　　　　　　)、(　　　　　　　　)、(　　　　　　　　)、(　　　　　　　　)、(　　　　　　　　)以及(　　　　　　　　)等。
2. 广义的现金除了库存现金外，还包括(　　　　　　　　)、(　　　　　　　　)、旅行支票、(　　　　　　　　)、(　　　　　　　　)和邮政汇票等。
3. 其他货币资金账户根据需要一般设置(　　　　　　　　)、(　　　　　　　　)、(　　　　　　　　)、(　　　　　　　　)、(　　　　　　　　)、(　　　　　　　　)等明细账。
4. 固定资产是指(　　　　　　　　)、(　　　　　　　　)且(

)的资产。

5. (　　　　　　)是企业中流动性最强的一项资产。

6. 交易性金融资产是指企业持有的目的主要是为(　　　　　　),通常用于从价格或交易商保证金的短期波动中获利。

7. 取得交易性金融资产时,按交易性金融资产的(　　　　　　),借记(　　　　　　),贷记(　　　　　　)。

8. 资产负债表日,交易性金融资产的公允价值高于其账面价值余额的差额,借记(　　　　　　),贷记(　　　　　　)。

9. 核算坏账损失的方法通常有两种,即(　　　　　　)和(　　　　　　)。我国规定坏账损失的核算只能采用(　　　　　　)。

10. 商业汇票按是否计息,可分为(　　　　　　)和(　　　　　　)。

11. 账龄分析法是根据应收账款(　　　　　　)来估计坏账损失的方法。

12. 我国会计准则规定,各种存货应当按照(　　　　　　)计价。

13. 存货的个别计价法适合于(　　　　　　)、(　　　　　　)和(　　　　　　)的存货。

14. 企业按成本与可变现净值孰低规则对存货计价时,有(　　　　　　)、(　　　　　　)和(　　　　　　)三种不同的计算方式可供选择。

15. 对长期股权投资的会计核算根据对被投资企业是否存在重大影响分别按(　　　　　　)和(　　　　　　)计价。

16. 影响固定资产折旧的因素主要有(　　　　　　)、(　　　　　　)和(　　　　　　)。

17. 固定资产加速折旧法一般有(　　　　　　)和(　　　　　　)两种。

18. 企业发生固定资产减值时,借记(　　　　　　)账户,贷记(　　　　　　)账户。

19. 债权投资在初始确认时,应当按照(　　　　　　)和(　　　　　　)之和作为初始入账金额。实际支付的价款中包括的已到付息期但尚未领取的债券利息,应单独在(　　　　　　)账户中确认。

20. 无形资产的后续计量是指对其价值如何(　　　　　　)的计量。

21. 企业按照董事会提请股东大会批准的利润分配方案中应分配给股东的现金股利,借记(　　　　　　)账户,贷记(　　　　　　)账户。

22. 无形资产摊销时,应借记(　　　　　　)、(　　　　　　)等账户,贷记(　　　　　　)账户。

23. 我国商业汇票的付款期限最长不超过(　　　　　　)个月。

24. 对于一般纳税人，其应交增值税账户一般设置（　　　　　　　）、（　　　　　　　）等明细科目。

25. “长期借款”账户的期末贷方余额表示尚未偿还的（　　　　　　　）和（　　　　　　　）。

26. 负债和所有者权益虽然都是资金的来源，但是两者有许多不同之处，如（　　　　　　　）、（　　　　　　　）、（　　　　　　　）和（　　　　　　　）等区别。

27. 盈余公积包括（　　　　　　　）和（　　　　　　　）两部分。

28. 法定盈余公积累计额达到公司注册资本的（　　　　　　　），可不再提取。

29. 按照企业从事日常活动在企业的重要性，收入可以分为（　　　　　　　）和（　　　　　　　）两大类。

二、判断题

1. “银行存款”账户核算的内容不包括外埠存款。（　　）
2. “坏账准备”账户的贷方余额表示已经提取但尚未转销的坏账准备的数额。（　　）
3. 在途材料是指企业采购的材料尚未运达企业或尚未验收入库，故不应包括在企业的存货之内。（　　）
4. 在我国，工业企业一般不把存货的采购费用等附带成本计入存货价值，而以期间费用列支，直接计入当期损益。（　　）
5. 企业计提的存货跌价准备应当计入资产减值损失，而计提的固定资产减值准备则应当计入营业外支出。（　　）
6. 长期股权投资的计价在取得长期股权时按成本计价。（　　）
7. 长期股权投资采用成本法核算时，应按被投资企业实现的净利润中投资企业应当分享的份额确认投资收益。（　　）
8. 企业采用权益法核算长期股权投资，应按被投资企业报告净收益中投资企业应当分享的份额确认投资收益，分得的现金股利应冲减投资的账面价值。（　　）
9. 双倍余额递减法计算折旧开始时并不考虑预计的净残值。（　　）
10. 如果某项固定资产是在当月1日增加的，则在当月就应对之计提折旧。（　　）
11. 不论采用何种方法计提折旧，固定资产使用期满时，其账面净值均为预计净残值。（　　）
12. 没有实物形态是无形资产区别于其他各种资产的唯一特征。（　　）

13. 无形资产减值准备计入企业的营业外支出。 ( )
14. 企业长期借款发生的利息支出,应在计入有关账户的同时,增加长期借款的账面价值。 ( )
15. 用盈余公积转增资本或弥补亏损,均不影响所有者权益总额的变化。 ( )
16. 股份有限公司“股本”账户的期末贷方余额就是股票的发行价与发行股数的乘积。 ( )
17. 企业提取盈余公积,会引起企业净资产发生增减变动。 ( )
18. 狭义的费用是指经营过程中发生的各种费用,如生产车间领用的材料等。 ( )
19. 以公允价值计量且其变动计入当期损益的金融资产,只包括交易性金融资产。 ( )
20. 企业取得的使用寿命有限的无形资产均应按直线法摊销。 ( )
21. 无形资产的摊销应计入“其他业务成本”。 ( )
22. 企业缴纳的印花税、耕地占用税和契税等也应该通过“应交税费”科目核算。 ( )
23. 企业对其他单位的投资占该公司有表决权资本总额 20%或 20%以上但低于 50%,或虽投资不足 20%但有重大影响时,应采用权益法核算。 ( )
24. 财务费用是指企业为筹集生产经营所需资金等而发生的筹资费用。( )
25. 固定资产折旧方法的选择只影响资产负债表中资产总额,并不影响利润表中的净利润。 ( )
26. 工会经费和职工教育经费不属于职工薪酬范围,不通过“应付职工薪酬”科目核算。 ( )

三、单项选择题

1. 不包括在广义现金范围内的项目是( )。
   A. 银行存款　B. 邮政汇票
   C. 个人支票　D. 职工借款欠条
2. 在下列项目中,不属于其他货币资金的是( )。
   A. 向银行申请的银行承兑汇票　B. 委托银行开出的银行汇票
   C. 存出投资款　D. 汇到外地并开立采购专户的款项
3. A 公司于 2018 年 10 月 5 日从证券市场上购入 B 公司股票 300 万股作为交易性金融资产,每股支付价款 7 元,另支付相关费用 15 万元;2018 年 12 月 31 日,这部分股票的公允价值为 2 180 万元,A 公司 2018 年 12 月 31 日应确认的公允价值变动损益为( )。

A. 损失 80 万元 B. 收益 80 万元 C. 损失 65 万元 D. 收益 65 万元

4. A 公司于 2018 年 5 月 8 日从证券市场上购入 B 公司股票 300 万股作为交易性金融资产，每股支付价款 5 元(含已宣告但未发放的现金股利 0.8 元/股)，另支付相关费用 3.5 万元，A 公司交易性金融资产取得时的入账价值为(　　)。

A. 1 500 万元 B. 1 260 万元 C. 1 503.5 万元 D. 1 263.5 万元

5. 按照企业会计制度规定，下列票据中应通过“应收票据”科目核算的是(　　)。

A. 银行汇票 B. 银行本票 C. 商业汇票 D. 银行支票

6. 企业到期的商业汇票无法收回，则应将应收票据本息一起转入(　　)。

A. 应收账款 B. 坏账损失 C. 财务费用 D. 其他应收款

7. 某企业采用备抵法核算坏账，坏账准备按应收账款余额的 5%计提。×0 年初，“坏账准备”账户期初贷方余额为 2 万元，当年末应收账款余额为 100 万元；×1 年发生坏账 3 万元，收回以前年度已注销的坏账 1 万元。若×1 年末应收账款余额为 80 万元，则当年应计提的坏账准备为(　　)。

A. 4 万元 B. 2 万元 C. 1 万元 D. 0 元

8. ×2 年 12 月 30 日 A 公司“坏账准备”账户有借方余额 2 000 元，年末应收账款余额 1 000 万元。如果按 5‰提取坏账准备，则 A 公司“坏账准备”账户的年末余额为(　　)。

A. 贷方余额 48 000 元 B. 贷方余额 50 000 元
C. 借方余额 48 000 元 D. 借方余额 52 000 元

9. 在存货价格持续上涨的情况下，使期末存货账面价值最大的存货计价方法是(　　)。

A. 先进先出法 B. 个别计价法
C. 加权平均法 D. 移动加权平均法

10. 某企业 2018 年 3 月初库存商品 60 件，每件为 1 000 元，月中又完工入库两批，一次为 200 件，每件 950 元；另一次 100 件，每件 1 046 元。假设 3 月该库存商品没有出库数量，则月末该商品的加权平均单价为(　　)元/件。

A. 980 B. 985 C. 990 D. 1 182

11. 某企业 5 月 1 日甲材料账面结存 100 千克，实际成本 9 000 元；5 月 5 日购入 50 千克，单价 100 元；5 月 8 日又购进 30 千克，单价 95 元；5 月 6 日和 15 日各发出甲材料 80 千克和 40 千克。如果采用先进先出法计算发出材料成本，则 5 月 31 日甲材料账面余额是(　　)。

A. 5 850 元 B. 6 800 元 C. 9 650 元 D. 11 000 元

12. 企业应于期末按存货可变现净值低于成本的差额计提存货跌价准备，计入

(   )。

A. 管理费用　　B. 资产减值损失

C. 财务费用　　D. 营业外支出

13. 采用权益法核算长期股权投资,当被投资企业宣告分派现金股利时,投资企业对应分得的现金股利,会计上应作(   )。

A. 贷记"应收股利"　　B. 贷记"投资收益"

C. 贷记"长期股权投资"　　D. 借记"长期股权投资"

14. ×0 年 1 月,甲公司以每股 5 元的价格购入乙公司股票 10 000 股作为长期投资。该股票价格中包含了已宣告但尚未派发的现金股利 0.40 元/股。×0 年 12 月 31 日,甲公司为乙公司股票计提减值准备 5 000 元。计提减值准备后,该股票投资的账面价值为(   )元。

A. 41 000　　B. 45 000　　C. 46 000　　D. 50 000

15. C 公司×2 年 1 月 2 日购入 S 公司 20%的普通股。当年 S 公司实现税后利润 180 000 元,宣告分派现金股利 108 000 元。采用权益法核算,C 公司当年的投资收益应为(   )。

A. 180 000 元　　B. 108 000 元　　C. 36 000 元　　D. 21 600 元

16. 企业购入股票时,如果支付的价款中含有已宣告发放但尚未领取的现金股利,应将这部分股利记入的账户是(   )。

A. 短期投资　　B. 财务费用　　C. 其他应付款　　D. 应收股利

17. 某企业×2 年 12 月 30 日购入一台不需安装的设备,已交付生产使用,原价 50 000 元,预计使用 5 年,预计净残值 2 000 元。若按年数总和法计提折旧,则第三年的折旧额为(   )。

A. 10 000 元　　B. 9 600 元　　C. 12 800 元　　D. 6 400 元

18. 固定资产采用快速折旧法,会使企业加速折旧期间前几年的(   )。

A. 利润减少　　B. 利润增加

C. 利润不受影响　　D. A 或 B

19. 应收账款的产生原因是(   )。

A. 现销　　B. 赊销　　C. 现购　　D. 赊购

20. 下列与企业(一般纳税人)损益无关的税金是(   )。

A. 所得税　　B. 消费税

C. 印花税　　D. 购进原材料时发生的增值税

21. 下列项目中,属于企业经营过程中因购买材料和接受劳务供应而发生的债务是(   )。

A. 应付账款　　B. 合同负债　　C. 其他应付款　　D. 长期应付款

22. 不会影响固定资产折旧计算的因素是(   )。

A. 固定资产的原始价值　　B. 固定资产预计净残值
C. 固定资产的性能　　D. 固定资产预计使用年限

23. 下列固定资产计提折旧的是(　　)。
A. 融资租入的固定资产　　B. 经营租赁方式租入的固定资产
C. 已提足折旧继续使用的固定资产　　D. 单独计价入账的土地

24. 关于无形资产,正确的表述是(　　)。
A. 没有实物形态的资产都是无形资产
B. 无形资产不能用于企业的管理
C. 未来的经济利益具有很大的不确定性
D. 无形资产都是可以辨认的

25. 某企业因采购商品开出3个月期限的商业汇票一张。该票据的票面价值为800 000元,票面年利率为10%。该应付票据到期时,企业应支付的价款为(　　)元。
A. 800 000　　B. 810 000　　C. 815 000　　D. 820 000

26. 商业承兑汇票到期无力偿付时,企业应将“应付票据”(　　)。
A. 转入应付账款　　B. 转入短期借款
C. 不进行处理　　D. 转入其他应付款

27. 企业取得与收益相关的政府补助,用于补偿已发生相关费用的,直接计入补偿当期的(　　)。
A. 资本公积　　B. 营业外收入　　C. 其他业务收入　　D. 主营业务收入

28. 当新投资者加入有限责任公司时,其出资额大于按约定比例计算的、在注册资本中所占的份额部分,应计入(　　)。
A. 实收资本　　B. 营业外收入　　C. 资本公积　　D. 盈余公积

29. A股份公司委托某证券公司代理发行普通股100 000股,每股面值1元,每股按1.2元的价格出售。按协议,证券公司按发行收入的3%计提手续费,并直接从发行收入中扣除。那么,A公司计入资本公积的数额为(　　)。
A. 16 400元　　B. 100 000元　　C. 116 400元　　D. 0元

30. 某企业年初未分配利润150 000元,当年实现净利润600 000元,按15%的比例提取盈余公积。当年该企业可供投资者分配的利润为(　　)。
A. 660 000元　　B. 510 000元　　C. 750 000元　　D. 727 500元

31. 按公司法规定,法定盈余公积可不再提取时,意味着法定盈余公积累计额已达到注册资本的(　　)。
A. 20%　　B. 25%　　C. 10%　　D. 50%

32. 下列各项中,不影响企业营业利润的是(　　)。
A. 商品销售收入　　B. 劳务收入

C. 罚款收入　　D. 固定资产出租收入

33. 下列交易或事项,不应确认为营业外支出的是(　　)。

A. 公益性捐赠支出　　B. 无形资产报废净损失

C. 固定资产盘亏损失　　D. 固定资产减值损失

34. 下列不属于管理费用的支出项目是(　　)。

A. 借款利息　　B. 业务招待费　　C. 工会经费　　D. 董事会会费

35. 关于无形资产的后续计量,下列说法中正确的是(　　)。

A. 使用寿命不确定的无形资产应该按系统合理的方法摊销

B. 使用寿命不确定的无形资产,其应摊销金额应按 10 年摊销

C. 企业无形资产摊销方法,应当反映与该项无形资产有关的经济利益的预期实现方式

D. 无形资产的摊销方法只有直线法

36. 在会计期末,企业所持有的无形资产的账面价值高于其可收回金额的差额,应当计入(　　)。

A. 资产减值损失　　B. 管理费用

C. 公允价值变动损益　　D. 其他业务成本

37. 下列项目中,不属于职工薪酬的是(　　)。

A. 职工工资　　B. 职工福利费

C. 医疗保险费　　D. 职工出差报销的火车票

四、多项选择题

1. 包括在广义现金范围内的项目是(　　　)。

A. 银行汇票　　B. 个人支票　　C. 旅行支票

D. 银行存款　　E. 商业汇票

2. 在下列项目中,属于其他货币资金的是(　　　)。

A. 收到的商业汇票　　B. 收到债务人交来的银行汇票

C. 外埠存款　　D. 银行本票

E. 信用证保证金

3. 交易性金融资产科目借方登记的内容有(　　　)。

A. 交易性金融资产的取得成本

B. 资产负债表日其公允价值高于账面余额的差额

C. 取得交易性金融资产所发生的相关交易费用

D. 资产负债表日其公允价值低于账面价值的差额

E. 取得交易性金融资产时发生的交易费用

4. 商业汇票按承兑人不同,分为(　　　)。

A. 商业承兑汇票　B. 个人承兑汇票　C. 银行承兑汇票
D. 带息商业汇票　E. 不带息商业汇票

5. 企业采用备抵法进行坏账核算时,估计坏账损失的方法有(　　　)。
A. 应收款项余额百分比法　B. 账龄分析法
C. 赊销百分比法　D. 年数总和法
E. 双倍余额递减法

6. 应收项目包括(　　　)。
A. 应收票据　B. 预付账款　C. 合同负债
D. 应收账款　E. 其他应收款

7. 存货包括(　　　)。
A. 原材料　B. 库存商品　C. 周转材料
D. 机器设备　E. 发出商品

8. 按长期股权投资准则规定,下列事项中,投资企业应采用成本法核算的有(　　　)。
A. 投资企业能够对被投资单位实施控制的长期股权投资
B. 投资企业对被投资单位不具有共同控制或重大影响,并且在活跃市场中没有报价、公允价值不能可靠计量的长期投资
C. 被投资单位在严格的限制条件下经营,其向投资企业转移资金的能力受到限制
D. 投资企业对被投资单位不具有共同控制或重大影响,并且在活跃市场中有报价、公允价值能够可靠计量的长期投资
E. 投资企业对被投资单位具有共同控制的长期股权投资

9. 长期股权投资采用权益法核算时,应当调整股权投资账面价值的情况有(　　　)。
A. 被投资企业获得利润　B. 被投资企业发生亏损
C. 被投资企业销售产品获得收入时　D. 被投资企业分派现金股利
E. 被投资企业获得政府补助时

10. 固定资产的特征主要是指(　　　)。
A. 为生产商品、提供劳务、出租或经营管理而持有的
B. 可供企业长期使用
C. 以销售为目的而取得
D. 使用寿命超过一个会计年度
E. 为企业提供的未来经济利益具有较大的不确定性

11. 计算固定资产折旧额时需要考虑的因素包括(　　　)。
A. 固定资产原始价值　B. 固定资产预计使用年限

C. 固定资产的用途
D. 固定资产预计净残值
E. 固定资产的所有权

12. 下列固定资产中不应计提折旧的是(　　)。

A. 当月增加的固定资产
B. 未使用的房屋、建筑物
C. 已提足折旧仍继续使用的固定资产
D. 大修理期间的固定资产
E. 等待出售的固定资产

13. 双倍余额递减法和年数总和法在计算固定资产折旧时的共同点是(　　)。

A. 不考虑净残值
B. 前期折旧额较低
C. 加速折旧
D. 前期折旧额较高
E. 最后2年应改用直线法折旧

14. 采用"折旧基数×折旧率"方式计算折旧额,下列方法中,计提折旧基数固定不变的有(　　)。

A. 使用年限法
B. 工作量法
C. 双倍余额递减法
D. 年数总和法
E. 加速折旧法

15. 下列固定资产折旧方法中,体现谨慎性会计原则的是(　　)。

A. 年数总和法
B. 工作量法
C. 使用年限法
D. 双倍余额递减法
E. 直线法

16. 下列情况中,需要将固定资产的账面价值全额计提减值准备的是(　　)。

A. 固定资产陈旧过时
B. 固定资产由于技术原因,已不可使用
C. 固定资产的使用会产生大量不合格产品
D. 固定资产已遭毁损,无使用价值和转让价值
E. 固定资产所属的经营业务需要重组

17. 关于无形资产的确认,应同时满足的条件有(　　)。

A. 符合无形资产定义
B. 与该资产有关的经济利益很可能流入企业
C. 该无形资产的成本能够可靠地计量
D. 必须是企业外购的
E. 必须是企业自行研发的

18. 下列表述中,能够表现无形资产特征要求的是(　　)。

A. 没有实物形态

B. 企业可在较长时期内获得经济利益

C. 持有目的是使用而不是销售

D. 未来经济利益具有高度不确定性

E. 都可以单独予以取得

19. 下列各项中,属于无形资产的有(　　)。

A. 土地使用权　　B. 商誉

C. 非专利技术　　D. 著作权

E. 专利权

20. 下列税金中在"应交税费"科目核算的有(　　)。

A. 增值税　　B. 所得税

C. 消费税　　D. 城市维护建设税

E. 印花税

21. 下列项目中,属于职工薪酬的有(　　)。

A. 职工工资、奖金、津贴和补贴　　B. 职工福利

C. 住房公积金　　D. 工会经费和职工教育经费

E. 因解除与职工的劳动关系给予的补偿

22. 企业生产并销售下列商品中,按规定计征消费税的有(　　)。

A. 护肤护发品　　B. 私人飞机

C. 香烟　　D. 高档手表

E. 实木地板

23. 所有者权益是指企业所有者在企业资产中享有的经济利益,其内容包括(　　)。

A. 实收资本　　B. 资本公积

C. 盈余公积　　D. 接受的捐赠资金

E. 未分配利润

24. 下列项目中,不会引起股份有限公司所有者权益发生增减变动的项目有(　　)。

A. 用资本公积转增资本　　B. 用盈余公积弥补亏损

C. 接受股东投资　　D. 用银行存款对A单位进行投资

E. 企业实施送股票股利分红方案

25. 按照收入准则的规定,企业确认销售商品收入的条件有(　　)。

A. 合同各方已批准该合同并承诺将履行各自义务

B. 该合同明确了合同各方与所转让商品或提供劳务相关的权利和义务

C. 该合同有明确的与所转让商品相关的支付条件
D. 该合同具有商业实质
E. 企业因向客户转让商品而有权取得的对价很可能收回

26. 下列项目中,不应确认为收入的有(　　　　)。
A. 销售商品收取的增值税　　B. 出售飞机票时代收的保险费
C. 销售商品的价款　　D. 销售商品代垫的运杂费
E. 出租包装物收取的押金

27. 下列支出中直接记入“管理费用”账户借方的有(　　　　)。
A. 劳动保险费　　B. 职工教育经费
C. 广告费　　D. 业务招待费
E. 工会经费

28. 计入财务费用的项目有(　　　　)。
A. 用于对外投资的借款发生的利息
B. 外币存款因汇率变动发生的汇兑损失
C. 固定资产交付使用前发生的借款利息
D. 固定资产交付使用后发生的借款利息
E. 销售门市部的办公费

第二部分｜核　算　题

习　题　一

(一) 目的:掌握货币资金的会计处理。
(二) 资料:A企业将30 000元采购资金汇入外地银行,开设临时采购专户进行零星材料采购,具体的业务如下:
1. ××年3月10日,填制信汇凭证送银行委托汇款30 000元。
2. 3月20日,采购员以外埠存款购买材料,其中材料价款25 990元(含税),运杂费750元,材料尚未到达。
3. 3月22日,收到银行转来多余款退汇的收账通知。
(三) 要求:为上述业务作会计分录。

习　题　二

(一) 目的:掌握坏账准备的会计处理。

（二）资料：A公司采用应收账款余额百分比法计提坏账准备，×1年首次计提坏账准备，当年年末的应收账款余额为100 000元。坏账准备的计提比例为5%。×2年10月A公司实际发生坏账损失4 000元；当年年末应收账款余额为120 000元。×3年6月，A公司上年确认的坏账损失又收回；当年年末应收账款余额为150 000元。×4年10月A公司实际发生坏账损失3 500元；当年年末应收账款余额为80 000元。×5年6月A公司实际发生坏账损失10 000元；当年年末应收账款余额200 000元。

（三）要求：根据以上资料分别计算×1年至×5年末应提的坏账准备，并逐一作出有关的会计分录。

习题三（作业题）

（一）目的：同习题二。

（二）资料：某企业从×3年开始计提坏账准备，按年末应收账款余额的5‰计提，有关资料如下：

1. ×3年末的应收账款余额为1 200 000元，按规定计提坏账准备。

2. ×4年10月因债务人破产，确定坏账损失11 000元，经批准予以冲销。其中：B公司7 000元，C公司4 000元。

3. ×4年末应收账款余额为980 000元，按规定计提坏账准备。

4. ×5年8月收回上年已冲销的C公司坏账4 000元已通过银行收到。

5. ×5年末应收账款余额为950 000元，按规定计提坏账准备。

6. ×6年末应收账款余额为1 120 000元，按规定计提坏账准备。

（三）要求：根据以上资料分别计算×3年至×6年末应提的坏账准备，并逐一作出有关的会计分录。

习 题 四

（一）目的：掌握计提比率变化后坏账准备计提金额的计算。

（二）资料：S公司坏账核算采用备抵法，并按年末应收账款余额百分比法计提坏账准备。×0年12月31日“坏账准备”账户贷方余额24 000元。×1年10月将已确认无法收回的应收账款12 500元作为坏账处理，当年末应收账款余额1 200 000元，坏账准备提取率为3%；×2年6月收回以前年度已作为坏账注销的应收账款3 000元，当年末应收账款余额1 000 000元，坏账准备提取率由原来的3%提高到5%。

（三）要求：分别计算×1年年末、×2年年末应计提的坏账准备以及应补提或冲减坏账准备的金额。

习 题 五

(一) 目的：掌握根据应收账款账龄分析计算应计提的坏账准备金。

(二) 资料：某企业×年年末应收账款账龄分析如表 4-1 所示。

表 4-1 账龄分析表 单位：元

应收单位	应收账款总额	未到期	逾期1个月	逾期1—6个月	逾期6—12个月	逾期12个月以上
A公司	500 000	200 000	300 000			
B公司	180 000	50 000	50 000	40 000	20 000	20 000
C公司	1 000 000		500 000	300 000		200 000
合 计	1 680 000	250 000	850 000	340 000	20 000	220 000
估计坏账率		5‰	1%	2%	5%	9%

(三) 要求：(1) 计算当年年末该企业应该计提多少坏账准备。(2) 如果坏账准备账户已经分别有贷方余额 20 000 元和40 000元,还应分别计提多少坏账准备金？(3) 如果坏账准备账户已经有借方余额 5 000 元,应计提多少坏账准备金？

习 题 六

(一) 目的：掌握各种存货计价方法的运用。

(二) 资料：某企业甲商品年初结存数量 3 000 件,结存金额 8 700 元。1 月份进货情况如表 4-2 所示：

表 4-2 甲商品 1 月份进货表

日 期	单价(元/件)	数量(件)	金额(元)
9 日	3.10	4 100	12 710
12 日	3.20	6 000	19 200
20 日	3.30	4 500	14 850
26 日	3.40	1 800	6 120

其中：1 月 10 日、13 日、25 日分别销售甲商品 2 500 件、5 500 件、7 000 件。

(三) 要求：采用下列方法分别计算甲商品本年 1 月份的销售成本以及 1 月末的结存金额。

(1) 加权平均法。

(2) 先进先出法。

(3) 移动加权平均法。

习题七(作业题)

(一) 目的：同习题六。

(二) 资料：某年 4 月份，星海公司的甲材料购进、发出和结存情况如表 4 - 3 所示：

表 4 - 3　甲材料明细账

原材料名称及规格：甲材料　计量单位：数量(千克)；单价(元)；金额(元)

×年		凭证编号	摘　要	收　入			发　出			结　存		
月	日			数量	单价	金额	数量	单价	金额	数量	单价	金额
4	1		期初结存							1 000	50	50 000
	5		购　进	1 200	55	66 000				2 200		
	8		发　出				1 500			700		
	15		购　进	1 600	54	86 400				2 300		
	18		发　出				1 000			1 300		
	25		购　进	800	56	44 800				2 100		
	28		发　出				1 200			900		
4	30		本月合计	3 600		197 200	3 700			900		

(三) 要求：分别采用先进先出法、加权平均法和移动加权平均法计算星海公司甲材料本月发出和期末结存的实际成本。

习　题　八

(一) 目的：掌握对存货计提跌价准备的会计处理。

(二) 资料：某公司×1 年、×2 年、×3 年存货情况如表 4 - 4 所示：

表 4 - 4　存货成本与市价对比表　　单位：元

日　期	成　本	市　价
×1 年 1 月 1 日	200 000	200 000
×1 年 12 月 31 日	300 000	290 000
×2 年 12 月 31 日	250 000	260 000
×3 年 12 月 31 日	120 000	111 500

该公司对存货采用成本与市价孰低法计价，存货盘点采用永续盘存制。

(三) 要求：用备抵法对存货的期末计价进行处理。

习 题 九

(一) 目的：掌握存货的成本与市价孰低法的三种不同计算方法。
(二) 资料：某服装商店某年末库存存货的成本与市价情况如表 4－5 所示：

表 4－5 各商品市价与成本价对比表 单位：元

存货名称	成　本	市　价	期末存货成本市价比较		
			单项比较法	分类比较法	总额比较法
服装					
男装：					
西服 休闲服	150 000 100 000	135 000 150 000			
小计	250 000	285 000			
女装：					
大衣 西装	250 000 200 000	270 000 150 000			
小计	450 000	420 000			
合计	700 000	705 000			

(三) 要求：运用存货的成本与市价孰低法，在表格中填写分别按照单项比较法、分类比较法和总额比较法计算的年末存货价值，并对结果进行比较和说明。

习 题 十

(一) 目的：掌握交易性金融资产的会计处理。
(二) 资料：2007 年 8 月 12 日，甲公司以 460 万元(含已宣告但尚未发放的现金股利 20 万元)购入乙公司股票 60 万股作为交易性金融资产，另支付手续费 10 万元；2007 年 8 月 23 日收到现金股利；至 12 月 31 日，甲公司仍持有该交易性金融资产，期末每股市价为 8 元，2008 年 1 月 3 日以 490 万元出售该交易性金融资产。
(三) 要求：根据以上资料编制有关上述业务的会计分录。

习题十一(作业题)

(一) 目的：同习题十。
(二) 资料：甲公司 2007 年 3 月 25 日以 2 550 万元从二级市场购入丙公司的债

券,2007 年 6 月底该债券的市价为 2 580 万元,2007 年底的市价为 2 560 万元,2008 年 1 月 12 日以 2 565 万元出售。(如果企业到 2008 年 2 月 20 日以 2 440 万元出售,相应的分录又为何?)

(三) 要求:根据以上资料编制相关的会计分录。

习题十二

(一) 目的:掌握长期股权投资成本法的会计处理。

(二) 资料:A 公司于×1 年 1 月 1 日购入 B 公司有表决权的股票 10%,并准备长期持有。实际投资成本 160 000 元。×2 年 4 月 1 日,B 公司宣告分派×1 年度的现金股利为 50 000 元。B 公司×1 年度实现净利润 500 000 元。×2 年 6 月 1 日 A 公司以 180 000 元的价格转让全部股份,收回投资。

(三) 要求:请为 A 公司作出相关的会计分录。

习题十三

(一) 目的:掌握长期股权投资权益法的会计处理。

(二) 资料:A 公司在×0 年年初,以 100 000 元的取得成本购进 B 公司全部普通股股票的 35%。B 公司×0 年至×3 年各年净利润及股利分派记录见表 4-6:

表 4-6 B 公司各年净利润及现金股利分派记录 单位:元

年 份	净 利 润	分派股利
×0 年	24 000	5 000
×1 年	14 000	20 000
×2 年	(8 000)	4 000
×3 年	10 000	0
合 计	40 000	29 000

(三) 要求:为 A 公司作出有关股权投资的会计分录。

习题十四(作业题)

(一) 目的:掌握长期股权投资的会计处理。

(二) 资料:B 公司在×1 年年初以现款购入甲公司股票 9 000 股作为长期投资,每股买价 10 元。当年甲公司的税后利润为 200 000 元,决定分配现金股利 180 000 元。

(三) 要求:对下面两种情况,采用适当方法分别作出 B 公司购入股票及当年末的有关会计分录。

(1) 假设B公司所购股票占甲公司普通股的15%。

(2) 假设B公司所购股票占甲公司普通股的30%。

习 题 十 五

(一) 目的：掌握固定资产取得的会计处理。

(二) 资料：A公司(一般纳税人)购入一台需要安装的设备，支付买价10 000元，增值税1 300元，运输费500元；安装设备时，领用企业生产用原材料一批，账面价值1 000元，市价1 200元，购进该批原材料时支付增值税130元；支付安装工人工资1 500元。上述有关款项已通过银行收付。

(三) 要求：(1) 计算该项固定资产的原始价值。

(2) 对上项固定资产，编制自购入、安装及交付使用的会计分录。

习 题 十 六

(一) 目的：掌握直线法计提固定资产折旧。

(二) 资料：某企业于年初购入设备一套，原值12 000元，估计使用年限5年，估计净残值为400元。

(三) 要求：计算该设备各年应计提的折旧额。

习 题 十 七

(一) 目的：掌握工作量法计提固定资产折旧。

(二) 资料：某企业有一台精密机床，原值为600 000元，预计净残值率为5%，预计能完成的总工作量为20 000小时。今年6月份和7月份该机床实际工作时间分别为300小时和350小时。

(三) 要求：根据以上资料，采用工作量法，计算该精密机床6月份和7月份应提折旧额。

习 题 十 八

(一) 目的：掌握加速折旧法计提固定资产折旧。

(二) 资料：某企业某项固定资产原值为60 000元，预计净残值为3 000元，预计使用年限为5年。

(三) 要求：分别计算采用双倍余额递减法和年数总和法下该固定资产各年应该计提的折旧额。

习题十九(作业题)

(一) 目的：同习题十八。

(二) 资料：某企业以160 000元购入一台设备，预计净残值为5 000元，预计使用年限为 5 年。

(三) 要求：分别计算采用双倍余额递减法和年数总和法下该固定资产各年应该计提的折旧额。

习题二十

(一) 目的：掌握固定资产清理的会计处理。

(二) 资料：2018 年 5 月，某企业一厂房由于遭台风袭击不能继续使用，决定予以报废。该厂房账面原值为 2 000 000 元，已计提折旧 800 000 元。报废时残值变价收入为 200 000 元，已经存入银行；清理过程中发生清理费用为 12 000 元，以银行存款支付；由于该厂房已经投保，经保险公司核准，决定给予该企业 600 000 元保险赔偿，款项尚未收到。不考虑税收。

(三) 要求：作出该厂房报废处理的会计分录。

习题二十一

(一) 目的：掌握无形资产的会计处理。

(二) 资料：A 公司 2006 年发生如下有关无形资产的业务。

(1) 2006 年 1 月 1 日，公司购入一项专利使用权供车间生产产品用，以银行存款支付买价和有关费用共计 80 万元。该专利权从可供使用时起至不再作为无形资产确认时止的年限为 10 年。

(2) 2006 年 4 月 4 日，收到 B 公司作为投资的一项专有技术，经评估确认价值为 90 万元。该无形资产使用寿命不确定。

(3) 2006 年 12 月 31 日，公司外购的专利使用权具有减值迹象，经估算可收回金额为 65 万元。

(三) 要求：对上述业务编制会计分录。

习题二十二(作业题)

(一) 目的：同习题二十一。

(二) 资料：2006 年 1 月 1 日，A 企业外购一项无形资产，实际支付的价款为 150 万元，该无形资产可供使用时起至不再作为无形资产确认时止的年限为 10 年。2007 年 12 月 31 日，该无形资产发生减值，估计其可收回金额为 75 万元。

(三) 要求：编制该无形资产 2006 年 1 月 1 日到 2007 年 12 月 31 日相关业务的分录。

习题二十三

(一) 目的：掌握经营用长期借款的会计处理。

(二) 资料：某企业年初从银行取得长期借款 300 000 元，用于企业的经营周转，期限为 3 年，年利率 10%，按复利计算，每年计息一次，到期一次还本付息。

(三) 要求：作出与上述长期借款有关的会计分录。

习题二十四(作业题)

(一) 目的：同习题二十三。

(二) 资料：承习题二十三，偿还方式改为每年年末支付利息，第三年年末一次还本。其他方式不变。

(三) 要求：作会计分录。

习题二十五

(一) 目的：掌握建造固定资产用长期借款的会计处理。

(二) 资料：某企业于×0 年 7 月 1 日向银行借入 6 000 万元，期限为 3 年，年利率 8%，每年年末支付当年借款利息，借款期满后一次还本。基建工程于×1 年年末竣工，并办理竣工决算和交付使用手续。

(三) 要求：作出与上述长期借款有关的会计分录。

第三部分 案 例

案 例 1

星海公司的王会计专门负责往来账的登记与核算工作，但她年岁已经较高了。在业务上，王会计是一把好手，可她掌握的知识比较陈旧。最近碰到这样一件事情，让她很困惑。

光华会计师事务所的李注册会计师在查核星海公司的应收款项时，发现该公司没有按照国家统一会计制度的要求采用备抵法核算坏账损失，而是直接在账款无法收回时作为坏账费用。于是，李注册会计师与王会计做了一次关于坏账核算的讨论。下面是她们之间的对话：

王：什么叫备抵法？

李：备抵法要求在每一会计期末，对应收账款中可能发生的坏账损失予以合理估计，计入当期费用，同时将估计的应收账款转销数记入应收账款的备抵调整账户，待某一特定账款被确认为坏账时，再通过备抵调整账户予以注销的一种会计处理方法。

王：为什么要把估计的以后年度无法收回的账款作为今年度的坏账费用？会计上不是讲究客观性原则及可验证的证据吗？如果等到账款确实收不回来，再转为坏账费用，岂不更为客观？

李注册会计师就此为王会计讲了为什么采用备抵法的理由。

请你根据上述资料分析下列问题：

1. 你能帮李注册会计师就理论上说明采用备抵法而不用直接冲销法的理由写一份书面材料吗？

2. 说明下列两种估计坏账的方法，并探讨哪种方法能达成预估坏账的目的。

(1) 销货百分比法。

(2) 账龄分析法。

3. 就会计衡量的功能而言，王会计认为备抵法较直接冲销法缺乏客观性，有无道理？

案　例　2

联合钢铁公司×3年1月1日购入一台新型熔炉，新熔炉的价格为200 000元，增值税率为16%。合同规定，新熔炉的运费7 500元、安装费30 000元和调试费15 000元均由买方承担。

在购买了新熔炉之后，联合钢铁公司的管理当局面临着选择折旧方法的问题。新熔炉的预计使用年限为5年，预计残值为52 500元。在其使用期内，预计可熔解250 000吨金属。各年的熔解量为：第一年40 000吨、第二年45 000吨、第三年50 000吨、第四年55 000吨、第五年60 000吨。

请回答：

(1) 新型熔炉的入账价值应确定为多少？

(2) 在采用直线法、产量法和年数总和法下各年的折旧额是多少？

(3) 如果税务部门允许企业在这三种方法中自行选用，你认为联合钢铁公司应选用哪种折旧方法？为什么？

第四章答案

第一部分　概　念　题

一、填空题

1. 库存现金　银行存款　交易性金融资产　应收账款　预付款项　存货　**2.** 银行存款　个人支票　银行汇票　银行本票　**3.** 外埠存款　银行汇票存款　银行本票存款　信用卡存款　信用证存款　存出投资款　**4.** 供企业长期使用　价值较高　不以出售为目的　**5.** 现金　**6.** 近期出售　**7.** 公允价值　“交易性金融资产(成本)”　“银行存款”　**8.** “交易性金融资产(公允价值变动)”　“公允价值变动损益”　**9.** 直接转销法　备抵法　备抵法　**10.** 带息票据　不带息票据　**11.** 入账时间的长短　**12.** 取得时的实际成本　**13.** 品种数量不多　单位价值较高　能分批保管　**14.** 单项比较法　分类比较法　总额比较法　**15.** 成本法　权益法　**16.** 折旧基数　预计净残值　预计使用年限　**17.** 双倍余额递减法　年数总和法　**18.** “资产减值损失——固定资产减值准备”　“固

定资产减值准备” **19.** 公允价值　相关的交易费用　应收利息　**20.** 进行摊销　**21.**“利润分配”“应付股利”　**22.**“管理费用”“制造费用”“累计摊销”　**23.** 6　**24.**“进项税额”“销项税额”　**25.** 本金　利息　**26.** 对象不同　性质不同　偿还期不同　享受的权利不同　**27.** 法定盈余公积　任意盈余公积　**28.** 百分之五十以上　**29.** 主营业务收入　其他业务收入

二、判断题

1. √　**2.** √　**3.** ×　**4.** ×　**5.** ×　**6.** √　**7.** ×　**8.** √　**9.** √　**10.** ×　**11.** √　**12.** ×　**13.** ×　**14.** √　**15.** √　**16.** ×　**17.** ×　**18.** ×　**19.** ×　**20.** ×　**21.** ×　**22.** ×　**23.** √　**24.** √　**25.** ×　**26.** ×

三、单项选择题

1. D　**2.** A　**3.** B　**4.** B　**5.** C　**6.** A　**7.** C　**8.** B　**9.** A　**10.** B　**11.** A　**12.** B　**13.** C　**14.** A　**15.** C　**16.** D　**17.** B　**18.** A　**19.** B　**20.** D　**21.** A　**22.** C　**23.** A　**24.** C　**25.** D　**26.** A　**27.** B　**28.** C　**29.** A　**30.** A　**31.** D　**32.** C　**33.** D　**34.** A　**35.** C　**36.** A　**37.** D

四、多项选择题

1. ABCD　**2.** BCDE　**3.** AB　**4.** AC　**5.** ABC　**6.** ABDE　**7.** ABCE　**8.** ABC　**9.** ABD　**10.** AD　**11.** ABD　**12.** AC　**13.** CD　**14.** AD　**15.** AD　**16.** BCD　**17.** ABC　**18.** ABCD　**19.** ACDE　**20.** ABCD　**21.** ABCDE　**22.** CDE　**23.** ABCE　**24.** ABDE　**25.** ABCDE　**26.** ABDE　**27.** ABDE　**28.** ABD

第二部分　核 算 题

习 题 一

1. 借：其他货币资金——外埠存款	30 000	
贷：银行存款		30 000
2. 借：在途物资	23 750	
应交税费——应交增值税——进项税	2 990	
贷：其他货币资金——外埠存款		26 740
3. 借：银行存款	3 260	
贷：其他货币资金——外埠存款		3 260

习 题 二

各年的会计分录如下：

×1 年 12 月：借：信用减值损失　　5 000
　　　　　　　贷：坏账准备　　　　　5 000
计算：100 000×5%=5 000 元
×2 年10 月：借：坏账准备　　4 000
　　　　　　　贷：应收账款　　　　　4 000
　　12 月：借：信用减值损失　　5 000
　　　　　　　贷：坏账准备　　　　　5 000
计算：120 000×5%−1 000=5 000 元
×3 年 6 月：借：应收账款　　4 000
　　　　　　　贷：坏账准备　　　　　4 000
　　　　　借：银行存款　　4 000
　　　　　　　贷：应收账款　　　　　4 000
　　12 月：借：坏账准备　　2 500
　　　　　　　贷：信用减值损失　　　　　2 500
计算：150 000×5%−10 000=−2 500 元
×4 年10 月：借：坏账准备　　3 500
　　　　　　　贷：应收账款　　　　　3 500
　　12 月不用作会计分录。
计算：80 000×5%−4 000=0 元
×5 年 6 月：借：坏账准备　　10 000
　　　　　　　贷：应收账款　　　　　10 000
　　12 月：借：信用减值损失　　16 000
　　　　　　　贷：坏账准备　　　　　16 000
计算：200 000×5%+6 000=16 000 元

习　题　三

解题思路同习题二,答案略。

习　题　四

×1 年年末：

应提坏账准备=1 200 000×3%=36 000 元

补提坏账准备金额=36 000−(24 000×12 500)=24 500 元

×2 年年末：

应提坏账准备=1 000 000×5%=50 000 元

补提坏账准备金额=50 000−(36 000+3 000)=11 000 元

习 题 五

(1) 当年年末该企业应该计提坏账准备金为:

$$250\,000\times5‰+850\,000\times1\%+340\,000\times2\%+20\,000\times5\%+220\,000\times9\%=37\,350\text{ 元}$$

(2) 如果已经有贷方余额 20 000 元,则还应该计提:

$$37\,350-20\,000=17\,350\text{ 元}$$

如果已经有贷方余额 40 000 元,则应对坏账准备账户冲减40 000－37 350＝2 650 元,即借记 2 650 元。

(3) 如果已经有借方余额 5 000 元,则还应该计提:

$$37\,350+5\,000=42\,350\text{ 元}$$

习 题 六

(1) 加权平均法: 加权平均单价

$$=\frac{8\,700+12\,710+19\,200+14\,850+6\,120}{3\,000+4\,100+6\,000+4\,500+1\,800}=3.174\,2\text{ 元}$$

1 月销售成本＝(2 500＋5 500＋7 000)×3. 174 2＝15 000×3. 174 2＝47 613 元

1 月末存货结存金额＝(8 700＋12 710＋19 200＋14 850＋6 120)－47 613＝13 967 元

本题中,根据加权平均单价先计算期末结存金额,再倒挤本期销售成本也可。即:

1 月末存货结存金额＝4 400×3. 174 2＝13 966 元(与上述方法有 1 元的计算误差)

1 月销售成本＝(8 700＋12 710＋19 200＋14 850＋6 120)－13 966＝47 614 元

(2) 先进先出法: 1 月初的存货单价＝8 700÷3 000＝2. 9(元/件)

1 月销售成本＝2 500×2. 9＋500×2. 9＋4 100×3. 1＋900×3. 2＋5 100×3. 2＋1 900×3. 3＝46 880 元

1 月末结存金额＝2 600×3. 3＋6 120＝14 700 元

或

$$1\text{ 月末结存金额}=(8\,700+12\,710+19\,200+14\,850+6\,120)-46\,880=14\,700\text{ 元}$$

(3) 移动加权平均法

$$1\text{ 月 }9\text{ 日进货后平均单价}=\frac{8\,700+12\,710}{3\,000+4\,100}=3.015\,5\text{ 元}$$

$$1\text{ 月 }10\text{ 日发出材料成本}=2\,500\times3.015\,5=7\,538.75\text{ 元}$$

$$1\text{ 月 }12\text{ 日进货后平均单价}=\frac{4\,600\times3.015\,5+19\,200}{4\,600+6\,000}=3.119\,9\text{ 元}$$

$$1\text{ 月 }13\text{ 日发出材料成本}=5\,500\times3.119\,9=17\,159.45\text{ 元}$$

$$1\text{ 月 }20\text{ 日进货后平均售价}=\frac{5\,100\times3.119\,9+14\,850}{5\,100+4\,500}=3.204\,3\text{ 元}$$

$$1\text{ 月 }25\text{ 日发出材料成本}=7\,000\times3.204\,3=22\,430.25\text{ 元}$$

$$1\text{ 月 }26\text{ 日进货后平均单价}=\frac{2\,600\times3.204\,3+6\,120}{2\,600+1\,800}=3.284\,4\text{ 元}$$

$$1\text{ 月末的结存金额}=3.284\,4\times4\,400=14\,451.36\text{ 元}$$

习 题 七

解题思路同习题六，答案略。

习 题 八

(1) ×1 年 12 月 31 日

借：资产减值损失	10 000	
贷：存货跌价准备		10 000

(2) ×2 年 12 月 31 日

借：存货跌价准备	10 000	
贷：资产减值损失		10 000

(3) ×3 年 12 月 31 日

借：资产减值损失	8 500	
贷：存货跌价准备		8 500

习 题 九

表 4-7 存货成本价与市价对比表 单位：元

存货名称	成 本	市 价	期末存货成本市价比较		
			单项比较法	分类比较法	总额比较法
服装					
男装：					
西服 休闲服	150 000 100 000	135 000 150 000	135 000 100 000		
小计	250 000	285 000		250 000	
女装：					
大衣 西装	250 000 200 000	270 000 150 000	250 000 150 000		
小计	450 000	420 000		420 000	
合计	700 000	705 000	635 000	670 000	700 000

表内计算表明,单项比较法的存货计价最低(635 000 元),原因是逐项比较,选出的数据均最低,所以合计数最低。分类比较法次之(670 000 元),总额比较法最高(700 000 元)。这三种方法中单项比较法最为稳健。

习 题 十

8 月 12 日,购买时：

借：交易性金融资产——成本 440 万
　　应收股利 20 万
　　投资收益 10 万
　　贷：银行存款 470 万

8 月 23 日,收到发放的现金股利时：

借：银行存款 20 万
　　贷：应收股利 20 万

12 月 31 日,编制年报前：

借：交易性金融资产——公允价值变动 40 万
　　贷：公允价值变动损益 40 万

借：公允价值变动损益 40 万
　　贷：本年利润 40 万

2008 年 1 月 3 日

借：银行存款　　490 万
　　贷：交易性金融资产——成本　　440 万
　　　　交易性金融资产——公允价值变动　　40 万
　　　　投资收益　　10 万

习 题 十 一

解题思路同习题十，答案略。

习 题 十 二

(1) ×1 年 1 月 1 日投资时：
借：长期股权投资——B 公司　　160 000
　　贷：银行存款　　160 000
(2) ×2 年 4 月 1 日 B 公司宣告发放现金股利时：
借：应收股利　　5 000
　　贷：投资收益　　5 000
(3) ×2 年 6 月 1 日收回投资时：
借：银行存款　　180 000
　　贷：长期股权投资——B 公司　　160 000
　　　　投资收益　　20 000

习 题 十 三

A 公司会计分录如下：
① 购入股票时：
借：长期股权投资——B 公司　　100 000
　　贷：银行存款　　100 000
② ×0 年企业确认投资收益 8 400(24 000×35%)元：
借：长期股权投资——损益调整　　8 400
　　贷：投资收益　　8 400
×0 年收到现金股利 1 750(5 000×35%)元时：
借：银行存款　　1 750
　　贷：长期股权投资——损益调整　　1 750
③ ×1 年企业确认投资收益 4 900(14 000×35%)元：
借：长期股权投资——损益调整　　4 900
　　贷：投资收益　　4 900
×1 年收到现金股利 7 000(20 000×35%)元时：

借：银行存款　　7 000

　　贷：长期股权投资——损益调整　　7 000

④ ×2 年确认投资损失 2 800(8 000×35%)元：

借：投资收益　　2 800

　　贷：长期股权投资——损益调整　　2 800

×2 年收到现金股利 1 400(4 000×35%)元：

借：银行存款　　1 400

　　贷：长期股权投资——损益调整　　1 400

⑤ ×3 年企业确认投资收益 3 500(10 000×35%)元：

借：长期股权投资——损益调整　　3 500

　　贷：投资收益　　3 500

习 题 十 四

解题思路同习题十二和十三，答案略。

习 题 十 五

该项固定资产的原始价值=10 000+500+1 000+1 500=13 000 元

购入待安装时：

借：在建工程　　10 500

　　应交税费——应交增值税(进项税)　　1 300

　　贷：银行存款　　11 800

安装领用本企业生产用原材料时：

借：在建工程　　1 000

　　贷：原材料　　1 000

支付安装工人工资时：

借：在建工程　　1 500

　　贷：应付职工薪酬　　1 500

借：应付职工薪酬　　1 500

　　贷：银行存款　　1 500

安装完毕交付使用时：

借：固定资产　　13 000

　　贷：在建工程　　13 000

习 题 十 六

每年应计提的折旧额=(12 000−400)÷5=2 320(元)，具体数据见表 4-8：

表 4-8　折旧计提表

年　份	期初净值（元）	年折旧率（%）	年折旧额（元）	累计折旧（元）	期末净值（元）
1	12 000	20%	2 320	2 320	9 680
2	9 680	20%	2 320	4 640	7 360
3	7 630	20%	2 320	6 960	5 040
4	5 040	20%	2 320	9 280	2 720
5	2 720	20%	2 320	11 600	400

习 题 十 七

1. 单位工作量折旧额＝600 000×(1－5%)÷20 000＝28.5(元/小时)

2. 6 月份应提折旧额＝28.5×300＝8 550(元)

3. 7 月份应提折旧额＝28.5×350＝9 975(元)

习 题 十 八

1. 双倍余额递减法下计提的折旧额如表 4－9 所示：

表 4-9　折旧计提表

年　份	期初净值（元）	年折旧率（%）	年折旧额（元）	累计折旧（元）	期末净值（元）
1	60 000	40%	24 000	24 000	36 000
2	36 000	40%	14 400	38 400	21 600
3	21 600	40%	8 640	47 040	12 960
4	12 960		4 980	52 020	7 980
5	7 980		4 980	57 000	3 000

2. 年数总和法下计提的折旧额见表 4－10：

表 4-10　折旧计提表

年　份	尚可使用年限（年）	原值－净残值（元）	变动折旧率	每年折旧额（元）	累计折旧（元）
1	5	57 000	5/15	19 000	19 000
2	4	57 000	4/15	15 200	34 200
3	3	57 000	3/15	11 400	45 600
4	2	57 000	2/15	7 600	53 200
5	1	57 000	1/15	3 800	57 000

习 题 十 九

解题思路如习题十八，答案略。

习题二十

(1) 注销固定资产原值和已提折旧时：

借：固定资产清理	1 200 000	
累计折旧	800 000	
贷：固定资产		2 000 000

(2) 支付清理费用时：

借：固定资产清理	12 000	
贷：银行存款		12 000

(3) 收到残值变现收入时：

借：银行存款	2 00 000	
贷：固定资产清理		2 00 000

(4) 计算应收取的保险公司赔款：

借：其他应收款	600 000	
贷：固定资产清理		600 000

(5) 结转固定资产清理后的净损益：

借：资产处置损益	412 000	
贷：固定资产清理		412 000

习题二十一

(1) 买入时：

借：无形资产	80 万	
贷：银行存款		80 万

年底摊销时：

借：制造费用	8 万	
贷：累计摊销		8 万

(2) 收到投资时：

借：无形资产	90 万	
贷：实收资本		90 万

因寿命不确定,年底无需摊销。

(3)

借：资产减值损失	7 万(80—8—65)	
贷：无形资产减值准备		7 万

习题二十二

解题思路同习题二十一,答案略。

习 题 二 十 三

(1) 取得借款时：

借：银行存款　　300 000

　　贷：长期借款　　300 000

(2) 第一年年末计息时：300 000×10%=30 000 元

借：财务费用　　30 000

　　贷：长期借款　　30 000

(3) 第二年年末计息时：

(300 000+30 000)×10%=33 000 元

借：财务费用　　33 000

　　贷：长期借款　　33 000

(4) 第三年年末计息时：

(300 000+30 000+33 000)×10%=36 300 元

借：财务费用　　36 300

　　贷：长期借款　　36 300

(5) 到期还本付息时：

借：长期借款　　399 300

　　贷：银行存款　　399 300

习 题 二 十 四

解题思路同习题二十三，答案略。

习 题 二 十 五

(1) ×0 年 7 月 1 日借入资金时：

借：银行存款　　60 000 000

　　贷：长期借款　　60 000 000

(2) ×0 年 12 月 31 日，结算本年度利息并支付利息：

借：在建工程　　2 400 000

　　贷：长期借款　　2 400 000

借：长期借款　　2 400 000

　　贷：银行存款　　2 400 000

(3) ×1 年末结算并支付借款利息：

借：在建工程　　4 800 000

　　贷：长期借款　　4 800 000

借：长期借款　　　　4 800 000

　　贷：银行存款　　　　4 800 000

(4) 自×2年起,发生的借款利息计入财务费用,×2年年末:

借：财务费用　　　　4 800 000

　　贷：长期借款　　　　4 800 000

借：长期借款　　　　4 800 000

　　贷：银行存款　　　　4 800 000

(5) ×3年7月1日:

借：财务费用　　　　2 400 000

　　长期借款　　　　60 000 000

　　贷：银行存款　　　　62 400 000

第三部分　案　　例

案　例　1

老师可组织同学展开讨论,答案略。

案　例　2

(1) 新型熔炉的入账价值=200 000+7 500+30 000+15 000=252 500(元)

(2) 采用直线法各年的折旧额都是40 000元。

采用产量法各年的折旧额分别为：32 000元、36 000元、40 000元、44 000元以及48 000元。

采用年数总和法各年的折旧额分别为：66 667元、53 333元、40 000元、26 667元以及13 333元。

(3) 如果税务部门允许企业在这三种方法中自行选用,联合钢铁公司应选用产量法比较合理。

第五章

会计凭证和账簿

第一部分 概　念　题

一、填空题

1. 会计凭证按用途和填制程序可分为(　　　　　　　　　　)和(　　　　　　　　　　)。
2. 原始凭证按其取得来源可分为(　　　　　　　　　　)和(　　　　　　　　　　)。
3. 会计凭证是记录经济业务、明确(　　　　　　　　　　)的书面证明,也是登记账簿的(　　　　　　　　　　)。
4. 原始凭证是在经济业务发生时,由经办人员(　　　　　　　　　　)或(　　　　　　　　　　)的。
5. 记账凭证按经济业务内容分为三种:(　　　　　　　　　　)、(　　　　　　　　　　)和(　　　　　　　　　　)。

6. 记账凭证按其包括会计科目是否单一,分为(　　　　　　　　)和(　　　　　　　　)两种。

7. 由本单位内部经办业务的单位或个人在完成某项经济业务时自行填制的原始凭证称为(　　　　　　　　)。

8. 外来原始凭证是在经济业务发生时由(　　　　　　　　)填制的,一般都是(　　　　　　　　)。

9. “限额领料单”属于自制原始凭证中的(　　　　　　　　)。

10. 将库存现金存入银行的业务,应填制的记账凭证是(　　　　　　　　),从银行提取库存现金的业务,应填制的记账凭证是(　　　　　　　　)。

11. 把一项经济业务所涉及的每一个会计科目分别在不同凭证上填制的记账凭证,称为(　　　　　　　　)。

12. 记账凭证的审核,首先是对(　　　　　　　　)的复核。

13. 记账凭证是根据(　　　　　　　　)填制的,原始凭证是记账凭证的(　　　　　　　　)。

14. 付款凭证左上角“贷方科目”应填列(　　　　　　　　)科目或(　　　　　　　　)科目。

15. 账簿按用途分,可分为(　　　　　　　　)、(　　　　　　　　)、(　　　　　　　　) 和(　　　　　　　　)。

16. 账簿按其外表形式可以分为(　　　　　　　　)、(　　　　　　　　)和(　　　　　　　　)。

17. 按照经济业务发生的先后顺序逐日逐笔连续登记的账簿叫作(　　　　　　　　)。

18. 分类账簿按其反映指标的详细程度,可以分为(　　　　　　　　)和(　　　　　　　　)两类。

19. 明细账的格式一般有(　　　　　　　　)、(　　　　　　　　)和(　　　　　　　　)。

20. 错账更正的方法有(　　　　　　　　)、(　　　　　　　　)和(　　　　　　　　)。

21. 定期对账的内容包括账证核对、(　　　　　　　　)和(　　　　　　　　)。

22. 日记账按其记录的经济业务内容不同分为(　　　　　　　　)和(　　　　　　　　)。

23. 带有统驭性和比较重要的账簿,如(　　　　　　　　)、(　　　　　　　　)和(　　　　　　　　)以及(　　　　　　　　),一般采用订本式账簿。

24. 银行存款日记账的格式一般有(   )和(   )。
25. 记账以后，如果发现记账凭证中的应借应贷科目有错误，应采用(   )予以更正。
26. 总分类账的账页格式，既可以采用(   )，也可以采用(   )。
27. 从银行提取库存现金 21 000 元，备发工资，编制会计分录为：借：库存现金 21 000，贷：银行存款 21 000，登记账簿时误记为 12 000 元。更正错账方法应是(   )。
28. 需要把一定时期内的所有账目进行逐笔核对的账簿检查方法称为(   )。
29. 常用的个别检查法有(   )、(   )和(   )。
30. 各种账务处理程序的主要区别是(   )。
31. 在记账凭证核算形式下，总分类账是直接根据各种(   )逐笔进行登记的。
32. 汇总转账凭证的编制是以(   )科目设置，按其相对应的(   )科目分类汇总。
33. 科目汇总表账务处理程序的特点是根据(   )登记总账。

二、判断题

1. 任何单位办理一切经济业务，都要由经办人员或有关部门填制或取得能证明经济业务合法性、合理性的证明。 (   )
2. 原始凭证是由会计部门填制的，是登记账簿的直接依据。 (   )
3. 外来原始凭证都是一次凭证。 (   )
4. 记账凭证是根据原始凭证填制的用以记录经济业务、明确经济责任、具有法律效力的书面证明，是记账的依据。 (   )
5. 付款凭证是只用于银行存款付出业务的记账凭证。 (   )
6. 转账凭证是用于不涉及库存现金和银行存款收付业务的其他转账业务所用的记账凭证。 (   )
7. 记账凭证按填制程序和用途分为收款凭证、付款凭证和转账凭证。 (   )
8. 记账凭证都是累计凭证。 (   )
9. 有时为了简化会计核算工作，可以将不同内容、不同类型的经济业务汇总编制一份原始凭证。 (   )
10. 原始凭证汇总表是根据许多张基本上是同一时期、同类经济业务的原始凭

证编制的,所以属于累计凭证。 (   )

11. 单式和复式的收款凭证的格式是基本相同的,区别点在于一张单式收款凭证内,只能列一个一级科目,而复式的则不是。 (   )

12. 会计人员在审核原始凭证时,如发现内容不全、数额差错、手续不完备的原始凭证,应拒绝办理。 (   )

13. 对于遗失的原始凭证而又无法取得证明,如火车票等,可由当事人写出详细情况,由单位负责人批准后,也可代作原始凭证。 (   )

14. 限额领料单适用于一定时期内连续地不断重复发生的经济业务。 (   )

15. 库存现金存入银行应该填制收款凭证,然后分别登记“库存现金”账户的贷方、“银行存款”账户的借方。 (   )

16. 所有的记账凭证,其格式都有“借方金额”、“贷方金额”的内容,以便登记账簿。 (   )

17. 会计人员审核原始凭证后,如发现经办人员对经济业务内容或所记金额填写有错误,应代其改正,然后才能填制记账凭证。 (   )

18. 会计凭证保管期满后,即可由财会人员自行销毁。 (   )

19. 生产成本明细账和管理费用明细账的格式宜采用多栏式。 (   )

20. 序时账簿可以用来登记全部经济业务,也可以用来登记某一类经济业务。 (   )

21. 多栏式明细账一般适用于资产类账户。 (   )

22. 成本费用、收入和利润类会计科目的核算,一般设置多栏式明细分类账。 (   )

23. 银行存款日记账既是序时账又是订本式账簿。 (   )

24. 登记账簿的目的在于为企业提供各种总括的核算资料。 (   )

25. 序时账簿就是库存现金日记账和银行存款日记账。 (   )

26. 每一个经济单位都必须设置总分类账和库存现金、银行存款日记账以及备查账。 (   )

27. 对于“原材料”账户的明细分类账,应采用多栏式账簿。 (   )

28. 登记库存现金日记账要求“日清”,是指每日终了须结出该账户的余额,并与实际库存现金额加以核对。 (   )

29. 订本式账簿具有不易散失、防止被抽换、便于分工记账等优点。 (   )

30. 总分类账和明细分类账主要以统一货币计量单位进行登记,还要辅以实物计量。 (   )

31. “应收账款”和“应付账款”明细账户应采用数量金额式。 (   )

32. 联合账簿是备查账簿与序时账簿的结合。 (   )

33. 特种日记账一定是序时账簿。 (   )

34. 应计收入是指本会计期间已经收到款项但是尚未赚取的各项收入。( )
35. 预收收入是指已经收到款项但是还没有赚取,实质上是一项负债。( )
36. 对固定资产计提折旧的会计分录属于期末账项调整分录。( )
37. 运用红字更正法更正错账,会改变账户之间的对应关系。( )
38. 在填制记账凭证时,误将 9 800 元记为 8 900 元,并已登记入账。月终结账前发现错误,更正时应采用划线更正法。( )
39. 各种账务处理程序的区别主要在于编制会计报表的依据和方法不同。( )
40. 同一企业可以同时采用几种不同的账务处理程序,同一种账务处理程序对任何企业都是适用的。( )
41. 科目汇总表与汇总记账凭证的作用相似,所以它们的结构和编制方法也基本相同。( )
42. 科目汇总表不仅可以起到试算平衡的作用,而且可以反映账户之间的对应关系。( )

三、单项选择题

1. 下列单据中不属于原始凭证的是( )。
   A. 市内公共汽车票　　B. 支票存根
   C. 固定资产折旧计算表　　D. 职工困难补助申请报告
2. 用转账支票支付前欠货款,应填制( )。
   A. 转账凭证　B. 收款凭证　C. 付款凭证　D. 原始凭证
3. 用现金支票支付购货款,应填制( )。
   A. 银行存款付款凭证　　B. 转账凭证
   C. 库存现金付款凭证　　D. 银行存款收款凭证
4. 下列凭证中不能作为记账用的原始凭证是( )。
   A. 收货单　B. 发票　C. 发货单　D. 购销合同
5. 记账凭证的填制是由( )完成的。
   A. 出纳人员　B. 会计人员　C. 经办人员　D. 主管人员
6. 差旅费报销单属于( )。
   A. 记账凭证　　B. 自制原始凭证
   C. 外来原始凭证　　D. 累计凭证
7. 仓库使用的限额领料单是一种( )。
   A. 一次凭证　B. 累计凭证　C. 汇总凭证　D. 单式凭证
8. 某企业销售产品一批,部分货款收存银行,部分货款对方暂欠,该企业应编制( )。

A. 收款凭证和付款凭证　B. 收款凭证和转账凭证
C. 付款凭证和转账凭证　D. 两张转账凭证

9. 将会计凭证划分为原始凭证和记账凭证两大类的主要依据是(　　)。
A. 凭证填制的时间　B. 凭证填制的人员
C. 凭证填制的程序和用途　D. 凭证反映的内容

10. 填制会计凭证是(　　)的前提和依据。
A. 成本计算　B. 编制会计报表
C. 登记账簿　D. 设置账户

11. 收款凭证的贷方账户可能是(　　)。
A. 原材料　B. 库存商品　C. 其他应收款　D. 预付账款

12. 下列单据中不可能作为原始凭证的是(　　)。
A. 收料单　B. 领料单
C. 车间派工单　D. 产品成本计算表

13. 计提本期借款利息时应编制(　　)。
A. 收款凭证　B. 付款凭证　C. 转账凭证　D. 汇总凭证

14. 记账凭证与所附原始凭证的金额(　　)。
A. 可能相等　B. 可能不相等　C. 必须相等　D. 必须不相等

15. 原始凭证和记账凭证的相同点是(　　)。
A. 具体作用相同　B. 编制时间相同
C. 编制人员相同　D. 反映的业务内容相同

16. 下列业务中应编制转账凭证的是(　　)。
A. 预付购货款　B. 预收销货款
C. 领用生产产品用的材料　D. 支付材料采购运费

17. 原始凭证中一般没有(　　)。
A. 编制日期　B. 凭证名称
C. 凭证编号　D. 会计科目的名称

18. 记账凭证中不可能有(　　)。
A. 接受单位的名称　B. 记账凭证编号
C. 记账凭证日期　D. 记账凭证的名称

19. 汇总原始凭证可以将(　　)汇总在一张记账凭证上,用以集中反映某项经济业务的总括情况。
A. 同期、同类内容的经济业务
B. 不同时期、同类内容的经济业务
C. 同期、不同性质内容的经济业务
D. 不同时期、不同性质内容的经济业务

20. 自制原始凭证可分为一次凭证、累计凭证和汇总原始凭证,其分类标准是(　　)。

A. 按其填制的程序和用途　　B. 按其取得的不同来源

C. 按其适用的经济业务　　D. 按其填制手续不同

21. 通用记账凭证的填制方法与(　　)的填制方法相同。

A. 原始凭证　　B. 收款凭证

C. 付款凭证　　D. 转账凭证

22. 会计凭证的传递是指(　　),在本单位各有关部门和人员之间的传递程序和传递时间。

A. 从取得原始凭证到编制成记账凭证时止

B. 从取得原始凭证到登记账簿时止

C. 从填制记账凭证到编制会计报表时止

D. 会计凭证从取得或填制时起到归档保管时止

23. 会计分录在会计实务中是填写在(　　)上的。

A. 原始凭证　　B. 记账凭证　　C. 总分类账　　D. 明细分类账

24. 记账凭证是会计人员根据审核后的原始凭证或汇总原始凭证,按照经济业务的内容加以归类,并据以确定(　　)而填制的,作为登记账簿的依据。

A. 金额　　B. 数量

C. 应记账户及方向　　D. 会计分录

25. 库存现金日记账和银行存款日记账应采用(　　)。

A. 订本式　　B. 活页式　　C. 三栏式　　D. 卡片式

26. 库存商品明细分类账的格式一般采用(　　)。

A. 三栏式　　B. 数量金额式　　C. 多栏式　　D. 横线登记式

27. 对于经营租入的固定资产,应在(　　)中登记。

A. 分类账　　B. 备查账　　C. 日记账　　D. 日记总账

28. 从银行提取库存现金时,登记库存现金日记账的根据是(　　)。

A. 银行存款的付款凭证　　B. 银行存款的收款凭证

C. 库存现金的付款凭证　　D. 库存现金的收款凭证

29. 原始凭证是(　　)。

A. 登记总账的根据　　B. 登记明细账的根据

C. 编制科目汇总表的依据　　D. 编制汇总记账凭证的根据

30. 生产成本明细账借方各专栏设置的依据是(　　)。

A. 产品品种名称　　B. 总成本和单位成本

C. 对方科目　　D. 成本项目

31. 登记账簿的依据是(　　)。

A. 经济合同　B. 会计凭证　C. 会计分录　D. 有关文件

32. 会计人员在结账前发现,在根据记账凭证登记入账时,误将 600 元记成 6 000 元,而记账凭证无误,应采用(　　)。

A. 补充登记法　B. 划线更正法　C. 红字更正法　D. 蓝字登记法

33. 发现一记账凭证上的会计科目未错,但所记金额小于实际数,并据以登记入账,对此应采用(　　)。

A. 红字更正法　B. 划线更正法　C. 补充登记法　D. 挖补法

34. 多栏式银行存款日记账属于(　　)。

A. 总分类账　B. 明细分类账　C. 序时账　D. 备查账

35. 应收账款明细账应采用(　　)账页。

A. 三栏式　B. 多栏式　C. 数量金额式　D. 平行式

36. 委托加工材料登记簿属于(　　)。

A. 序时账簿　B. 总分类账簿　C. 明细分类账簿　D. 备查账簿

37. 汇总付款凭证是根据(　　)汇总编制而成的。

A. 原始凭证　B. 汇总原始凭证　C. 付款凭证　D. 收款凭证

38. 科目汇总表账务处理程序(　　)。

A. 能清楚反映账户对应关系　B. 登记总账的工作量小

C. 登记总账的工作量大　D. 便于分析经济业务的来龙去脉

39. 根据记账凭证逐笔登记总账的账务处理程序是(　　)。

A. 记账凭证账务处理程序　B. 汇总记账凭证账务处理程序

C. 科目汇总表账务处理程序　D. 多栏式日记账账务处理程序

40. 在各种会计核算形式中,其相同的是(　　)。

A. 登记总账的依据　B. 登记明细账的依据

C. 账务处理的程序　D. 优缺点及适用范围

四、多项选择题

1. 原始凭证按填制手续分类,分为(　　　　)。

A. 通用凭证　B. 一次凭证　C. 通知凭证

D. 累计凭证　E. 汇总凭证

2. 下列单据中,可作为会计核算原始凭证的有(　　　　)。

A. 购销发票　B. 出差车票　C. 购销合同

D. 现金支票存根　E. 医药费报销单

3. 下列单据中,可作为自制原始凭证的有(　　　　);可作为外来原始凭证的有(　　　　)。

A. 购入材料的水、陆运费账单

B. 预支差旅费借款单
C. 销货收到转账支票解入银行所填进账单
D. 工资结算单
E. 产品入库单

4. 原始凭证是(　　　)。
A. 记录经济业务的书面凭证
B. 填制记账凭证的依据
C. 明确经济责任的具有法律效力的文件
D. 编制会计报表的依据
E. 会计核算的客观依据

5. 对外原始凭证必须具备的基本内容包括(　　　)。
A. 凭证的名称、日期、编号　　B. 接受单位的名称
C. 填制单位名称和有关人员签章　　D. 应借应贷会计科目名称
E. 经济业务的详细内容

6. 以下所列属于汇总原始凭证的有(　　　)。
A. 科目汇总表　　B. 限额领料单
C. 工资结算汇总表　　D. 收料凭证汇总表
E. 汇总付款凭证

7. 下列记账凭证中,属于复式记账凭证的有(　　　)。
A. 收款凭证　　B. 付款凭证　　C. 转账凭证
D. 通用记账凭证　　E. 单科目记账凭证

8. 限额领料单同时属于(　　　)。
A. 原始凭证　　B. 记账凭证　　C. 累计凭证
D. 一次凭证　　E. 自制凭证

9. 付款凭证左上角的“贷方科目”可能登记的科目有(　　　)。
A. 应付账款　　B. 银行存款　　C. 预付账款
D. 在途资金　　E. 库存现金

10. 采用单科目记账凭证,下列说法中正确的是(　　　)。
A. 便于编制记账凭证汇总表　　B. 便于记账分工
C. 便于反映一项经济业务的全貌　　D. 填制凭证的数量较多
E. 填制凭证的工作量较大

11. 复式记账凭证是(　　　)。
A. 记账凭证的一种
B. 可以集中反映一项经济业务的科目对应关系
C. 一次可以反映若干项经济业务的凭证

D. 会计人员根据同类经济业务加以汇总编制的凭证
E. 至少有两个或两个以上会计科目的凭证

12. 下列凭证中属于记账凭证的是(　　)。
A. 借款单　　B. 支票
C. 转账凭证　　D. 银行存款收款凭证
E. 库存现金付款凭证

13. 对于记账凭证的审核主要包括(　　)。
A. 记账凭证是否附有原始凭证,所附原始凭证是否齐全,是否已审核无误,记录的内容是否与所附原始凭证的内容相符
B. 应借、应贷的会计科目及其金额是否正确
C. 记账凭证中的各个项目填列是否齐全,有关人员的签章是否齐全
D. 审核与合同、计划或预算是否相符合
E. 审核所记录的经济业务是否合理

14. 收款凭证的贷方科目可能为(　　)科目。
A. 库存现金　　B. 银行存款　　C. 在途物资
D. 主营业务收入　　E. 应收账款

15. 任何会计主体都必须设置的账簿有(　　)。
A. 日记账　　B. 辅助账簿　　C. 总分类账簿
D. 备查账簿　　E. 明细分类账簿

16. 下列账户中,可以只按借方发生额来设置多栏式明细账页的有(　　)。
A. 营业外支出　　B. 生产成本　　C. 管理费用
D. 本年利润　　E. 财务费用

17. 下列内容中,属于对账范围的有(　　)。
A. 库存现金日记账余额与库存现金的核对
B. 账簿记录与有关会计凭证的核对
C. 总分类账户余额与有关明细账户余额合计数核对
D. 日记账余额与有关总分类账户余额核对
E. 应收、应付款明细账户余额与有关单位及个人核对

18. 在会计实务工作中,明细分类账的格式有(　　)。
A. “T”字式　　B. 三栏式　　C. 多栏式
D. 数量金额式　　E. 两栏式

19. 登记明细账的根据可以是(　　)。
A. 原始凭证　　B. 原始凭证汇总表
C. 记账凭证　　D. 记账凭证汇总表
E. 科目汇总表

20. 库存现金日记账的登记依据是(　　　　)。
A. 库存现金收款凭证　　B. 库存现金付款凭证
C. 银行存款收款凭证　　D. 银行存款付款凭证
E. 银行存款转账凭证

21. 数量金额式明细分类账的账页格式适用于(　　　　)。
A. 库存商品　　B. 制造费用　　C. 管理费用
D. 原材料　　E. 应收账款

22. 库存现金、银行存款日记账的账页格式主要有(　　　　)。
A. 三栏式　　B. 多栏式　　C. 订本式
D. 数量金额式　　E. 二栏式

23. 下列会计凭证中的(　　　　)可以作为登记银行存款日记账的依据。
A. 自制原始凭证　　B. 外来原始凭证　　C. 收款凭证
D. 付款凭证　　E. 转账凭证

24. 下列核对工作中的(　　　　)是为了保证“账实相符”。
A. 各种账簿记录与记账凭证及其附件核对
B. 库存现金日记账的余额与总分类账“库存现金”账户余额的核对
C. 银行存款日记账余额与开户银行账目的核对
D. 有关财产物资的明细分类账余额与财产物资保管部门的登记簿的记录核对
E. 各种应收、应付款明细分类账余额与有关债务、债权单位的账目核对

25. 数量金额式明细分类账的账页，分别设有收入、发出和结存的(　　　　)。
A. 借方栏　　B. 贷方栏　　C. 单价栏
D. 数量栏　　E. 金额栏

26. 对(　　　　)会计事项，企业月终应进行账项调整。
A. 应计收入　　B. 应计费用　　C. 预收收入
D. 预付费用　　E. 应收账款

27. 在采用汇总记账凭证核算程序时，编制记账凭证的要求是(　　　　)。
A. 收款、付款和转账凭证均可一借一贷
B. 转账凭证可一借多贷
C. 转账凭证可一贷多借
D. 收款凭证可一借多贷
E. 付款凭证可一贷多借

28. 以记账凭证为依据，按有关科目贷方设置，按借方科目归类汇总填制的有(　　　　)。
A. 汇总收款凭证　　B. 汇总付款凭证

C. 汇总转账凭证　　D. 科目汇总表
E. 多栏式日记账

29. 在采用汇总记账凭证核算形式时,应设置(　　)。
A. 收款凭证及付款凭证
B. 汇总收款凭证、汇总付款凭证
C. 转账凭证及汇总转账凭证
D. 库存现金日记账和银行存款日记账
E. 总分类账

30. 各种账务处理程序的相同之处包括(　　)。
A. 根据原始凭证登记原始凭证汇总表
B. 根据原始凭证或原始凭证汇总表编制记账凭证
C. 根据记账凭证和有关原始凭证或原始凭证汇总表登记各种明细分类账
D. 根据记账凭证逐笔登记总分类账
E. 根据总分类账和明细分类账的记录编制会计报表

第二部分 核　算　题

习　题　一

1. 用直线连接标出下列会计凭证的分类。

(1) 限额领料单	
(2) 收款凭证	A. 单式凭证
(3) 付款凭证	B. 一次凭证
(4) 转账凭证	C. 复式凭证
(5) 通用记账凭证	D. 累计凭证
(6) 单科目记账凭证	
(7) 发货单	

2. 用直线连接标出下列会计凭证的分类。

(1) 收款凭证	A. 按反映经济业务的内容分类
(2) 复式记账凭证	
(3) 付款凭证	B. 按会计科目是否单一分类
(4) 转账凭证	
(5) 单式记账凭证	

3. 用直线连接标出下列账簿的分类。

(1) 库存现金日记账　　A. 序时账
(2) 日记总账　　B. 分类账
(3) 租入固定资产登记簿　　C. 联合账簿
(4) 原材料明细账　　D. 备查账
E. 订本账
F. 活页账

习　题　二

(一) 目的：练习限额领料单的填制。

(二) 资料：×年 9 月份 A 材料计划单价 20 元/千克，生产领用 A 材料采用限额领料单汇总原始凭证。

9 月发出材料情况如下：

光华车间生产甲产品领用 A 材料：全月领料限额为 500 千克。2 日、17 日每次领用 80 千克，7 日、12 日、25 日、30 日每次领用 85 千克。

(三) 要求：填制领用 A 材料限额领料单见表 5－1：

表 5－1　A 材料限额领料单

领料单位：　　用途：　　计量单位：
材料单价：　　领用限额：

×年		请　领		实　发				
月	日	数量	领料单位负责人	数量	累计	发料人	领料人	限额结余
			略			略	略	
累计实发金额(大写)								
供应部门负责人(签章)　生产计划部门负责人(签章)　仓库负责人(签章)								

习　题　三

(一) 目的：练习经济业务的处理与记账凭证的填制。

(二) 资料：某企业有关总分类账户登记如下：

库存现金

(1)	2 000	(2)	1 000
		(5)	200
		(6)	500

生产成本

(3)	20 000		

银行存款

(6)	500	(1)	2 000
		(4)	5 000

其他应收款

(2)	1 000	(5)	1 000

原材料

		(3)	23 000

管理费用

(3)	3 000		
(4)	5 000		
(5)	1 200		

图 5－1　某企业总分类账

(三) 要求：根据以上总分类账户的登记，找出账户的对应关系，用文字叙述各项经济业务内容，写出相应的会计分录，并指明应填制哪种记账凭证。

习　题　四

(一) 目的：练习登记银行存款日记账和库存现金日记账。

(二) 资料：某企业×年 7 月 31 日银行存款日记账余额为 300 000 元；库存现金日记账的余额为 3 000 元。8 月上旬发生下列银行存款和库存现金收付业务。

1. 1 日，收到投资者投入款 25 000 元，存入银行(银收 801 号)。

2. 1 日，以银行存款 10 000 元归还短期借款(银付 801 号)。

3. 2 日，以银行存款 20 000 元偿付应付账款(银付 802 号)。

4. 2 日，把 1 000 元库存现金存入银行(现付 801 号)。

5. 3 日，用库存现金暂付职工差旅费 800 元(现付 802 号)。

6. 3 日，从银行提取库存现金 2 000 元备用(银付 803 号)。

7. 4 日，收到应收账款 50 000 元存入银行(银收 802 号)。

8. 5 日，以银行存款 40 000 元支付购买材料款(银付 804 号)。

9. 5 日，以银行存款 1 000 元支付购入材料运费(银付 805 号)。

10. 5 日，从银行提取库存现金 18 000 元，准备发放工资(银付806 号)。

11. 6 日，用库存现金 18 000 元发放职工工资(现付 803 号)。

12. 7 日，以银行存款支付本月电费 1 800 元(银付 807 号)。

13. 8 日，销售产品一批，货款 51 750 元存入银行(银收 803 号)。

14. 9 日，用银行存款支付销售费用 410 元(银付 808 号)。

15. 10 日，用银行存款上缴销售税金 3 500 元(银付 809 号)。

(三) 要求：登记银行存款日记账和库存现金日记账(三栏式)。格式如表 5－2 所示：

表 5-2 库存现金和银行存款日记账格式 单位：元

年		凭证编号	摘 要	对方账户	收入	支出	余额
月	日						
			发生额合计及余额				

习题五(作业题)

(一) 目的：同习题四。

(二) 资料：某企业×年 8 月 30 日银行存款日记账的余额为200 000 元，库存现金日记账的余额为 3 000 元。

9 月份发生涉及银行存款和库存现金的业务如下：

1. 3 日，从银行借入一年期借款 30 000 元存入银行(银收901 号)。

2. 4 日，从银行提取库存现金 5 000 元(银付 901 号)。

3. 7 日，暂付职工差旅费 1 000 元(现付 901 号)。

4. 8 日，存入销货款 50 000 元(银收 902 号)。

5. 12 日，用银行存款支付销售费用 100 000 元(银付 902 号)。

6. 18 日，收取职工王某赔偿金库存现金 700 元(现收 901 号)。

7. 25 日，用银行存款支付水电费 8 000 元(银付 903 号)。

8. 30 日，用银行存款上缴税金 2 000 元(银付 904 号)。

(三) 要求：登记银行存款日记账和库存现金日记账(三栏式)。

习 题 六

(一) 目的：练习数量金额式明细分类账的登记。

(二) 资料：某企业×年 5 月 1 日“原材料”总分类账户的期初余额为 19 800 元，其中：甲材料 2 000 千克，每千克 5 元，共计10 000 元；乙材料 3 000 千克，每千克 2 元，共计 6 000 元；丙材料 3 800 千克，每千克 1 元，共计 3 800 元。该厂 5 月份发生下列有关材料收发的业务：

1. 2 日，外购甲材料 1 000 千克验收入库，结转其实际采购成本5 000 元。

2. 3 日，生产产品领用乙材料 1 500 千克，计 3 000 元。

3. 6 日，生产产品领用甲材料 800 千克，计 4 000 元。

4. 10 日，生产车间修理机器设备领用丙材料 300 千克，计 300 元。

5. 11 日，外购乙材料 2 000 千克验收入库，结转其实际采购成本 4 000 元。

6. 14 日，生产产品领用乙材料 3 000 千克，计 6 000 元。

7. 16 日,外购丙材料 6 000 千克验收入库,结转其实际采购成本 6 000 元。
8. 19 日,生产产品领用甲材料 700 千克,计 3 500 元。
9. 20 日,外购乙材料 1 000 千克验收入库,结转其实际采购成本 2 000 元。
10. 27 日,生产产品领用丙材料 6 300 千克,计 6 300 元。

(三) 要求: 登记“原材料”明细分类账。

习 题 七

(一) 目的: 练习账项调整的会计处理。

(二) 资料: 某企业×年 12 月份需要调整的有关项目如下:

1. 生产车间使用的机器设备及房屋应计提的折旧 2 880 元,行政管理部门使用的房屋应提折旧 900 元。
2. 年初曾预付一年期的生产设备财产保险费 2 400 元,每月均匀负担。
3. 本月应付未付的销售税金 1 500 元。
4. 本月出租部分暂时不用的固定资产,每月租金收入 1 000 元,先预收半年租金,存入银行,同时确认本月的租金收入。
5. 本月应计存款利息 700 元。
6. 向银行借入的短期借款 100 000 元,银行一个季度结算一次利息,本月底结算本季度的借款利息共 450 元,其中 10 月和 11 月已分别计提利息各 150 元。利息以银行存款支付。
7. 本月末出租包装物,预收下一年度 1、2、3 三个月租金,每月租金 240 元,存入银行。
8. 本月应对应收账款计提 6 000 元的坏账准备。

(三) 要求: 根据上述资料编制会计分录。

习题八(作业题)

(一) 目的: 同习题七。

(二) 资料: 星夜企业×年 12 月份需要调整的有关项目如下:

1. 应计提固定资产折旧费 19 600 元,其中生产车间负担 15 000 元,行政管理部门负担 4 600 元。
2. 年初预付企业 1 年报刊订阅费 3 600 元。
3. 计提企业本月银行短期借款利息 1 000 元。
4. 本月出租包装物,每月租金收入 1 500 元(半年租金收入款已经预收)。
5. 年初出租的一批低值易耗品的租金按照合同规定于年末一次性收取,共计 12 000 元,收到款项存入银行。

(三) 要求: 根据上述资料编制会计分录。

习 题 九

(一) 目的：掌握期末账项调整对企业利润的影响。

(二) 资料：某企业×年 12 月 31 日所有受到期末账项调整影响的账户及其调整后余额列示如下：

	×年 12 月 31 日	
	调整前	调整后
其他应收款	1 000	1 500
应付利息	400	800
预付账款	900	600
合同负债	5 000	4 000
累计折旧	15 000	18 500

该年期末账项调整前的利润为 12 600 元。

(三) 要求：先编制账项调整会计分录，收入、费用类科目不需要写出确切会计科目，只要写出收入或费用即可，然后再计算该公司期末调整后的正确利润。

习 题 十

(一) 目的：练习账簿错误的更正方法。

(二) 资料：某企业将账簿记录与记账凭证进行核对，发现下列经济业务的凭证内容或账簿记录有误。

(1) 开支现金支票 600 元，支付管理部门日常零星开支，原编记账凭证的会计分录为：

借：管理费用　　600
　　贷：库存现金　　600

(2) 结转本月实际完工产品的成本 4 500 元。原编记账凭证的会计分录为：

借：库存商品　　5 400
　　贷：生产成本　　5 400

(3) 收到购货单位偿还上月所欠货款 8 700 元。原编记账凭证的会计分录为：

借：银行存款　　7 800
　　贷：应收账款　　7 800

(4) 结算本月应付职工薪酬，其中生产工人薪酬为 7 000 元，行政管理人员薪酬为 1 600 元，原编记账凭证的会计分录为：

借：生产成本　　　　　　7 000
　　管理费用　　　　　　1 600
　　贷：应付职工薪酬　　　　　　8 600

在登记账簿时,其管理费用账户借方登成 6 100 元

(5) 结转本月销售收入 4 800 元,原编记账凭证的会计分录为:

借：本年利润　　　　　　4 500
　　贷：主营业务收入　　　　　　4 500

(6) 用银行存款支付所欠供货单位贷款 6 500 元,原编记账凭证的会计分录为:

借：应付账款　　　　　　5 600
　　贷：银行存款　　　　　　5 600

(7) 以库存现金支付采购人员暂借差旅费 200 元,原编记账凭证的会计分录为:

借：其他应付款　　　　　　200
　　贷：库存现金　　　　　　200

(三) 要求：将上述各项经济业务的错误分录,分别采用适当的更正错账的方法予以更正。

习题十一(作业题)

(一) 目的：同习题十。

(二) 资料：某企业将账簿记录与记账凭证进行核对时,发现下列各项经济业务的凭证内容或账簿记录为:

(1) 开出支票一张 200 元,支付管理部门零星开支,原编记账凭证为:

借：管理费用　　　　　　200
　　贷：库存现金　　　　　　200

(2) 签发转账支票 4 000 元,预付后三季度报刊订阅费,原编记账凭证为:

借：预付账款　　　　　　400
　　贷：银行存款　　　　　　400

(3) 签发转账支票 6 000 元,预付后三季度房租,原编记账凭证为:

借：预付账款　　　　　　9 000
　　贷：银行存款　　　　　　9 000

(4) 用库存现金支付管理部门零星购置费 78 元,原编记账凭证为:

借：管理费用　　　　　　78
　　贷：库存现金　　　　　　78

记账时库存现金付出栏记录为 87 元。

(三) 要求：判断上列各项经济业务的账务处理有无错误，如有错误请采用适当的方法予以更正。

习 题 十 二

(一) 目的：综合练习试算平衡及记账错误更正方法。

(二) 资料：某企业×年 8 月 31 日编制的结账前试算表见表 5-3：

表 5-3 某企业×年 8 月 31 日试算表 单位：元

账户名称	借　方	贷　方
库存现金	1 200	
银行存款	84 000	
应收账款	74 000	
原材料	37 200	
固定资产	148 000	
应付账款		63 600
实收资本		270 000
主营业务收入		141 000
管理费用	130 200	
合　计	474 600	474 600

经核对发现，尚存在下列错误：

1. 支付欠款 16 500 元，编制记账凭证时借记应收账款 16 500 元。
2. 用库存现金支付邮资费 180 元，有关账户均未过账。
3. 赊购电脑两台 36 000 元，误记为“借：管理费用 36 000，贷：应付账款 36 000”。
4. 销售产品收入 16 500 元，过账时，借贷方都误以 6 500 元入账。
5. 收到客户所欠款项 6 800 元，编制会计分录时借贷方均误记为 8 600 元。

(三) 要求：1. 根据上列资料，说出上述错误分别适用的记账错误更正方法。
　　　　2. 编制正确的试算平衡表。

习 题 十 三

(一) 目的：练习错账的查找方法。

(二) 资料：

1. 某企业×年 11 月库存现金日记账记录如表 5-4 所示：

表 5-4 某企业 11 月份库存现金日记账 单位：元

日 期	摘 要	对方账户	收 入	付 出	结 余
1 日	期初余额				5 800
	提取现金	银行存款	4 000		
				2 500	
				270	
略				80	
			200		
			860		
			50		
				700	7 360

2. 当日下班前,结账时库存现金实存 5 640 元(假定记账有错)。

(三) 要求：根据上述资料迅速查找可能发生的差错,并说明所用的方法。

习 题 十 四

(一) 目的：同习题十三。

(二) 资料：

1. 某企业×年 5 月份银行存款日记账记录如表 5-5 所示：

表 5-5 某企业×年 5 月份银行存款日记账 单位：元

×年		摘 要	收 入	付 出	结 余
月	日				
5	1	期初余额			53 000.00
		投资现款	10 000.00		63 000.00
		还 款		550.00	62 450.00
		存 现	400.00		62 850.00
		提 现		17 000.00	45 850.00
		收到应收账款	1 590.00		47 440.00
		购买材料		3 000.00	44 440.00
		支付运费		200.00	44 240.00
		支付电费		3 045.00	41 195.00
		销售货款	8 000.00		49 195.00
		支付销售费用		900.00	48 295.00
		支付销售税金		478.00	47 817.00
		合 计	19 990.00	25 173.00	47 817.00

2. 总账上“银行存款”账户的期末余额为 46 386.00 元，两者核对不相符合。

(三) 要求：根据上述资料分析可能发生的差错及产生差错的原因。

习 题 十 五

(一) 目的：练习科目汇总表的编制。

(二) 资料：某企业×年 1 月 31 日总分类账户余额如表 5-6 所示：

表 5-6 某企业×年 1 月 31 日总分类账户余额表 单位：元

会计科目	借方	贷方
固定资产	2 400 000	
累计折旧		200 000
原材料	900 000	
库存商品	600 000	
库存现金	3 000	
银行存款	250 000	
生产成本	300 000	
应收账款	200 000	
其他应收款	7 000	
应付账款		200 000
应交税费		50 000
短期借款		210 000
实收资本		4 000 000
总计	4 660 000	4 660 000

2 月份发生经济业务如下(不考虑增值税)：

(1) 2 日购进甲材料 100 吨，单价 400 元，材料已验收入库，货款已用银行存款支付。

(2) 5 日购进乙材料 400 吨，单价 100 元，材料已验收入库，货款尚未支付。

(3) 15 日仓库发出甲材料 30 000 元，其中 29 000 元用于 A 产品生产，1 000 元用于车间一般消耗；另外管理部门领用甲材料5 000 元。

(4) 21 日从银行提取库存现金 21 000 元，备发薪酬。

(5) 22 日以库存现金发放职工薪酬 21 000 元。

(6) 28 日用银行存款支付水电费 6 000 元，其中 5 000 元用于 A 产品生产，200 元为车间耗用，800 元为企业管理部门耗用。

(7) 28 日计提本月固定资产折旧 6 000 元，其中车间使用的固定资产应计提折旧 5 000 元，企业管理部门使用的固定资产应计提折旧 1 000 元。

(8) 28日分配本月应付职工薪酬21 000元,其中生产工人薪酬18 000元,车间管理工人薪酬为1 000元,企业管理部门人员薪酬为2 000元。

(9) 28日计算结转本月发生的制造费用。

(10) 结转本月完工A产品的实际成本,数量为100台,实际成本为59 200元。

(11) 25日销售A产品50件,单价800元,货款已收到并存入银行。(不考虑增值税)

(12) 28日销售A产品30件,单价800元,货款尚未收到。

(13) 28日以银行存款支付销售费用1 000元。

(14) 28日结转本月已销产品实际成本47 360元。

(15) 28日按销售收入5%计算缴纳产品销售税金。

(16) 结转本月主营业务收入。

(17) 结转本月管理费用8 800元。

(18) 结转本月营业费用1 000元。

(19) 结转本月主营业务税金及附加3 200元。

(20) 结转本月主营业务成本47 360元。

(三) 要求: **1.** 根据上述资料编制会计分录。

2. 根据要求1中的会计分录编制科目汇总表。

3. 根据科目汇总表登记"银行存款"的总分类账户。

习题十六(作业题)

(一) 目的:同习题十五。

(二) 资料:某企业×年12月份发生如下经济业务(以下业务都不考虑增值税):

(1) 1日购进甲材料200吨,每吨200元,材料已验收入库,货款已转账付讫。

(2) 3日购进乙材料400吨,每吨100元,材料已验收入库,但货款尚未支付。

(3) 11日仓库转来发出材料汇总表,上列甲材料生产产品领用29 000元,车间一般耗用1 000元,企业管理部门耗用5 000元,共计35 000元。

(4) 20日从银行存款户提取库存现金20 000元。

(5) 20日以库存现金支付职工本月薪酬20 000元。

(6) 21日以银行存款转账支付水电费1 800元,其中生产产品耗用1 000元,车间一般耗用200元,企业管理部门耗用600元。

(7) 31日计提本月固定资产折旧6 000元,其中车间使用的固定资产应提折旧 5 000 元,企业管理部门使用的固定资产应计提折旧 1 000 元。

(8) 31 日分配本月应付职工薪酬 20 000 元,其中生产工人薪酬 18 000 元,车间管理人员薪酬 800 元,企业管理部门人员薪酬1 200元。

(9) 31 日计算结转本月发生的制造费用。

(10) 31 日结转本月完工产品 100 件的实际总成本 55 000 元。

(11) 31 日对外销售产品 80 件,单价 800 元,其中 50 件的货款已收到并送存银行,其余 30 件的货款尚未收到。(不考虑增值税)

(12) 31 日以银行存款支付产品销售费用 1 000 元。

(13) 31 日结转本月已销产品实际成本 47 500 元。

(14) 31 日结转本月主营业务收入。

(15) 31 日结转本月管理费用 7 800 元,营业费用 1 000 元,主营业务成本 47 500 元。

(三) 要求:根据上述资料编制会计分录,并按其编制科目汇总表。

习 题 十 七

(一) 目的:练习汇总收款凭证的编制。

(二) 资料:某企业×年 6 月发生的与银行存款有关的业务已经编制记账凭证如下:

(1) 3 日	银收 1	借:银行存款	50 000	
		贷:实收资本		50 000
(2) 4 日	银收 2	借:银行存款	10 000	
		贷:短期借款		10 000
(3) 7 日	现付 1	借:银行存款	1 000	
		贷:库存现金		1 000
(4) 9 日	银收 3	借:银行存款	500	
		贷:应收账款		500
(5) 15 日	银收 4	借:银行存款	8 000	
		贷:合同负债		8 000
(6) 18 日	银收 5	借:银行存款	5 650	
		贷:主营业务收入		5 000
		应交税费——应交增值税		650
(7) 21 日	银收 6	借:银行存款	9 400	
		贷:应收票据		9 400
(8) 23 日	银收 7	借:银行存款	500	
		贷:其他应收款		500

(9) 25 日　银收 8　借: 银行存款　　　　　3 000

　　　　　　　　　　贷: 应收账款　　　　　　3 000

(10) 28 日 银收 9　借: 银行存款　　　　　3 390

　　　　　　　　　　贷: 主营业务收入　　　　3 000

　　　　　　　　　　　　应交税费——应交增值税　390

(三) 要求: 根据上述提供的资料编制银行存款汇总收款凭证(见表 5-7)。

表 5-7　汇总收款凭证

借方账户:　　　　　　　×年 6 月份　　　　　　　单位: 元

贷方账户	金　额			
	1—10 日	11—20 日	21—30 日	合　计
合　计				

习 题 十 八

(一) 目的: 练习汇总付款凭证的编制。

(二) 资料: 某企业×年 6 月发生的银行存款付款业务已经编制记账凭证如下:

(1) 3 日　银付 1　借: 应付账款　　　　　5 000

　　　　　　　　　贷: 银行存款　　　　　　5 000

(2) 4 日　银付 2　借: 管理费用　　　　　1 000

　　　　　　　　　贷: 银行存款　　　　　　1 000

(3) 7日　银付3　借：库存现金　2 000
　　　　　　　　　　贷：银行存款　　2 000
(4) 9日　银付4　借：应交税费　500
　　　　　　　　　　贷：银行存款　　500
(5) 15日　银付5　借：销售费用　800
　　　　　　　　　　贷：银行存款　　800
(6) 18日　银付6　借：在途物资　4 000
　　　　　　　　　　贷：银行存款　　4 000
(7) 21日　银付7　借：管理费用　1 200
　　　　　　　　　　贷：银行存款　　1 200
(8) 23日　银付8　借：应付账款　2 500
　　　　　　　　　　贷：银行存款　　2 500
(9) 26日　银付9　借：固定资产　20 000
　　　　　　　　　　贷：银行存款　　20 000
(10) 30日　银付10　借：在途物资　3 000
　　　　　　　　　　贷：银行存款　　3 000

(三) 要求：根据上述会计分录编制下面(见表5-8)的汇总付款凭证。

表5-8　汇总付款凭证

贷方账户：　　　　×年6月份　　　　单位：元

借方账户	金额			
	1—10日	11—20日	21—30日	合计
合　计				

习题十九(作业题)

(一) 目的：同习题十八。

(二) 资料：某企业×年 6 月发生的库存现金付款业务已编制记账凭证如下：

(1) 2 日	现付 1	借：其他应收款	150	
		贷：库存现金		150
(2) 4 日	现付 2	借：管理费用	58	
		贷：库存现金		58
(3) 9 日	现付 3	借：应付职工薪酬	32 000	
		贷：库存现金		32 000
(4) 12 日	现付 4	借：其他应收款	100	
		贷：库存现金		100
(5) 16 日	现付 5	借：管理费用	122	
		贷：库存现金		122
(6) 21 日	现付 6	借：在途物资	80	
		贷：库存现金		80
(7) 24 日	现付 7	借：管理费用	16	
		贷：库存现金		16
(8) 30 日	现付 8	借：管理费用	52	
		贷：库存现金		52

(三) 要求：根据上述提供资料编制库存现金汇总付款凭证。

习 题 二 十

(一) 目的：练习汇总记账凭证核算的会计实务处理。

(二) 资料：某企业“管理费用”总账账户×年 8 月 25 日有借方余额 24 000 元。8 月 26—30 日发生下列有关经济业务：

(1) 以银行存款支付本月管理部门的水电费 2 000 元。

(2) 以库存现金 600 元给采购员报销差旅费。

(3) 收到职工交回因私打长途电话费 80 元，收回库存现金。

(4) 摊销应由本月负担的报刊费 1 000 元。

(5) 用银行存款支付行政管理人员薪酬 10 000 元。

(6) 月末结转本月发生的管理费用 37 520 元。

(三) 要求：**1.** 根据以上经济业务编制会计分录，并说明其应编入何种汇总记账凭证。

2. 根据汇总记账凭证登记“管理费用”总分类账户“T”型，并写明摘要。

第三部分｜案　　例

案　例　1

某企业在内部审计过程中发现如下两张原始凭证：

(1) 供应处采购员王晓梅×年5月8日去方针集团公司采购原材料，事先预借差旅费3 000元，借款单据如表5-9所示：

表5-9　某企业借款单据

人民币(大写)　叁仟元							¥3 000.00
用　途	差旅费			财务部门		借款部门	
付款方式		票据号码		负责人		负责人	宇　峰
收款人	王晓梅	开户银行		审　核	李　三	借款人	王晓梅
		账　号		记　账	姜　宇	经办人	王晓梅

(2) ×年5月10日王晓梅出差回来后报销差旅费，填列差旅费报销单如表5-10所示：

表5-10　某企业差旅费报销单

公出者姓名		王晓梅				公出地点			嘉　兴			
出　发			到　达			车船费	伙食补贴					合计
月	日	地点	月	日	地点		日数	金额	车费	住宿	其他	
5	8		5	8	嘉兴	18					18	36
5	10	上海	5	10		18	3	240	60	300	1 998	2 616
合　计						36	3	240	60	300	2 016	2 652
报销×年5月10日借款3 000元。结余402元							报销额(大写)贰仟伍佰玖拾捌元¥2 652					

会计主管　谢意　审核　李三　制单　姜宇　部门主管　宇峰　公出人　王晓梅

注：1. 伙食补贴按有关政策规定为每天8元，交通费补贴为每天2元。

2. 经审核，在差旅费报销单中所填列的其他栏中，所支出的其他费用1998元组成为：长途电话费1 000元，出租车费500元，餐费488元，均有相关的原始凭证。

3. 出发地和目的地之间两张金额均为18元的原始凭证经审核没有问题。

案例要求：指出上述两张原始凭证存在的问题并提出处理意见。

案 例 2

赵渡民是某大学在读二年级大学生,今年暑假他向学校申请了一个暑期社会实践项目,经费总额为5 000元,但是赵渡民在做项目时基本上未发生费用,主要就是查阅各种资料,因为他觉得没有必要作调查,所有资料网上都有,实际调查又耗时又耗钱,所以他就没有进行调查。在报销经费的时候赵渡民就发愁了,因为他没有票据,于是他就想了一些办法搞到了5 000元的票据去报销。其中,3 000元是在一个开店的朋友那里开来的,2 000元是到火车站买来的空头发票后自己填制的。请问:赵渡民的做法对吗?

第五章答案

第一部分 概 念 题

一、填空题

1. 原始凭证 记账凭证 **2.** 自制原始凭证 外来原始凭证 **3.** 经济责任 依据 **4.** 直接取得 填制 **5.** 收款凭证 付款凭证 转账凭证 **6.** 单式记账凭证 复式记账凭证 **7.** 自制原始凭证 **8.** 外单位或个人 一次凭证 **9.** 累计凭证 **10.** 库存现金付款凭证 银行存款付款凭证 **11.** 单式记账凭证 **12.** 原始凭证 **13.** 原始凭证 附件 **14.** 库存现金 银行存款 **15.** 序时账 分类账 备查账 日记总账(或联合账) **16.** 订本式 活页式 卡片式 **17.** 日记账(或序时账) **18.** 总分类账 明细分类账 **19.** 三栏式 多栏式 数量金额式 **20.** 划线更正法 红字更正法 补充登记法 **21.** 账账核对 账实核对 **22.** 普通日记账 特种日记账 **23.** 总分类账 库存现金日记账 银行存款日记账 一些重要的财产物资明细账 **24.** 三栏式 多栏式 **25.** 红字更正法 **26.** 三栏式 多栏式 **27.** 划线更正法 **28.** 全面检查法 **29.** 差数法 除2法 除9法 **30.** 登记总账的依据和方法不同 **31.** 记账凭证 **32.** 某一贷方 借方 **33.** 科目汇总表

二、判断题

1. ✓ **2.** × **3.** ✓ **4.** × **5.** × **6.** ✓ **7.** × **8.** × **9.** × **10.** ×
11. ✓ **12.** × **13.** ✓ **14.** ✓ **15.** × **16.** × **17.** × **18.** × **19.** ✓
20. ✓ **21.** × **22.** ✓ **23.** ✓ **24.** × **25.** × **26.** × **27.** × **28.** ✓
29. × **30.** × **31.** × **32.** × **33.** ✓ **34.** × **35.** ✓ **36.** ✓ **37.** ×
38. × **39.** × **40.** × **41.** × **42.** ×

三、单项选择题

1. D **2.** C **3.** A **4.** D **5.** B **6.** B **7.** B **8.** B **9.** C **10.** C **11.** C
12. C **13.** C **14.** C **15.** D **16.** C **17.** D **18.** A **19.** A **20.** D **21.** D
22. D **23.** B **24.** D **25.** A **26.** B **27.** B **28.** A **29.** B **30.** D **31.** B
32. B **33.** C **34.** C **35.** A **36.** D **37.** C **38.** B **39.** A **40.** B

四、多项选择题

1. BDE **2.** ABDE **3.** BDE、AC **4.** ABCE **5.** ABCE **6.** CD **7.** ABCD
8. ACE **9.** BE **10.** ABDE **11.** ABE **12.** CDE **13.** ABC **14.** DE
15. ACE **16.** ABCE **17.** ABCDE **18.** BCD **19.** ABC **20.** ABD **21.** AD
22. AB **23.** CD **24.** CE **25.** CDE **26.** ABCD **27.** ACDE **28.** BC
29. ABCDE **30.** ABCE

第二部分 核 算 题

习 题 一

1.

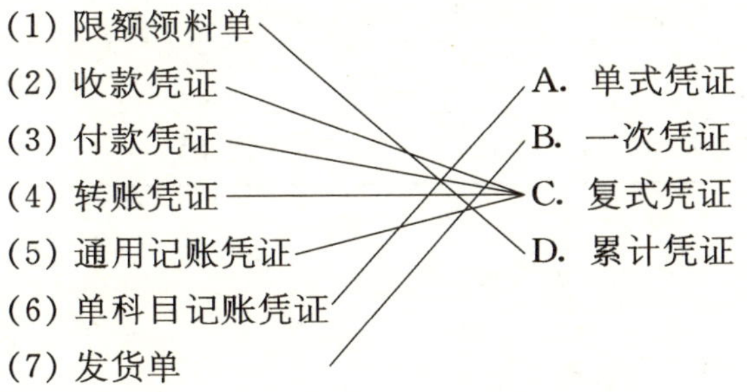

2.

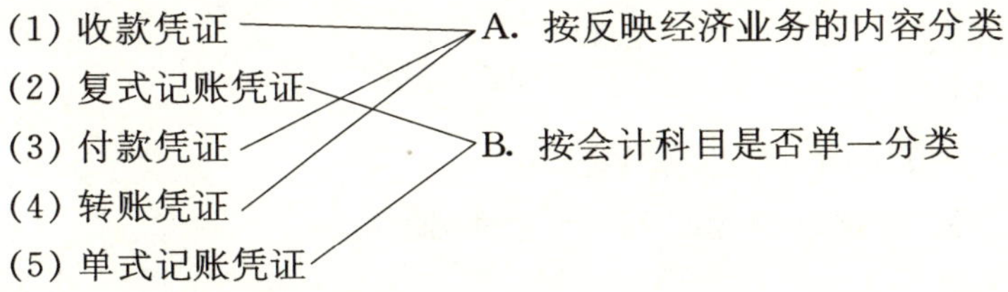

3.

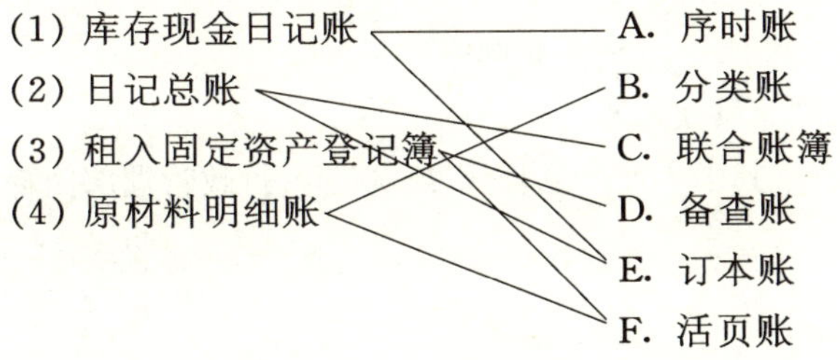

习 题 二

编制如表 5 - 11 所示的限额领料单。

表 5 - 11 A 材料限额领料单

领料单位：光华车间　　用途：甲产品　　计量单位：千克

材料单价：20 元　　领用限额：500

×年		请 领		实 发				
月	日	数量	领料单位负责人	数量	累计	发料人	领料人	限额结余
9	2	80	略	80	80	略	略	420
	7	85		85	165			335
	12	85		85	250			250
	17	80		80	330			170
	25	85		85	415			85
	30	85		85	500			0
累计实发金额(大写)壹万元整								¥ 10 000
供应部门负责人(签章)			生产计划部门负责人(签章)			仓库负责人(签章)		

习 题 三

(1) 从银行提取库存现金 2 000 元,以备零用。

所编会计分录如下：

　　借：库存现金　　2 000

　　　　贷：银行存款　　2 000

此项经济业务应填制银行存款付款凭证。

(2) 某职工预借差旅费 1 000 元,以库存现金付讫。

所编会计分录如下：

　　借：其他应收款　　1 000

　　　　贷：库存现金　　1 000

此项经济业务应填制库存现金付款凭证。

(3) 仓库发出材料 23 000 元,其中生产产品耗用 20 000 元,行政管理部门耗用 3 000 元。

所编会计分录如下：

借：生产成本 20 000
　　管理费用 3 000
　　贷：原材料 23 000

此项经济业务应填制转账凭证。

(4) 以银行存款支付行政管理部门当月办公费。

所编会计分录如下：

借：管理费用 5 000
　　贷：银行存款 5 000

此项经济业务应填制银行存款付款凭证。

(5) 某职工出差回来报销差旅费 1 200 元，该职工走前已预借1 000 元，不足部分以库存现金付讫。

所编会计分录如下：

借：管理费用 1 000
　　贷：其他应收款 1 000

借：管理费用 200
　　贷：库存现金 200

此项经济业务应在填制转账凭证的同时，填制库存现金付款凭证。

(6) 将库存现金 500 元存入银行。

所编会计分录如下：

借：银行存款 500
　　贷：库存现金 500

此项经济业务应填制库存现金付款凭证。

习 题 四

表 5 - 12 库存现金日记账 单位：元

×年		凭证编号	摘　要	对方账户	收入	支出	余额
月	日						
8	1		期初余额				3 000
	2	现付 801	存现	银行存款		1 000	2 000
	3	现付 802	支付差旅费	其他应收款		800	1 200
	3	银付 803	提取库存现金备用	银行存款	2 000		3 200
	5	银付 806	提取库存现金	银行存款	18 000		21 200
	6	现付 803	发放工资	应付职工薪酬		18 000	3 200
			发生额合计及余额		20 000	19 800	3 200

表 5 - 13 银行存款日记账 单位: 元

×年 月	日	凭证编号	摘要	对方账户	收入	支出	余额
8	1		期初余额				300 000
	1	银收 801	投资现款	实收资本	25 000		325 000
	1	银付 801	归还短期借款	短期借款		10 000	315 000
	2	银付 802	还款	应付账款		20 000	295 000
	2	现付 801	存现	库存现金	1 000		296 000
	3	银付 803	提现	库存现金		2 000	294 000
	4	银收 802	收到应收款	应收账款	50 000		344 000
	5	银付 804	购买原材料	在途物资		40 000	304 000
	5	银付 805	支付运费	在途物资		1 000	303 000
	5	银付 806	提取库存现金	库存现金		18 000	285 000
	7	银付 807	支付电费	管理费用		1 800	283 200
	8	银收 803	销售货款	主营业务收入	51 750		334 950
	9	银付 808	支付销售费用	销售费用		410	334 540
	10	银付 809	支付销售税金	税金及附加		3 500	331 040
			发生额合计及余额		127 750	96 710	331 040

习 题 五

解题思路同习题四,答案略。

习 题 六

表 5 - 14 原材料明细账

材料名称: 甲 单位: 元

×年		摘要	收入			发出			结存		
月	日		数量	单价	金额	数量	单价	金额	数量	单价	金额
5	1	期初结存							2 000	5	10 000
5	2	购 进	1 000	5	5 000				3 000	5	15 000
5	6	领 用				800	5	4 000	2 200	5	11 000
5	19	领 用				700	5	3 500	1 500	5	7 500
5	31	合 计	1 000	5	5 000	1 500	5	7 500	1 500	5	7 500

表 5-15　原材料明细账

材料名称：乙　　　　　　单位：元

×年		摘　要	收　入			发　出			结　存		
月	日		数量	单价	金额	数量	单价	金额	数量	单价	金额
5	1	期初结存							3 000	2	6 000
5	3	领　用				1 500	2	3 000	1 500	2	3 000
5	11	购　进	2 000	2	4 000				3 500	2	7 000
5	14	领　用				3 000	2	6 000	500	2	1 000
5	20	购　进	1 000	2	2 000				1 500	2	3 000
5	31	合　计	3 000	2	6 000	4 500	2	9 000	1 500	2	3 000

表 5-16　原材料明细账

材料名称：丙　　　　　　单位：元

×年		摘　要	收　入			发　出			结　存		
月	日		数量	单价	金额	数量	单价	金额	数量	单价	金额
5	1	期初结存							3 800	1	3 800
5	10	领　用				300	1	300	3 500	1	3 500
5	16	购　进	6 000	1	6 000				9 500	1	9 500
5	27	领　用				6 300	1	6 300	3 200	1	3 200
5	31	合　计	6 000	1	6 000	6 600	1	6 600	3 200	1	3 200

习　题　七

(1) 借：制造费用　　2 880
　　　　管理费用　　900
　　　　贷：累计折旧　　3 780
(2) 借：制造费用　　200
　　　　贷：预付账款　　200
(3) 借：税金及附加　　1 500
　　　　贷：应交税费　　1 500
(4) 借：银行存款　　6 000
　　　　贷：合同负债　　5 000
　　　　　　其他业务收入　　1 000

(5) 借：应收利息	700	
贷：财务费用		700
(6) 借：应付利息	300	
财务费用	150	
贷：银行存款		450
(7) 借：银行存款	720	
贷：合同负债		720
(8) 借：信用减值损失	6 000	
贷：坏账准备		6 000

习　题　八

解题思路同习题七,答案略。

习　题　九

(1) 借：其他应收款	500	
贷：收入		500
(2) 借：费用	400	
贷：应付利息		400
(3) 借：费用	300	
贷：预付账款		300
(4) 借：合同负债	1 000	
贷：收入		1 000
(5) 借：费用	3 500	
贷：累计折旧		3 500

期末调整后的正确利润＝12 600＋500－400－300＋1 000－3 500＝9 900 元。

习　题　十

(1) 用红字更正法：

a. 借：管理费用	600	
贷：库存现金		600
b. 借：管理费用	600	
贷：银行存款		600

c. 根据以上记账凭证登记账簿,即可更正错误。

(2) 用红字更正法：

a. 借：库存商品　　　　　900（红字）

　　贷：生产成本　　　　　900（红字）

b. 根据以上记账凭证登记账簿，即可更正错误。

(3) 用补充登记法：

a. 借：银行存款　　　　　900

　　贷：应收账款　　　　　900

b. 根据以上记账凭证登记账簿，即可更正错误。

(4) 用划线更正法：

在管理费用科目借方所记金额 6 100 上划一条红线予以注销，然后将正确的数字 1 600 用蓝字写在红线上方，并由记账员在更正处盖章。

(5) 用红字更正法：

a. 借：本年利润　　　　　4 500（红字）

　　贷：主营业务收入　　　　　4 500（红字）

b. 借：主营业务收入　　　4 800

　　贷：本年利润　　　　　4 800

c. 根据以上记账凭证登记账簿，即可更正错误。

(6) 用补充登记法：

a. 借：应付账款　　　　　900

　　贷：银行存款　　　　　900

b. 根据以上记账凭证登记账簿，即可更正错误。

(7) 用红字更正法：

a. 借：其他应付款　　　　200（红字）

　　贷：库存现金　　　　　200（红字）

b. 借：其他应收款　　　　200

　　贷：库存现金　　　　　200

c. 根据以上记账凭证登记账簿，即可更正错误。

习 题 十 一

解题思路同习题十，答案略。

习 题 十 二

1. 各项错误分别用下列方法更正：

(1) 用红字更正法；

(2) 不用任何更正法,只需补记分录后再过账即可;
(3) 用红字更正法;
(4) 用补充登记法;
(5) 用红字更正法。

2. 编制正确的试算表如表 5-17 所示:

表 5-17 某企业×年 8 月 31 日试算表 单位:元

账户名称	借方	贷方
库存现金	1 020	
银行存款	92 200	
应收账款	59 300	
原材料	37 200	
固定资产	184 000	
应付账款		47 100
实收资本		270 000
主营业务收入		151 000
管理费用	94 380	
合计	468 100	468 100

习题十三

可能的差错是 860 元这一笔本来应该是付出栏,错记到收入栏中。用的是除 2 法。

库存现金短缺额为 7 360−5 640=1 720 元,用 1 720 元除以 2,即 1 720/2=860 元,日记账中正好有这一金额的记录,估计为借贷方记错。

习题十四

可能的错误是 1 590 元这一笔,小数点位数错误,应该是 159 元。用的方法是除 9 法,银行存款日记账的余额和银行存款总账的期末余额两者差额为 1 431 元(47 817.00−46 386.00),该数能被 9 除尽,1 431/9=159 元。一般除 9 法最常见的错误是小数点位数错误,而 159 元与日记账中的 1 590 正好是小数点位数错一位。

习题十五

1. 编制会计分录如下:

(1) 借:原材料——甲材料　　40 000
　　贷:银行存款　　40 000

(2) 借:原材料——乙材料　　40 000
　　贷:应付账款　　40 000

(3) 借：生产成本	29 000	
管理费用	5 000	
制造费用	1 000	
贷：原材料——甲材料		35 000
(4) 借：库存现金	21 000	
贷：银行存款		21 000
(5) 借：应付职工薪酬	21 000	
贷：库存现金		21 000
(6) 借：生产成本	5 000	
制造费用	200	
管理费用	800	
贷：银行存款		6 000
(7) 借：制造费用	5 000	
管理费用	1 000	
贷：累计折旧		6 000
(8) 借：生产成本	18 000	
制造费用	1 000	
管理费用	2 000	
贷：应付职工薪酬		21 000
(9) 借：生产成本	7 200	
贷：制造费用		7 200
(10) 借：库存商品	59 200	
贷：生产成本		59 200
(11) 借：银行存款	40 000	
贷：主营业务收入		40 000
(12) 借：应收账款	24 000	
贷：主营业务收入		24 000
(13) 借：销售费用	1 000	
贷：银行存款		1 000
(14) 借：主营业务成本	47 360	
贷：库存商品		47 360
(15) 借：税金及附加	3 200	
贷：应交税费		3 200
(16) 借：主营业务收入	64 000	
贷：本年利润		64 000

(17) 借：本年利润　　　　8 800
　　　贷：管理费用　　　　　　8 800
(18) 借：本年利润　　　　1 000
　　　贷：销售费用　　　　　　1 000
(19) 借：本年利润　　　　3 200
　　　贷：税金及附加　　　　　3 200
(20) 借：本年利润　　　　47 360
　　　贷：主营业务成本　　　　47 360

2. 编制科目汇总表如表 5 - 18 所示：

表 5 - 18　科目汇总表　　　　单位：元

会计科目	1—10 日		11—20 日		21—28 日		本月合计	
	借方	贷方	借方	贷方	借方	贷方	借方	贷方
库存现金					21 000	21 000	21 000	21 000
银行存款		40 000			40 000	28 000	40 000	68 000
应收账款					24 000		24 000	
原材料	80 000			35 000			80 000	35 000
库存商品					59 200	47 360	59 200	47 360
累计折旧						6 000		6 000
应付账款		40 000						40 000
应付职工薪酬					21 000	21 000	21 000	21 000
应交税费						3 200		3 200
生产成本			29 000		30 200	59 200	59 200	59 200
制造费用			1 000		6 200	7 200	7 200	7 200
本年利润					60 360	64 000	60 360	64 000
主营业务收入					64 000	64 000	64 000	64 000
主营业务成本					47 360	47 360	47 360	47 360
税金及附加					3 200	3 200	3 200	3 200
管理费用			5 000		3 800	8 800	8 800	8 800
销售费用					1 000	1 000	1 000	1 000
合　　计	80 000	80 000	35 000	35 000	381 320	381 320	496 320	496 320

3. 登记银行存款总分类账如图 5 - 2 所示：

借	银行存款		贷
期初余额	250 000		
科　　汇	40 000	科　　汇	68 000
本期发生额	40 000	本期发生额	68 000
期末余额	222 000		

图 5 - 2　银行存款 T 型账

习题十六

解题思路同习题十五,答案略。

习题十七

表 5-19 汇总收款凭证

借方账户: 银行存款　　　　　×年 6 月份　　　　　单位: 元

贷方账户	金额			
	1—10 日	11—20 日	21—30 日	合计
实收资本	50 000			50 000
短期借款	10 000			10 000
应收账款	500		3 000	3 500
合同负债		8 000		8 000
主营业务收入		5 000	3 000	8 000
应交税费		650	390	1 040
应收票据			9 400	9 400
其他应收款			500	500
合计	60 500	13 650	16 290	90 440

习题十八

表 5-20 汇总付款凭证

贷方账户: 银行存款　　　　　×年 6 月份　　　　　单位: 元

借方账户	金额			
	1—10 日	11—20 日	21—30 日	合计
应付账款	5 000		2 500	7 500
管理费用	1 000		1 200	2 200
库存现金	2 000			2 000
应交税费	500			500
销售费用		800		800
在途物资		4 000	3 000	7 000
固定资产			20 000	20 000
合计	8 500	4 800	26 700	40 000

习 题 十 九

解题思路同习题十八,答案略。

习 题 二 十

1. 编制会计分录如下：

(1) 借：管理费用　　2 000
　　贷：银行存款　　2 000

应编入银行存款汇总付款凭证。

(2) 借：管理费用　　600
　　贷：库存现金　　600

应编入库存现金汇总付款凭证。

(3) 借：库存现金　　80
　　贷：管理费用　　80

应编入库存现金汇总收款凭证。

(4) 借：管理费用　　1 000
　　贷：预付账款　　1 000

应编入贷方科目“预付账款”汇总转账凭证。

(5) 借：管理费用　　10 000
　　贷：银行存款　　10 000

应编入银行存款汇总付款凭证。

(6) 借：本年利润　　37 520
　　贷：管理费用　　37 520

应编入贷方科目“管理费用”汇总转账凭证。

2. 登记“管理费用”总账科目如图 5 - 3 所示：

管理费用

8 月 25 日余额	24 000		
根据银行存款汇总付款凭证	2 000	根据贷方科目“管理费用”汇总转账凭证	37 520
根据库存现金汇总付款凭证	600		
根据库存现金汇总收款凭证	80		
根据贷方科目“预付账款”汇总转账凭证	1 000		
根据银行存款汇总付款凭证	10 000		
本月合计	37 520	本月合计	37 520

图 5 - 3　管理费用 T 型账

第三部分 案　例

案 例 1

分析思路：原始凭证的审核是会计工作中最基本的一环，也是使会计信息具有可用性的根本前提。原始凭证的审核，主要是审核原始凭证所反映内容的合法性、合规性和合理性。这里的合法性是指原始凭证所反映的会计事项要符合法律要求，不得逾越国家法律；这里的合规性是指原始凭证所反映的会计事项在遵守国家法律的前提下要符合根据企业自身情况制定的企业规章制度；这里的合理性是指在合法的前提下，对特定环境下形成的会计事项在原始凭证审核时要根据事情的起因进行灵活但不拘泥常规的处理，既不可违法乱纪，又不可墨守成规。在原始凭证的审核中，尤应注意原始凭证所反映的会计事项在企业管理、企业发展趋势、计划执行情况等方面的经验和教训，以便总结经验、修正偏差，为相关方面提供有用的会计信息。

本案例中的借款单据存在的问题如下：

1. “叁仟元”三个字离“人民币(大写)”这几个字太远，容易被人改数字。
2. “叁仟元”后面没有写“整”字，容易使人在后面填写尾数。
3. 付款方式没有标明是库存现金。
4. 在借款单中没有财务部门负责人的签字(或盖章)，经修正后的借款单如表5-21所示：

表5-21 借 款 单 据

人民币(大写) 叁仟元整				¥3 000.00			
用　途	差旅费			财务部门		借款部门	
付款方式	库存现金	票据号码		负责人	谢　意	负责人	宇　峰
收款人	王晓梅	开户银行		审　核	李　三	借款人	王晓梅
		账　号		记　账	姜　宇	经办人	王晓梅

公出差旅费报销单中存在的问题有：

1. 伙食补贴按有关政策规定为每天8元，交通补助每天2元，王晓梅出差共计3天，应得伙食补贴24元，交通补助6元，而王晓梅实得住宿补贴240元，无故多出216元，实得交通费补助60元，无故多得54元。
2. 王晓梅仅出差3天，就花费长途电话费1 000元，出租车费500元，餐费488元，显然是不合理支出。虽均有相关的原始凭证作证，但不应予以报销。
3. 在已给予王晓梅伙食补贴和交通补贴的情况下，不应再报销出租车车费和餐费。

案 例 2

赵渡民的行为是不对的,2 000 元的原始凭证根本就是虚假的。另外的3 000 元票据,虽然票据本身是真的,但是上面的业务是虚构的,也是不可以作为报销凭证的。

第六章

财 产 清 查

第一部分 概 念 题

一、填空题

1. 会计要求利用货币进行监督,也要求进行(　　　　　　　　)监督。
2. 银行存款余额需要调节的原因主要有(　　　　　　　　)以及(　　　　　　　　)。
3. 财产清查按清查范围不同可分为(　　　　　　　　)和(　　　　　　　　)。
4. 财产物资的盘存制度有(　　　　　　　　)和(　　　　　　　　)。
5. 银行存款的清查是通过(　　　　　　　　)和(　　　　　　　　)核对来进行的。
6. 对银行存款进行清查时需要编制(　　　　　　　　)。
7. 库存现金的清查应采用(　　　　　　　　),而银行存款的清查应采用(

)的方法。

8. 库存现金盘点报告表是(　　　　　　　　)凭证,也是(　　　　　　　　)的根据。

9. 在永续盘存制下,账面期末余额=期初余额+(　　　　　　　　)-(　　　　　　　　)。

10. 在实地盘存制下,本期减少数=期初余额+(　　　　　　　　)-(　　　　　　　　)。

11. 在财产清查中发现的实物财产的盘亏盘盈,在批准前一律通过(　　　　　　　　)账户处理。

12. 财产清查既是(　　　　　　　　)的一种重要方法,也是(　　　　　　　　)的一项重要制度。

13. 应收而收不回的应收账款,经批准,应借记(　　　　　　　　)账户,贷记(　　　　　　　　)账户。

14. 对于企业与银行之间的未达账项,可编制(　　　　　　　　)来调整。

15. 出纳人员因调动工作办理移交时所进行的货币资金清查,从清查时间看属于(　　　　　　　　)。

16. 在清查方法中,(　　　　　　　　)适用于对那些大量成堆、难以逐一清查数量的财产物资的清查。

二、判断题

1. 所谓财产清查就是定期或不定期地盘点财产物资。　(　　)
2. 企业在清产核资时进行的财产物资的盘点和核对,一般属于全面清查。　(　　)
3. 采用永续盘存制的企业,对财产物资一般不需要进行实地盘点。　(　　)
4. 某企业仓库被盗,为查明损失,决定立即进行盘点,按照财产清查的范围,它应属于局部清查,按照清查的时间应属于不定期清查。　(　　)
5. 进行财产清查时,如发现账存数大于实存数,即为盘盈。　(　　)
6. 存货的盘亏、毁损和报废,在报批后均应记入“管理费用”科目。　(　　)
7. 对于坏账损失的转销,不需要通过“待处理财产损溢”账户进行核算。　(　　)
8. 造成账实不符的原因,是工作上的差错。　(　　)
9. 在永续盘存制下,财产清查的目的在于确定本期发出数。　(　　)
10. 全面清查是定期进行的,局部清查是不定期进行的。　(　　)
11. 不定期清查从其清查的对象和范围来看,只能是局部清查。　(　　)
12. 未达账项是由于企事业单位的财会人员不及时登账所造成的。　(　　)
13. 对于银行已经入账而企业尚未入账的未达账项,企业应先登记入账,以便使

银行存款日记账余额与银行对账单余额保持一致。 (　　)

14. 在实地盘存制下,存货损失隐蔽在存货中;而永续盘存制下,该损失则包含在销售成本中。 (　　)

15. 永续盘存制和实地盘存制都能核对账存数与实存数。 (　　)

16. 通过银行存款余额调节表调节后的余额是月末企业实际可动用的存款余额。 (　　)

17. 银行存款日记账的未达账项,在编制银行存款余额调节表进行调节之后,应立即填制记账凭证将未达账项登记入账。 (　　)

18. 为了明确经济责任,在盘点时,实物保管人员应该回避,不参加盘点,由盘点人员将盘点结果如实登记在盘存单上,通知保管人员。 (　　)

三、单项选择题

1. 固定资产盘亏应记入(　　　)账户。

A. 本年利润　　B. 营业外支出　　C. 销售收入　　D. 投资净收益

2. 在旧固定资产盘亏核算中,记入"营业外支出"科目的金额是固定资产的(　　)。

A. 原始价值　　B. 账面净值　　C. 重置价值　　D. 折旧价值

3. 实地盘存制应用于(　　)的清查。

A. 库存材料　　B. 鲜活商品　　C. 现金　　D. 固定资产

4. 按照清查的时间不同,财产清查可以分为(　　)。

A. 定期清查和不定期清查　　B. 全部清查和局部清查

C. 企业清查和上级清查　　D. 临时清查和集中清查

5. 在永续盘存制下,对存货进行清查的目的是(　　)。

A. 检查账证是否相符　　B. 检查账实是否相符

C. 检查账账是否相符　　D. 检查账表是否相符

6. 企业在年终决算前,一般来说要对(　　)。

A. 企业全部财产进行一次全面清查

B. 企业全部财产进行实地盘点

C. 企业全部财产进行技术推算盘点

D. 企业全部财产进行询证调查

7. 采用实地盘存制,如果期初库存商品少计 6 000 元,期末库存商品多计 5 000 元,则本期利润总额(　　)。

A. 多计 1 000 元　　B. 少计 1 000 元

C. 多计 11 000 元　　D. 少计 11 000 元

8. 永续盘存制是指(　　)。

A. 平时在账上既记增加又记减少
B. 平时在账上只记增加不记减少
C. 平时在账上只记减少不记增加
D. 平时在账上既不记增加也不记减少

9. 实地盘存制的优点是(　　)。
A. 能简化财产物资的明细核算　　B. 能检查账实不符的原因
C. 能反映账实是否相符　　D. 能正确计算产品成本

10. 各种应收账款清查的方法一般为(　　)。
A. 实地盘点法　　B. 核对账项法
C. 询证法　　D. 技术推算法

11. 在(　　)情况下需要进行全面清查。
A. 现金短少时　　B. 月终结账时
C. 年终结账前　　D. 材料被盗时

12. 对各项财产的增减变化,根据会计凭证连续记载并随时结出余额的制度是(　　)。
A. 实地盘存制　　B. 应收应付制
C. 永续盘存制　　D. 实收实付制

13. 清查中发现财产短缺的原因是由于工作中的收发差错,并且无法收回,则净短缺部分应计入(　　)。
A. 管理费用　　B. 其他应收款　　C. 营业外支出　　D. 生产成本

14. 清查中财产盘亏是由于自然灾害所造成的,并且财产没有投保,则亏损部分应计入(　　)。
A. 管理费用　　B. 其他应收款　　C. 营业外支出　　D. 生产成本

15. 清查中财产盘亏是由于保管人员失职所造成的,应计入(　　)。
A. 管理费用　　B. 其他应收款　　C. 营业外支出　　D. 生产成本

16. 对于银行已入账而企业尚未入账的未达账项,企业应当(　　)。
A. 在编制“银行存款余额调节表”的同时入账
B. 根据“银行对账单”记录的余额入账
C. 待有关结算凭证到达后入账
D. 根据对账单和调节表自制凭证入账

17. 产生未达账项的原因是(　　)。
A. 双方结账的时间不一致　　B. 双方对账的时间不一致
C. 双方记账时间不一致　　D. 双方记账金额不一致

18. 银行存款余额调节表是(　　)。
A. 查明银行和本单位未达账项情况的表格

B. 通知银行更正错误的依据

C. 调整银行存款账簿记录的原始凭证

D. 更正本单位银行存款日记账记录的依据

19. 月末企业银行存款的实有余额为(　　)。

A. 企业银行存款账面余额

B. 银行对账单所列余额

C. 企业银行存款账面额加上银行已收、企业未收的款项

D. 银行对账单余额加上企业已收、银行未收款项,减去企业已付、银行未付款项

20. 根据管理制度的规定或预先计划安排的时间对财产所进行的清查是(　　)。

A. 定期清查　　B. 不定期清查

C. 全面清查　　D. 局部清查

21. 单位主要负责人调离工作,需要进行一次(　　)。

A. 定期清查　　B. 全面清查

C. 局部清查　　D. 报表编制工作

22. 库存现金清查时,在盘点结束后,应根据盘点结果,编制(　　)。

A. 盘存单　　B. 实存账存对比表

C. 库存现金盘点报告表　　D. 对账单

23. 通过期末对库存实物实地盘存,据以倒挤出本期材料耗用数量和耗用成本的方法,称之为(　　)。

A. 永续盘存制　　B. 实地盘点

C. 现场清点　　D. 实地盘存制

24. 银行对账单余额往往与企业账上的存款余额不一致,这是因为(　　)。

A. 某些账项企业已入账而银行未入账

B. 某些账项银行已入账而企业未入账

C. AB 两种情形都有可能

D. AB 两种情形都不可能

25. 外单位委托本企业加工的贵重材料,其清查可采用(　　)。

A. 实物盘点法　　B. 与对方单位账目核对法

C. 技术推算法　　D. 查询核对法

26. 固定资产的清查一般采用(　　)。

A. 实物盘点法　　B. 与对方单位账目核对法

C. 技术推算法　　D. 查询核对法

27. 库存现金日记账的“日清月结”,属于(　　)。

A. 局部清查和定期清查　　B. 全面清查和不定期清查
C. 局部清查和不定期清查　　D. 全面清查和定期清查

28. 实存账存对比表是调整账面记录的(　　)。
A. 记账凭证　　B. 转账凭证
C. 原始凭证　　D. 累计凭证

29. “待处理财产损溢”账户期末未转销的贷方余额表示(　　)。
A. 转销已批准处理财产盘亏和毁损
B. 结转已批准处理的财产盘盈
C. 已处理的财产盘盈数
D. 尚待批准处理的财产盘盈数大于尚待批准处理的财产盘亏和毁损数的差额

30. 采用实地盘存制,平时账簿记录中不能反映(　　)。
A. 财产物资的购进业务　　B. 财产物资的减少数额
C. 财产物资的增加和减少数额　　D. 财产物资的盘盈数额

四、多项选择题

1. 财产清查的内容包括(　　　　)。
A. 实物清查　　B. 货币资金清查　　C. 债权清查
D. 债务清查　　E. 局部清查

2. 使企业银行存款日记账余额小于银行对账单余额的未达账项有(　　　　)。
A. 企业已收,银行未收款项　　B. 企业已付,银行未付款项
C. 银行已收,企业未收款项　　D. 银行已付,企业未付款项
E. 企业会计人员少记了一笔入账款项

3. 不定期清查主要是在(　　　　)情况下进行的。
A. 资产更换保管人　　B. 进行审计查账
C. 发生非常事故　　D. 进行临时性清产核资
E. 年末结账前

4. 在财产清查中,实地盘点方法适用于对(　　　　)的清查。
A. 固定资产　　B. 材料物资　　C. 库存现金
D. 银行存款　　E. 库存商品

5. 财产物资的盘存制度有(　　　　)。
A. 永续盘存制　　B. 实地盘存制　　C. 先进先出法
D. 个别计价法　　E. 加权平均法

6. 在清查财产中,可以采用查询核实方法进行清查的项目有(　　　　)。
A. 应收账款　　B. 应付账款　　C. 合同负债

D. 预付账款　　E. 其他应收款

7. 下列情况中需要进行全面清查的有(　　)。

A. 合资、联营时　　B. 主要负责人调离工作

C. 清产核资　　D. 年终结算前

E. 月终结账前

8. 财产清查,按清查的时间可分为(　　)。

A. 全面清查　　B. 局部清查　　C. 定期清查

D. 不定期清查　　E. 按年清查

9. 核对账目的方法适用于(　　)。

A. 固定资产的清查　　B. 库存现金的清查

C. 银行存款的清查　　D. 往来款项的清查

E. 银行借款的清查

10. 流动资产的盘亏和毁损,经批准后,所编的会计分录,涉及的账户有(　　)。

A. "管理费用"的借方　　B. "营业外支出"的借方

C. "待处理财产损溢"的贷方　　D. "其他应收款"的借方

E. "待处理财产损溢"的借方

11. 在财产清查结果的账务处理中,经批准计入"营业外支出"的盘亏损失有(　　)。

A. 固定资产盘亏净损失　　B. 自然灾害造成的流动资产损失

C. 坏账损失　　D. 责任事故造成的流动资产损失

E. 一般经营性损失

12. 财产清查的主要目的是解决(　　)。

A. 账实不符　　B. 账款不符　　C. 账账不符

D. 账证不符　　E. 账表不符

13. "待处理财产损溢"科目的贷方登记(　　)。

A. 发生的待处理财产盘盈数

B. 发生的待处理财产盘亏和毁损数

C. 坏账损失数

D. 转销已批准处理的财产盘亏和毁损数

E. 结转已批准处理的财产盘盈数

14. 进行财产清查的作用是(　　)。

A. 便于划分责任

B. 保证各项财产物资的安全完整

C. 提高会计资料的质量,保证其真实可靠

D. 有利于改善企业经营管理,挖掘财产物资潜力,加速资金周转

E. 有利于准确地编制收付款凭证

15. 财产物资盘亏的原因,可能是(　　　　)。

A. 收入时多计、重计　　　　B. 收入时少计、漏计

C. 发出时多计、重计　　　　D. 发出时少计、漏计

E. 自然损失

16. 局部清查,一般在(　　　　)情况下进行。

A. 对流动性较大的物资,要轮流盘点或重点抽查

B. 对各种贵重物资,每月都应清查盘点

C. 对于库存现金,每日终了时应由出纳员清点

D. 对于银行存款和银行借款,每月要同银行核对一次

E. 对债权、债务,每季至少要核对一至两次

第二部分 核　算　题

习　题　一

(一) 目的:练习两种盘存制度对存货收入、发出的记录和账面结存数的确定。

(二) 资料:某企业×年1月1日甲材料期初库存705千克,单价25元。本期发生下列材料的收发业务:

1. 3日,购入甲材料1 100千克,单价25元。

2. 5日,购入甲材料1 900千克,单价25元。

3. 6日,生产领用甲材料1 500千克,单价25元。

4. 8日,购入甲材料400千克,单价25元。

5. 10日,生产领用甲材料500千克,单价25元。

6. 18日,购进甲材料700千克,单价25元。

7. 22日,生产领用甲材料800千克,单价25元。

8. 30日,实地盘点甲材料库存1 995千克,单价25元。

(三) 要求:**1.** 在永续盘存制下,根据上述资料计算甲材料的本期发出数、期末结存数和确定期末账存实存差异数。

2. 在实地盘存制下,根据上述资料计算甲材料的本期发出数和账面结存数。

3. 根据计算结果,说明实地盘存制的缺陷。

习 题 二

（一）目的：练习永续盘存制和实地盘存制的区别。

（二）资料：某企业×年 8 月初库存 A 材料 1 500 千克，单价 12 元，8 月份 A 材料的收发业务如下：

1. 5 日，生产甲产品领用 A 材料 900 千克，单价 12 元。

2. 14 日，购入 A 材料 1 000 千克，单价 12 元，结转 A 材料的采购成本 12 000 元。

3. 23 日，生产甲产品领用 A 材料 500 千克，单价 12 元。

4. 30 日，实地盘点，确定 A 材料实际库存量为 1 060 千克。

（三）要求：**1.** 按照两种盘存制的要求，根据上述资料 1—3 笔业务分别编制会计分录。

2. 根据两种盘存制的要求，对该企业 8 月末 A 材料盘点结果作出必要的会计处理。

习 题 三

（一）目的：练习根据未达账项编制银行存款余额调节表。

（二）资料：假定×年 7 月 31 日华丰公司银行存款账面余额为52 373 元，银行给出对账单余额为 57 080 元。经过逐项核对，发现双方不符的原因如下：

1. 华丰公司收到蓝天公司货款 7 000 元的转账支票一张，委托银行办理托收，并根据银行送回的收款通知联入账，但银行因手续尚未办妥，还未入账。

2. 华丰公司 7 月 18 日向银行托收的兴业公司货款 8 800 元，银行已经收款入账，但华丰公司因未收到银行的收款通知而未入账。

3. 华丰公司 7 月 30 日开出♯50 的支票 580 元，并已入账，但持票人未到银行取款，银行未入账。

4. 银行从华丰公司存款中扣除结算的利息费用 3 000 元，但是华丰公司没有收到有关凭证而未入账。

5. 华丰公司本月支付水电费 1 258 元，误记为 1 285 元。

6. 银行将伟力公司存入的支票 5 300 元，误记入华丰公司账号。

（三）要求：根据以上未达账项，编制 7 月底的银行存款余额调节表。

习 题 四

（一）目的：练习根据银行对账单以及银行存款日记账寻找未达账项，并对未达账项进行调整。

（二）资料：A 公司×年 5 月最后 3 天银行存款日记账与银行对账单的记录如下：

1. A公司银行存款日记账的记录:

日期	摘　　要	金额(元)
5月29日	开出转账支票＃2416预付下半年度报刊订阅费	102
5月29日	收到委托银行代收B公司货款	10 000
5月30日	开出转账支票＃2417支付车间机器修理费	98
5月31日	存入因销售产品收到的转账支票一张	6 300
5月31日	开出转账支票＃2418支付钢材货款	1 400
	月末余额	84 700

2. 银行对账单的记录:

日期	摘　　要	金额(元)
5月29日	代收B公司货款	10 000
5月30日	代付电费	2 700
5月31日	代收C公司货款	3 500
5月31日	支付＃2416转账支票	120
5月31日	支付＃2417转账支票	89
	月末余额	80 591

3. 经核对查明,A公司账面记录有两笔错误:

(1) 5月29日,开出转账支票＃2416支付报刊订阅费确系120元,错记102元。

(2) 5月30日,开出转账支票＃2417支付车间机器修理费应为89元,错记为98元。

上述两笔错误均系记账凭证编制错误。

(三) 要求:根据上述资料,将银行存款日记账和银行对账单进行核对,确定未达账项,然后编制银行存款余额调节表。

习题五(作业题)

(一) 目的:同习题三。

(二) 资料:某公司×1年8月31日银行存款日记账余额是37 685元,银行送来的对账单余额为47 570元。经逐笔核对,发现两者有下列不符之处:

1. 8月27日,收到A公司一笔销货款32 000元,公司银行存款日记账上误记为23 000元。

2. 8月30日,本公司开出转账支票一张向方圆公司购买文具用品,价值1 045元,方圆公司尚未到银行办理转账手续。

3. 8月30日,本公司委托银行代收一笔货款7 800元,款项银行已收妥入账,公司尚未收到通知入账。

4. 8月30日,收到B公司交来的转账支票4 700元,本公司已送交银行办理,并已入账,但银行尚未入账。

5. 8 月 31 日，银行扣收手续费 12 元，公司尚未入账。
6. 8 月 31 日，银行代付公用事业费 3 456 元，公司尚未收到通知入账。
7. 8 月 31 日，本月银行存款利息 208 元，公司尚未收到通知入账。
（三）要求：根据上述资料，编制银行存款余额调节表。

习题六（作业题）

（一）目的：同习题四。
（二）资料：某企业×1 年 6 月“银行存款日记账”和“银行对账单”内容见表 6-1 和表 6-2：

表 6-1　银行存款日记账　　单位：元

×1 年		摘　要	结算凭证		收　入	支　出	余　额
月	日		种　类	号码			
6	1	承前页					19 600
	3	存入销货款	交收单	126	4 300		23 900
	7	提取现金	现支	317		8 946	14 954
	11	支付进料款	托收	732		5 600	9 354
	15	存入销货款	交款单	127	6 800		16 154
	18	支付运费	转支	613		350	15 804
	21	支付包装费	转支	614		875	14 929
	24	支付进料款	委托	481		6 380	8 549
	26	存入销货款	交款单	128	7 130		15 679
	29	乙公司归还欠款	进账单	513	1 650		17 329
	30	垫付运费	转支	615		866	16 463

表 6-2　银行对账单　　单位：元

×1 年		摘　要	结算凭证		收　入	支　出	余　额
月	日		种　类	号码			
6	1	承前页					19 600
	3	存入	交款单	126		4 300	23 900
	7	支出	现支	317	8 946		14 954
	14	支出	托收	732	5 600		9 354
	15	存入	交款单	127		6 800	16 154
	19	支出	转支	613	350		15 804
	22	支出	转支	614	875		14 929
	24	支出	委托	481	6 380		8 549
	26	存入	交款单	128		7 130	15 679
	30	存入	委托	478		10 600	26 279
	30	支出	利息凭证		1 600		24 679

(三) 要求：根据上述资料，将银行存款日记账和银行对账单进行核对，确定未达账项，然后编制银行存款余额调节表。

习 题 七

(一) 目的：练习原材料和固定资产清查的账务处理。

(二) 资料：某工业企业 12 月份进行财产清查后，实存账存对比表反映：

1. A 材料盘亏 350 千克，每千克 20 元，计价 7 000 元。经查，属于定额内损耗，报批审定核销，计入管理费用。

2. B 材料 200 千克因长期储存变质，降级使用。该材料甲级每千克 500 元，乙级每千克 350 元，由于材料变质共损失30 000 元。经查，系管库人员未贯彻材料"先进先出"的原则所致，决定罚库管员王顺达 6 000 元，其余核销(由营业外支出列支)。

3. C 材料盘盈 1 600 千克，每千克 10 元，计价 16 000 元。经查，系材料收发过程中计量误差所致，经批准冲减管理费用。

4. 发现账外小轿车一辆，估价 100 000 元，有五成新，经批准入账。公司所得税率为 25%，按净利润的 10%提取法定公积金。

5. 盘亏设备一台，账面原价 3 600 元，已提折旧 1 500 元经批准核销。

(三) 要求：根据上列各项资料编制财产清查后以及经批准处理的各项会计分录。

习 题 八

(一) 目的：练习财产清查结果的处理。

(二) 资料：某企业在×年 12 月的财产清查中，发现以下问题：

1. 盘亏设备一台，账面原值为 5 000 元，已提折旧 2 000 元。

2. 甲材料盘盈 400 元。

3. 乙材料盘亏 1 000 元。

4. 发现账外机床一台，重置价值 20 000 元，估计有五成新。公司所得税率为 25%，按净利润的 10%提取法定公积金。

5. 发现账外 A 产品 5 件，单位成本 100 元。

6. 外单位欠货款 2 500 元证明确定无法收回。

上述各项盘盈、盘亏及损失，经查属实，报请上级部门审核批准，作如下处理：

1. 盘亏设备属保管不善造成，责成过失人赔偿 3%，其余在营业外支出中列支。

2. 盘盈机床尚可使用，调整以前年度损益调整账户。

3. 盘盈甲材料和 A 产品均属收发计量错误所致。

4. 盘亏乙材料有 300 元属于定额内损耗，其余属自然灾害造成，应由保险公司赔偿 300 元。

5. 上述第 7 项可作为坏账列账。

（三）要求：据清查结果，作成审批前的会计分录；同时根据报请批准的结果，作成审批后的会计分录。

习题九（作业题）

（一）目的：同习题八。

（二）资料：某企业在×年 12 月的财产清查中，发现以下问题：

1. 短缺机器一台，原价 6 000 元，已提折旧 2 400 元。经批准，列为营业外支出。

2. 甲材料账面余额 300 千克，单价 20 元/千克，实地盘点数为 292 千克。乙材料账面余额 450 千克，单价 15 元/千克，实地盘点数为 460 千克。经查明，甲材料盘亏系材料收发过程中计量误差所致。

3. 库存现金短缺 55 元。经查明，此库存现金短缺系责任人员过失造成。

4. 盘盈机器一台，重置价值为 9 700 元，八成新，经批准调整以前年度损益。公司所得税率为 25%，按净利润的 10%提取法定公积金。

5. 应收某工厂货款 1 250 元，因该厂已撤销，确实无法收回，经批准列作管理费用。

（三）要求：根据以上情况编制会计分录。

第三部分 | 案　　例

案 例 1

新光公司存货采用实地盘存制，×2 年 3 月 10 日一场大火烧毁了该公司全部的存货。为了向保险公司索赔，须估计火灾烧毁存货的损失，这项工作由你来完成。经了解，公司最近一次实地盘点是在×1 年 12 月 31 日。去年的年度利润表部分数据如表 6－3 所示。

上述销售收入中不包括年底已赊销但客户尚未提货的商品一批，该批商品售价 12 000 元，在当年盘点时未被列作存货。另外，上述购货金额中包括当年 12 月份购入的供公司办公用的微型电脑一台，价值 15 300 元。这台电脑也未包括在×1 年 12 月 31 日的存货中。

表 6-3 新光公司利润表部分 单位：元

	×1 年度	
销售收入		533 000
减：销售成本：		
期初存货	115 000	
本期购货	382 000	
本期可供销售商品成本	497 000	
减：期末存货	122 000	375 000
销货毛利		158 000
减：营业费用		24 750
本期利润		133 250

公司×2 年 1 月 1 日至 3 月 10 日商品购销情况有关记录显示：购入商品价值 124 000 元，销售商品收入 197 000 元(其中包括去年赊销的 12 000 元)。

试根据你所了解到的结果，拟写一份请求保险公司赔偿的报告书，内容包括：索赔的金额及理由(提示：先计算×1 年度的毛利率，然后根据毛利率推算)。

案 例 2

某企业采购员李三出差回来报销差旅费。旅馆开出发票记录的单价为 100 元，人数 1 人，时间为 10 天，金额为 1 000 元。李三为了能够多报一些费用，将单价 100 元后加了个 0，变成 1 000 元/天，小写金额改成 10 000 元，将大写金额前加了一个“壹万”，报销后贪污金额为 9 000 元。

请问：**1.** 出纳员对此应承担什么责任?

2. 对采购员李三应如何进行处理?

3. 出纳员应如何审核这类虚假业务?

案 例 3

某企业对外报表上显示今年利润为 80 000 元，但是该企业的审计人员接到举报信，信中称：该企业可能今年实际上是亏损的，企业的经理人员为了表明其工作业绩而采用一定的会计手段做的假账，并且举报人员怀疑是企业的库存商品有问题。如果你是审计人员，根据举报人员的线索，如何快速查明事实?

案 例 4

审计人员在审查 A 企业的×1 年资产负债表中发现，有一笔待处理流动资产净损失 200 000 元，审查其明细账得知是部分库存材料盘亏，但是在审查会计凭证时却发现 A 企业 11 月 1 日13#凭证购买装饰材料时，编制如下的会计分录：

借：原材料　　　　　　　　　　　　　　　200 000
　应交税费——应交增值税　　　　　　　　26 000
　贷：银行存款　　　　　　　　　　　　　　　226 000

11 月 3 日 15#记账凭证后未附有原始凭证，但编制的会计分录是：

借：待处理财产损溢——待处理流动资产损溢　　280 000
　贷：原材料　　　　　　　　　　　　　　　　200 000
　　其他应付款　　　　　　　　　　　　　　　80 000

11 月 5 日编制的记账凭证是：

借：管理费用　　　　　　　　　　　　　　280 000
　贷：待处理财产损溢——待处理流动资产损溢　　280 000

上述会计分录的可疑之处在于，A 企业是何原因将 80 000 元的材料损失记入了“其他应付款”账户？审计人员对“其他应付款”的明细账进行了审查，发现有一笔应付给 B 装饰公司的装饰用工费值得怀疑。审计人员实地查看了 A 企业的会议室，从外观上看是最近装修的，但是从账簿、会计凭证中未发现有任何记录。于是，审计人员找到 B 装饰公司的经理询问此事。据 B 装饰公司的经理反映，他们为 A 企业装饰会议室不仅出了工，而且还购买了装饰材料。根据这些证据，你认为 A 企业有哪些违法行为？A 企业应如何真实地记录该项经济业务？

案 例 5

星海公司出纳员小王由于刚参加工作不久，对于货币资金业务管理和核算的相关规定不甚了解，所以出现一些不应有的错误，有两件事情让他印象深刻，至今记忆犹新。第一件事是在×2 年 6 月 8 日和 10 日两天的库存现金业务结束后例行的库存现金清查中，分别发现库存现金短缺 50 元和库存现金溢余 20 元的情况，对此他经过反复思考也弄不明白原因。为了保全自己的面子和息事宁人，同时又考虑到两次账实不符的金额又很小，他决定采取下列办法进行处理：库存现金短缺 50 元，自掏腰包补齐；库存现金溢余 20 元，暂时收起。第二件事是星海公司经常对其银行存款的实有额心中无数，甚至有时会影响到公司日常业务的结算，公司经理因此指派有关人员检查一下小王的工作，结果发现，他每次编制银行存款余额调节表时，只根据公司银行存款日记账的余额加或减对账单中企业的未入账款项来确定公司银行存款的实有数，而且每次做完此项工作以后，小王就立即将这些未入账的款项登记入账。

问题：**1.** 小王对上述两项业务的处理是否正确？为什么？

　　　2. 你能给出正确答案吗？

第六章答案

第一部分 概 念 题

一、填空题

1. 实物 **2.** 双方记账差错 未达账项 **3.** 全面清查 局部清查 **4.** 永续盘存制 实地盘存制 **5.** 企业银行存款日记账 银行对账单 **6.** 银行存款余额调节表 **7.** 实地盘点 对账 **8.** 原始 记账 **9.** 本期增加额 本期减少额 **10.** 本期增加数 期末实际结存数 **11.** 待处理财产损溢 **12.** 会计核算 财产物资管理 **13.** 资产减值损失(或坏账准备) 应收账款 **14.** 银行存款余额调节表 **15.** 不定期清查 **16.** 技术推算法

二、判断题

1. × **2.** √ **3.** × **4.** √ **5.** × **6.** × **7.** √ **8.** × **9.** × **10.** × **11.** × **12.** × **13.** × **14.** × **15.** × **16.** √ **17.** × **18.** ×

三、单项选择题

1. B **2.** B **3.** B **4.** A **5.** B **6.** A **7.** C **8.** A **9.** A **10.** C **11.** C **12.** C **13.** A **14.** C **15.** B **16.** C **17.** C **18.** A **19.** D **20.** A **21.** B **22.** C **23.** D **24.** C **25.** A **26.** A **27.** A **28.** C **29.** D **30.** B

四、多项选择题

1. ABCD **2.** BC **3.** ABCD **4.** ABCE **5.** AB **6.** ABCDE **7.** ABCD **8.** CD **9.** CDE **10.** ABCD **11.** AB **12.** AB **13.** AD **14.** BCD **15.** ADE **16.** ABCD

第二部分 核 算 题

习 题 一

1. 根据永续盘存制计算如下:

甲材料本期发出数=(1 500+500+800)×25=70 000 元

甲材料期末账面结存数=期初结存数+本期收入数-本期发出数

=705×25+(1 100+1 900+400

+700)×25-70 000

=50 125 元

甲材料期末账实差异数=实存数-账存数

=1 995×25-50 125=-250 元

故该企业甲材料盘亏 10 千克，单价 25 元，共计 250 元。

2. 根据实地盘存制计算如下：

甲材料期末账面结存数＝1 995×25＝49 875 元(以实存数作账存数)

甲材料本期发出数＝期初结存数＋本期收入数－期末结存数

＝705×25＋(1 100＋1 900＋400＋700)

×25－49 875

＝70 250 元

3. 实地盘存制的最大缺陷在于把一些非正常的减少数倒轧为本期发出数。如本题中，在永续盘存制下有 10 千克的盘亏数，但是在实地盘存制下，则把这 10 千克也认为是本期发出数(即本期领用数)，其实这 10 千克可能是失窃等原因造成的，也把它认为是正常的消耗，不利于对存货进行科学的管理。

习 题 二

1. 按照两种盘存制的要求，应编制的会计分录如表 6－4 所示：

表 6－4 按两种盘存制度编制的会计分录 单位：元

永续盘存制			实地盘存制
(1) 借：生产成本——甲产品	10 800		不作记录
贷：原材料——A 材料		10 800	
(2) 借：原材料——A 材料	12 000		同左
贷：在途物资——A 材料		12 000	
(3) 借：生产成本——甲产品	6 000		不作记录
贷：原材料——A 材料		6 000	

2. (1) 根据永续盘存制的要求：

A 材料期末账面结存数＝期初结存数＋本期收入数－本期发出数

＝1 500×12＋1 000×12

－(900＋500)×12

＝13 200 元

A 材料期末账实差异数＝实存数－账存数

＝1 060×12－13 200

＝－480 元

该企业 A 材料盘亏 40 千克，单价 12 元，共计 480 元，应编制如下会计分录：

借:待处理财产损溢 480
　　贷:原材料——A材料 480

(2) 根据实地盘存制的要求:

A材料本期发出数=期初结存数+本期收入数-期末结存数

=1 500×12+1 000×12-1 060×12

=17 280元

应编制如下会计分录:

借:生产成本——甲产品 17 280
　　贷:原材料——A材料 17 280

习 题 三

表6-5 7月银行存款余额调节表 单位:元

项目	金额	项目	金额
企业银行存款余额	52 373	银行对账单余额	57 080
加:企业未入账的兴业公司货款	8 800	加:银行未入账的蓝天公司货款	7 000
多记水电费	27	减:银行尚未兑现的#50支票	580
减:银行已付款的利息费用	3 000	银行误记	5 300
调节后余额	58 200	调节后余额	58 200

(注:也可以先调整错误,再编制余额调节表)

习 题 四

1. 首先调整企业银行存款日记账的错误:

调整前的余额	84 700
少记的报刊费	- 18
多记的修理费	+ 9
	84 691

2. 再根据对账单和银行存款日记账找出未达账项:

(1) 银行已付,企业未付2 700元;

(2) 银行已收,企业未收的销货款3 500元;

(3) 企业已付,银行未付的购买钢材款1 400元;

(4) 企业已收,银行未收的销货款6 300元。

3. 最后再编制银行存款余额调节表见表6-6:

表 6-6 银行存款余额调节表 单位：元

项　目	金 额	项　目	金 额
企业银行存款余额	84 691	银行对账单余额	80 591
加：企业未入账的销货款	3 500	加：银行未入账的销货款	6 300
减：企业未入账的电费	2 700	减：银行尚未兑现的#2418 支票	1 400
调节后余额	85 491	调节后余额	85 491

习 题 五

解题思路同习题三，答案略。

习 题 六

解题思路同习题四，答案略。

习 题 七

1. 清查后，报批处理前的分录：

(1) 借：待处理财产损溢 7 000
　　贷：原材料——A 材料 7 000

(2) 借：待处理财产损溢 30 000
　　贷：原材料——B 材料 30 000

(3) 借：原材料——C 材料 16 000
　　贷：待处理财产损溢 16 000

(4) 借：固定资产 50 000
　　贷：以前年度损益调整 50 000

(5) 借：待处理财产损溢 2 100
　　累计折旧 1 500
　　贷：固定资产 3 600

2. 审定核销后的分录：

(1) 借：管理费用 7 000
　　贷：待处理财产损溢 7 000

(2) 借：营业外支出 24 000
　　其他应收款 6 000
　　贷：待处理财产损溢 30 000

(3) 借: 待处理财产损溢		16 000	
	贷: 管理费用		16 000
(4) 借: 以前年度损益调整		12 500	
	贷: 应交税费——应交所得税		12 500
借: 以前年度损益调整		37 500	
	贷: 利润分配——未分配利润		33 750
	盈余公积		3 750
(5) 借: 营业外支出		2 100	
	贷: 待处理财产损溢		2 100

习 题 八

1. 审批前的会计分录:

(1) 借: 待处理财产损溢		3 000	
	累计折旧	2 000	
	贷: 固定资产		5 000
(2) 借: 原材料——甲材料		400	
	贷: 待处理财产损溢		400
(3) 借: 待处理财产损溢		1 000	
	贷: 原材料——乙材料		1 000
(4) 借: 固定资产		10 000	
	贷: 以前年度损益调整		10 000
(5) 借: 库存商品		500	
	贷: 待处理财产损溢		500

(6) 不必作账务处理

2. 审批后的账务处理:

(1) 借: 其他应收款		90	
	营业外支出	2 910	
	贷: 待处理财产损溢		3 000
(2) 借: 以前年度损益调整		2 500	
	贷: 应交税费——应交所得税		2 500
借: 以前年度损益调整		7 500	
	贷: 利润分配——未分配利润		6 750
	盈余公积金		750
(3) 借: 待处理财产损溢		900	
	贷: 管理费用		900

(4) 借：管理费用	300	
其他应收款	300	
营业外支出	400	
贷：待处理财产损溢		1 000
(5) 借：坏账准备	2 500	
贷：应收账款		2 500

习 题 九

解题思路同习题八,答案略。

第三部分　案　例

案 例 1

×1 年销货成本＝115 000＋382 000－15 300－122 000

＝359 700 元

×1 年毛利＝533 000＋12 000－359 700＝185 300 元

×1 年毛利率＝185 300/545 000＝0.34

×2 年 1 月 1 日至 3 月 10 日按毛利率不变估算,期间的销货毛利为:

(197 000－12 000)×0.34＝62 900 元

期间的销货成本＝197 000－12 000－62 900＝122 100 元

所以,×2 年 3 月 10 日的库存存货为:15 300＋122 000＋124 000－122 100＝139 200 元

所以,报告中应声明烧毁的存货成本为 139 200 元,并在报告中把上述计算过程列明。

案 例 2

1. 出纳员应负责追回损失的库存现金,若无法追回,出纳员应承担连带责任。

2. 对采购员应责其交回贪污的 9 000 元库存现金,并进行批评教育。

3. 出纳员看到单价如此高的票据,首先应引起警觉,应仔细检查原始凭证,检查发票有无部门领导的签字,发票金额的笔体是否一致等。发现有疑点时,应采用函证法调查住宿单价是否正确。

案 例 3

运用存货做假账,使企业“扭亏为盈”的常用方法有少计本年销货成本或者

是年底盘点时虚报盘盈库存商品等。所以,审计人员应从查找存货是否账实相符入手,可以进行突击盘点存货,检查存货是否账实相符,这样就可以很快查出假账的根源。

案 例 4

A企业为装饰豪华会议室,投资了28万元。为了不从账面上反映出这一铺张行为,便将购料费和用工费28万元通过资产盘亏处理掉。这样做的结果如下:

1. 抵扣了不应抵扣的增值税,偷漏了26 000元的增值税。

2. 虚增了当期费用,虚减了当期利润,少交了所得税。

正确的做法应该是:

当购进了装饰材料时:

借:工程物资　　232 000

　　贷:银行存款　　232 000

当领用工程物资并发生用工费时:

借:在建工程　　312 000

　　贷:工程物资　　232 000

　　　　其他应付款　　80 000

案 例 5

星海公司出纳员小王对其在×2年6月8日和10日两天的库存现金清查结果的处理方法都是错误的。他的处理方法的直接后果可能会掩盖公司在库存现金管理与核算中存在的诸多问题,有时可能会是重大的经济问题。因此,凡是出现账实不符的情况时,必须按照有关的会计规定进行处理。按照规定,现金清查中发现短缺的现金,应按短缺的金额,借记“其他应收款——库存现金短款”科目,贷记“库存现金”科目;在库存现金清查中发现溢余的库存现金,应按溢余的金额,借记“库存现金”科目,贷记“其他应付款——库存现金长款”科目,待查明原因后再进行处理。

银行存款实有数与企业银行存款日记账余额或银行对账单余额并不总是一致,原因一般有两个方面:第一,存在未达账项;第二,企业或银行双方可能存在记账错误。小王在确定企业银行存款实有数时,只考虑了第一个方面的因素,而忽略了第二个方面的因素。如果企业或银行没有记账错误的话,小王的方法可能会确定出银行存款的实有数,但如果未达账项确定不全面或错误的话,也不会确定出银行存款实有数。银行存款实有数的确定方法一般有三种:第一种方法是根据错记金额和未达账项同时将银行存款日记账余额和对账单余额调整到银行存款实有数;第二种方法是根据错记金额和未达账项,以银行存款日记账余额为准,将对账单余额调整到银行存款日记账余额;第三种方法是根据错记金额和未达账项,以对账单余额为准,将银行存款日记账余额调整到对账单余额。另外,小王以对账单为依据将企业未入账的未达账项记入账内也是错误的。这是因为银行的对账单并不能作为记账的原始凭证,企业收款或付款必须取得收款或付款的原始凭证才能记账。这是记账的基本要求。

第七章 财务会计报告

第一部分 概　念　题

一、填空题

1. 资产负债表是根据有关账户的(　　　　　　)填制的,所以属于(　　　　　　)。
2. 损益表是根据有关账户的(　　　　　　)填制的,所以称为(　　　　　　)。
3. 资产负债表中各资产项目的排列是按照资产的(　　　　　　)为序的。
4. 资产负债表中各负债项目的排列是按照负债的(　　　　　　)为序的。
5. 资产负债表中各所有者权益项目的排列是按照所有者权益的(　　　　　　)为序的。

6. 损益表是反映企业在(　　　　　　)利润(或亏损)实现情况的会计报表,而资产负债表则是反映企业在(　　　　　　)全部资产、负债和所有者权益情况的报表。
7. 损益表的格式有(　　　　　　)和(　　　　　　)。
8. 资产负债表的格式有(　　　　　　)和(　　　　　　)。
9. 会计报表按其报送的对象不同,分为(　　　　　　)和(　　　　　　)两类。
10. 资产负债表的理论公式是(　　　　　　)。
11. 资产负债表中"应收账款"项目,应根据(　　　　　　)和(　　　　　　)两个总账科目所属各明细科目的期末(　　　　　　)合计数填列。
12. 损益表的理论公式是(　　　　　　)。
13. 损益表中的各个项目应根据收入类和费用类各个总分类账户的(　　　　　　)和(　　　　　　)分析填列。
14. 现金流量表是在(　　　　　　)和(　　　　　　)已经反映企业财务状况和经营成果信息的基础上进一步提供现金流量的信息。
15. 企业的现金流量是指某一时期内(　　　　　　)的数量。
16. 企业的现金流量可以分为(　　　　　　)、(　　　　　　)和(　　　　　　)。
17. 根据《企业会计制度》的规定,年报应于年度终了(　　　　　　)个月内报出。
18. 所有者权益变动表是指反映构成(　　　　　　)各组成部分(　　　　　　)情况的报表。

二、判断题

1. 资产负债表是反映企业一定时期全部资产、负债和所有者权益情况的会计报表。(　　)
2. 损益表主要是反映从某一指定日期起至另一指定日期止企业利润的实现情况的会计报表。(　　)
3. 现金流量表中的投资活动不仅包括企业对外投资活动,而且还包括企业购建和处置固定资产等长期资产的活动。(　　)
4. 企业往往通过编制与提供现金流量表来弥补权责发生制的不足。(　　)
5. 资产负债表是一种静态报表,应根据有关账户的期末余额直接填列。(　　)
6. 汇总会计报表和合并会计报表都是将所属独立核算企业的会计报表汇总、综合编制而成的,所以两者编制的结果是相同的。(　　)

7. 资产负债表中“存货”项目应根据“库存商品”账户期末余额填列。 ( )
8. 在期末的资产负债表上,“预付账款”账户的期末借方余额应在流动资产部分单列一项。 ( )
9. 资产负债表中“货币资金”项目应根据银行存款日记账期末余额填列。 ( )
10. 损益表中计算出来的应缴所得税后的利润,即每股收益。 ( )
11. 对外会计报表是向外部有关方面提供的会计报表。因此,企业管理人员一般不利用它为内部管理服务。 ( )
12. 反映企业现金变动情况和反映企业一定时期的财务成果情况的两种会计报表,都属于对外会计报表。 ( )
13. 资产负债表是根据权责发生制基础编制的反映企业财务状况的会计报表。 ( )
14. 某企业2007年3月31日结账后的“固定资产”科目余额为1 000万元,“累计折旧”科目余额为160万元,“固定资产减值准备”科目余额为120万元。该企业2007年3月31日资产负债表中的“固定资产”项目金额为1 000万元。 ( )
15. 利润表是在会计期间终了编制的从静态上反映一定日期财务成果的会计报表。 ( )
16. 会计报表附注是企业会计报告的有机组成部分。 ( )
17. “收入－费用＝利润”这个会计等式是编制利润表的基础。 ( )
18. 在填制资产负债表各项目的“年初数”时,如果发生本年该表中规定的项目名称和内容与上年不一致情况,应将上年末有关项目的名称和数额按照本年的规定进行调整。 ( )
19. 企业年度利润表中“利润总额”项目的金额,应等于当年年末比年初净资产的增加额,如系亏损总额则应等于当年年末比年初净资产的减少额。 ( )
20. 编制会计报表的主要目的就是为会计报表使用者作出决策提供信息。 ( )
21. “长期借款”项目,根据“长期借款”总账科目余额填列。 ( )
22. 资产负债表中的“长期待摊费用”项目应根据“长期待摊费用”科目余额直接填列。 ( )
23. 如果固定资产清理科目出现借方余额,应在资产负债表“固定资产清理”项目中以负数填列。 ( )
24. 现金流量表中的“现金”即为货币资金。 ( )
25. 财务报表附注涉及的内容包括融资租入固定资产原价和经营租入固定资产原价。 ( )

26. 所有者权益变动表的"本年金额"栏内各数字一般应根据"实收资本"、"资本公积"等账户的期末余额分析填列。 ( )

三、单项选择题

1. 会计报表编制的根据是( )。
   A. 原始凭证　B. 记账凭证　C. 科目汇总表　D. 账簿记录
2. 编制资产负债表的理论依据是( )。
   A. 复式记账法的记账规则　B. 复式记账法的试算平衡公式
   C. 会计等式　D. 总账、明细账的平行登记
3. 在编制资产负债表时，下列( )项目是根据总账账户期末余额直接填列的。
   A. 存货　B. 实收资本　C. 固定资产　D. 应收账款
4. 目前我国损益表的格式一般为( )。
   A. 单步式　B. 多步式　C. 报告式　D. 余额式
5. 资产负债表中资产项目的排列次序是( )。
   A. 金额的大小　B. 重要性的大小
   C. 损耗程度的大小　D. 流动性的大小
6. 不能通过资产负债表了解的会计信息是( )。
   A. 企业的偿债能力
   B. 企业资金的来源渠道和构成
   C. 企业所掌握的经济资源及其分布情况
   D. 企业在一定时期内现金的流入和流出的信息及其现金增减变动的原因
7. 下列会计报表中属于静态报表的是( )。
   A. 资产负债表　B. 现金流量表
   C. 损益表　D. 所有者权益变动表
8. 现在我国资产负债表的格式一般为( )。
   A. 账户式　B. 报告式　C. 财务状况式　D. 多步式
9. 会计报表按其所反映的经济内容不同，可分为( )。
   A. 对内报表和对外报表　B. 个别报表和合并报表
   C. 财务报表和费用、成本报表　D. 单位报表和汇总报表
10. 在下列会计报表中，大部分项目根据总分类账户期末余额直接填列的是( )。
    A. 损益表　B. 资产负债表
    C. 所有者权益变动表　D. 现金流量表
11. 资产负债表中应根据有关账户的差额填列的项目是( )。

A. 货币资金　B. 实收资本　C. 在建工程　D. 短期借款

12. 资产负债表中应根据有关账户的合并数填列的项目是(　　)。

A. 货币资金　B. 资本公积　C. 固定资产　D. 长期借款

13. 将投资企业与被投资企业的经营成果和财务状况作为一个整体来反映的会计报表是(　　)。

A. 汇总会计报表　B. 定期会计报表

C. 个别会计报表　D. 合并会计报表

14. 资产负债表表头的编报日期应填列(　　)。

A. 一定期间,如×年1月1日至1月15日

B. 一个会计期间,如×年1月份

C. 任何一个时点,如×年1月15日

D. 某一个会计期间的期末,如×年1月31日

15. 资产负债表内各项目的填列依据是(　　)。

A. 总账各账户期末余额

B. 总账各账户的本期发生额

C. 总账各账户期末余额和有关明细账期末余额

D. 总账各账户本期发生额和明细账本期发生额

16. 下列属于"投资活动现金流量"的是(　　)。

A. 取得短期借款3 000元存入银行

B. 向股东分配现金股利2 000元

C. 销售商品10 000元,款项存入银行

D. 用存款购买机器一台5 000元

17. 某企业年末"应收账款"总账的借方余额为600万元,其中,"应收账款"明细账户的借方余额为800万元,贷方余额为200万元,年末计提坏账准备后的"坏账准备"科目的贷方余额为40万元。假定不考虑其他应收款项计提坏账准备因素,该企业年末资产负债表中"应收账款"项目的金额为(　　)万元。

A. 560　B. 600　C. 760　D. 800

18. 资产负债表中应付账款项目,应根据(　　)填列。

A. "应付账款"总账账户的期末余额

B. "应付账款"总账账户所属的明细账户的期末余额

C. "应付账款"和"预付账款"总账科目所属各明细科目的期末贷方余额的合计数

D. "预付账款"和"应付账款"总账科目所属各明细科目的期末借方余额的合计数

19. 某企业期末“工程物资”科目的余额为 90 万元，“发出商品”科目的余额为 70 万元，“库存商品”科目的余额为 150 万元，“原材料”科目的余额为 110 万元，“材料成本差异”科目的贷方余额为 15 万元。假定不考虑其他因素，该企业资产负债表中“存货”项目的金额为(　　)万元。

A. 315　　B. 330　　C. 420　　D. 405

20. 某企业某年末固定资产账户余额为 1 200 万元，累计折旧账户余额为 150 万元，固定资产减值准备账户余额为 50 万元，在建工程账户余额为 80 万元。该企业该年末资产负债表中固定资产项目的金额为(　　)万元。

A. 1 000　　B. 1 050　　C. 1 100　　D. 2 000

21. 在下列各项税金中，不计入利润表中的“税金及附加”项目反映的是(　　)。

A. 车船使用税　　B. 增值税　　C. 印花税　　D. 房产税

22. 某企业 2016 年 2 月主营业务收入为 100 万元，主营业务成本为 83 万元，其他业务收入 20 万元，其他业务成本 17 万元，管理费用为 5 万元，资产减值损失为 2 万元，投资收益为 10 万元。假定不考虑其他因素，该企业当月的营业利润为(　　)万元。

A. 13　　B. 20　　C. 18　　D. 23

23. 资产负债表和利润表同属于(　　)。

A. 财务状况报表　　B. 财务成果报表

C. 成本费用报表　　D. 对外报表

24. 资产负债表的所有者权益项目中，不包括(　　)。

A. 实收资本　　B. 长期待摊费用

C. 盈余公积　　D. 未分配利润

四、多项选择题

1. 常见的对外财务报表主要有(　　　)。

A. 资产负债表　　B. 损益表

C. 所有者权益变动表　　D. 现金流量表

E. 成本计算表

2. 现金流量表中的现金等价物应同时具备下列条件(　　　)。

A. 期限短　　B. 易于转变为现金

C. 价值变动风险小　　D. 流动性强

E. 金额较小

3. 下列项目中，属于经营活动产生的现金流量的是(　　　)。

A. 支付所得税款　　B. 支付管理人员工资

C. 支付借款利息　　D. 购买固定资产

E. 销售产品收到货款

4. 在编制资产负债表时需要根据若干明细账户的期末余额计算填列的项目有(　　)。

A. 存货　B. 应收账款　C. 预付款项
D. 应付账款　E. 交易性金融资产

5. 下列各项目中,属于资产负债表中的流动资产项目的有(　　)。

A. 货币资金　B. 预付款项　C. 应收账款
D. 工程物资　E. 预收款项

6. 会计报表的使用者有(　　)。

A. 投资者　B. 债权人
C. 企业内部管理人员　D. 潜在的投资者
E. 国家经济管理机关

7. 下列各资产负债表项目中可以根据若干总分类账户期末余额计算填列的有(　　)。

A. 应付票据　B. 存货　C. 应收账款
D. 未分配利润　E. 实收资本

8. 编制资产负债表时,需根据有关资产科目与其备抵科目抵消后的净额填列的项目有(　　)。

A. 无形资产　B. 长期借款
C. 应收账款　D. 长期股权投资
E. 固定资产

9. 企业对外报送的财务会计报告应包括(　　)。

A. 会计报表　B. 会计报表附注
C. 财务情况说明书　D. 财务分析报告
E. 财务指标分析报告

10. 能计入利润表中“营业利润”的项目有(　　)。

A. 主营业务收入　B. 管理费用
C. 投资收益　D. 所得税费用
E. 其他业务收入

11. 按编报时间分,会计报表有(　　)。

A. 年报　B. 半年报　C. 月报
D. 季报　E. 半月报

12. 会计报表附注的主要内容有(　　)。

A. 重要会计政策和会计估计的说明
B. 或有和承诺事项的说明

C. 财务报表的编制基础
D. 非经营性项目的说明
E. 遵循企业会计准则的声明

13. 利用资产负债表的资料,可以了解(　　　)。
A. 企业资产数额和分布情况
B. 债权人和所有者的权益情况
C. 企业财务实力、短期偿债能力和支付能力的情况
D. 主营业务收支情况
E. 企业利润形成和分配情况

14. 下列项目中,属于不影响企业现金(广义)余额的有(　　　)。
A. 现金存入银行　　B. 赊购商品
C. 应收账款收回　　D. 发行股票换得固定资产
E. 出售长期投资收到款项

15. 填列资产负债表期末数,可以分别采用的具体方法是(　　　)。
A. 根据总账科目的期末余额直接填列
B. 根据有关的总账科目的期末余额计算分析填列
C. 根据有关的明细科目的期末余额计算分析填列
D. 根据总账科目或明细科目的本期发生额直接填列
E. 根据总账科目或明细科目的本期发生额计算填列

16. 在编制资产负债表时,下列项目需要根据若干明细账户的期末余额计算填列的有(　　　)。
A. 库存商品　　B. 累计折旧　　C. 预收款项
D. 预付款项　　E. 应付股利

17. 资产负债表中的存货项目,应根据以下(　　　)账户的余额分析填列。
A. 工程物资　　B. 在途物资
C. 原材料　　D. 材料成本差异
E. 生产成本

18. 按照会计报表所反映的经济内容不同,可将会计报表分为(　　　)。
A. 反映财务状况的报表　　B. 反映经营成果的报表
C. 个别会计报表　　D. 合并会计报表
E. 反映费用成本的报表

19. 资产负债表的编制,主要是根据(　　　)填列的。
A. 资产类账户的余额
B. 资产类账户的发生额
C. 负债和所有者权益类账户的余额

D. 负债和所有者权益类账户的发生额

E. 费用成本类和收入成果类账户的余额

20. 下列各项,属于现金流量表中现金及现金等价物的有(　　　　)。

A. 库存现金

B. 其他货币资金

C. 3个月内到期的可交易债券投资

D. 随时用于支付的银行存款

E. 应收账款

21. 下列各项现金流出,属于企业现金流量表中筹资活动产生的现金流量的有(　　　　)。

A. 偿还应付账款

B. 偿还短期借款

C. 发放现金股利

D. 支付借款利息

E. 偿还应付票据

第二部分 核　算　题

习　题　一

(一) 目的:练习在企业不设置"预收款项"和"预付账款"科目情况下,资产负债表的"应收账款"、"预收款项"和"应付账款"、"预付款项"等项目的填列。

(二) 资料:某企业不设置"预收账款"和"预付账款"总账科目;坏账损失直接计入管理费用,未设置"坏账准备"科目。该企业12月末,有关科目的余额如下:

1. "应收账款"总账科目的借方余额为12 852元,明细科目余额如下:

(1) 甲商店借方余额:6 152元;

(2) 乙工厂借方余额:12 431元;

(3) 丙公司贷方余额:5 731元。

2. "应付账款"总账科目的贷方余额为19 557元,明细科目余额如下:

(1) 丁商场贷方余额:19 754元;

(2) 戊商店贷方余额:4 165元;

(3) 己工厂贷方余额:3 042元;

(4) 庚工厂借方余额:2 193元;

(5) 辛工厂借方余额:5 211元。

(三) 要求：计算填列资产负债表 12 月末“应收账款”、“预收款项”、“应付账款”、“预付款项”项目的金额。

习 题 二

(一) 目的：练习资产负债表“货币资金”、“存货”、“长期借款”和“未分配利润”四个项目的填制。

(二) 资料：某企业 3 月末有关总账科目余额如下：

1. “库存现金”科目借方余额 1 371.82 元；
2. “银行存款”科目借方余额 95 641.27 元；
3. “原材料”科目借方余额 24 554 元；
4. “生产成本”科目借方余额 1 703 元；
5. “库存商品”科目借方余额 9 126 元；
6. “长期借款”科目贷方余额 239 000 元，其中，将在 1 年内到期的为 51 000 元；
7. “本年利润”科目贷方余额 21 137 元；
8. “利润分配”科目借方余额 5 064 元。

(三) 要求：1. 计算填列资产负债表中“货币资金”、“存货”、“长期借款”和“未分配利润”四个项目的金额。

2. 标明上列四个项目在资产负债表中是属于资产类、负债类还是所有者权益类。

习 题 三

(一) 目的：综合练习资产负债表中部分项目的填列。

(二) 资料：

1. 某厂某年 3 月份若干总分类账户的期末余额如表 7 - 1 所示：

表 7 - 1 某厂某年 3 月份总分类账户余额表 单位：元

账户名称	借方余额	账户名称	贷方余额
库存现金	600	累计折旧	150 000
银行存款	200 000	应付账款	2 500
应收账款	1 000	预收账款	3 000
原材料	23 000	应交税费	8 000
在途物资	3 000	应付股利	5 000
预付账款	4 000	固定资产减值准备	132 000
库存商品	41 000	无形资产减值准备	23 000
生产成本	13 000	累计摊销	8 000
固定资产	980 000	实收资本	3 008 000
无形资产	300 000		
应付职工薪酬	15 000		

2. 该厂 3 月份若干明细分类账户的期末余额如下：

应收账款——A 厂借方余额 4 500 元
——B 厂贷方余额 1 500 元
——C 厂贷方余额 2 000 元
应付账款——D 厂贷方余额 5 000 元
——E 厂借方余额 2 500 元
预收账款——F 厂借方余额 2 000 元
——G 厂贷方余额 5 000 元
预付账款——H 厂借方余额 5 000 元
——I 厂贷方余额 1 000 元

(三) 要求：根据上述资料填写该月份资产负债表的如下项目：

表 7-2　某厂某年 3 月份资产负债表

项目名称	金额	项目名称	金额
货币资金		应付账款	
应收账款		预收款项	
存货		应付职工薪酬	
预付款项		应交税费	
固定资产		应付股利	
无形资产		实收资本	

习题四(作业题)

(一) 目的：同习题三。

(二) 资料：

某企业某年 6 月末有关账户的余额如表 7-3 所示：

表 7-3　某企业某年 6 月末有关账户余额表　　单位：元

账户名称	余额(借方)	账户名称	余额(贷方)
库存现金	1 200	短期借款	30 000
银行存款	20 470	应付账款	53 000
应收账款	43 500	应付股利	18 000
原材料	67 000	应付职工薪酬	3 700
库存商品	75 000	长期借款	185 000
周转材料	6 400	实收资本	333 970
固定资产	560 000	本年利润	66 000

续 表

账户名称	余额(借方)	账户名称	余额(贷方)
无形资产	56 000	固定资产减值准备	15 000
应交税费	26 000	累计摊销	12 000
利润分配	45 000	坏账准备	3 900
生产成本	9 000	累计折旧	140 000

其中,长期借款中有一笔 15 000 元的借款将于 1 年内到期。

(三) 要求: 试根据上述各账户余额资料,填列该企业 6 月份的资产负债表下列项目的金额。

货币资金= 存货=

应收账款= 固定资产=

无形资产= 应付账款=

应交税费= 应付职工薪酬=

短期借款= 一年内到期的流动负债=

应付股利= 未分配利润=

长期借款= 实收资本=

习 题 五

(一) 目的: 练习资产负债表的编制。

(二) 资料: (1) 某企业某年 12 月末各账户余额如表 7-4 所示:

表 7-4 某企业某年 12 月末账户余额表 单位: 万元

账户名称	借方余额	贷方余额
库存现金	10	
银行存款	57	
应收票据	60	
应收账款	80	
预付账款		30
坏账准备——应收账款		5
原材料	50	
在途物资	30	
发出商品	90	
材料成本差异		55
库存商品	94	
交易性金融资产	2	

续 表

账户名称	借方余额	贷方余额
生产成本	6	
固定资产	800	
累计折旧		250
在建工程	45	
无形资产	180	
固定资产减值准备		50
在建工程减值准备		5
累计摊销		30
短期借款		10
应付账款		70
预收账款		10
应付职工薪酬	4	
应交税费		13
长期借款		80
实收资本		500
盈余公积		200
本年利润		350
利润分配	150	

(2) 有关明细科目余额如下：

应收账款明细账如下：

——A公司 借方余额 110

——B公司 贷方余额 30

预付账款明细账如下：

——C公司 借方余额 30

——D公司 贷方余额 60

应付账款明细账如下：

——E公司 贷方余额 110

——F公司 借方余额 40

预收账款明细账如下：

——G公司 贷方余额 55

——H公司 借方余额 45

长期借款明细账中有一笔金额为30万元的借款将于1年之内到期。

(三) 要求：根据上述资料编制该企业该年12月31日的资产负债表(表中年初数省略)。

习题六(作业题)

(一) 目的：同习题五。

(二) 资料：某企业某年 3 月 31 日有关总账账户余额如表 7-5 所示：

表 7-5 某企业某年 3 月底总账账户余额表 单位：元

账户名称	借方余额	贷方余额
库存现金	300	
银行存款	23 000	
应收账款	17 000	
在途物资	14 000	
原材料	51 000	
生产成本	20 000	
交易性金融资产	5 000	
固定资产	200 000	
短期借款		40 000
应付账款		18 000
预收账款		10 000
应付职工薪酬		5 400
应交税费		7 000
应付股利		2 000
实收资本		100 000
盈余公积		85 840
利润分配		
本年利润	10 000	12 000
坏账准备		60
累计折旧		60 000

其中应收账款、应付账款和预收账款的明细分类账余额如下：

应收账款——A 公司	借方余额	18 000 元
应收账款——B 公司	贷方余额	1 000 元
应付账款——C 公司	贷方余额	20 000 元
应付账款——D 公司	借方余额	2 000 元
预收账款——E 公司	借方余额	2 000 元
预收账款——F 公司	贷方余额	12 000 元

(三) 要求：根据上述资料编制该企业该年 3 月 31 日的资产负债表(表中年初数省略)。

习 题 七

(一) 目的：练习根据损益类账户的本期发生额编制损益表。

(二) 资料：某企业某年 10 月份有关损益类账户的发生额如表 7-6 所示：

表 7-6 某企业某年 10 月份损益类账户发生额表 单位: 元

账户名称	借方发生额	贷方发生额
主营业务收入		90 000
主营业务成本	50 000	
销售费用	2 000	
税金及附加	4 500	
其他业务收入		4 000
其他业务成本	2 000	
投资收益		1 500
管理费用	8 500	
财务费用	2 000	
资产减值损失	1 000	
公允价值变动损益		2 000
营业外收入		3 500
营业外支出	1 800	

(三) 要求: 根据上述资料编制该企业该年 10 月份的损益表(所得税税率为 25%)。

习 题 八

(一) 目的: 根据发生的经济业务编制损益表。

(二) 资料: 某企业某月发生如下经济业务:

1. 销售甲产品 1 000 件,每件售价 80 元,增值税税率 13%,款已通过银行收讫。

2. 销售乙产品 900 件,每件售价 50 元,增值税销项税额 5 850 元,货款税款尚未收到。

3. 以银行存款支付本月销售甲、乙产品的销售费用 1 480 元。

4. 按规定计算应缴纳城市维护建设税 5 650 元。

5. 结转已销产品的生产成本。其中甲产品生产成本 65 400 元,乙产品生产成本 36 000 元。

6. 小王外出归来报销差旅费 700 元(原预支 800 元),余额交回现金。(差旅费计入管理费用)

7. 企业收到销售乙产品的货款和税款,存入银行。

8. 以现金 800 元支付厂部办公费。

9. 6 月末,根据上述有关经济业务,结转本期主营业务收入。

10. 6 月末,交易性金融资产公允价值上升 2 000 元。

11. 6 月末,计提存货跌价准备 3 000 元。

12. 6 月末,根据上述有关经济业务,结转本月损益类账户。

13. 根据本期实现的利润总额,按 25%税率计算并结转应缴纳的所得税。

(三) 要求: **1.** 根据上列经济业务编制会计分录(凡能确定二级或明细账户名称

的，应同时列明)。

2. 根据上述有关业务内容，编制损益表。

第三部分 案 例

审计人员在查阅某企业的×1年11月份的会计报表时，发现利润表中“营业收入”项目较以前月份的发生额有较大的增加，资产负债表中的“应收账款”项目本期与前几期比较也发生了较大的变动。于是，审计人员查阅该企业的账簿，发现“应收账款”总账与明细账金额之和不相等，对总账所记载的一些“应收账款”数额，明细账中并未作登记。审计人员根据账簿记录调阅有关记账凭证，发现三张记账凭证后未附有原始凭证。其中：

11月12日8号凭证编制的会计分录是：

借：应收账款 565 000
　　贷：主营业务收入 500 000
　　　　应交税费——应交增值税(销项税) 65 000

11月17日16号凭证编制的会计分录是：

借：应收账款 113 000
　　贷：主营业务收入 100 000
　　　　应交税费——应交增值税(销项税) 13 000

11月23日21号凭证编制的会计分录是：

借：应收账款 78 000
　　贷：应交税费——应交增值税(销项税) 78 000

经审查，该企业在上述11月份的三张会计凭证中虚列当期收入60万元，三笔业务在“库存商品”明细账和“主营业务收入”明细账中均未作登记，准备于下年年初作销货退回处理。

案例要求：**1.** 该企业此举的目的是什么？说出你认为的企业所为的几种可能性。

2. 上述问题在年终结账前发现，该企业应如何调账？

第七章答案

第一部分 概 念 题

一、填空题

1. 期末余额 静态报表 **2.** 本期发生额 动态报表 **3.** 流动性 **4.** 需要偿

还的时间先后顺序(或流动性) **5.** 永久性 **6.** 一定期间 某一特定时点(或某一特定日期) **7.** 单步式 多步式 **8.** 报告式 账户式 **9.** 对内报表 对外报表 **10.** 资产=负债+所有者权益 **11.** 应收账款 预收账款 借方余额 **12.** 利润=收入一费用 **13.** 本期发生额 累计发生额 **14.** 资产负债表 损益表 **15.** 企业现金流入和流出 **16.** 经营活动产生的现金流量 投资活动产生的现金流量 筹资活动产生的现金流量 **17.** 4 **18.** 所有者权益 当期增减变动

二、判断题

1. × **2.** √ **3.** √ **4.** √ **5.** × **6.** × **7.** × **8.** × **9.** × **10.** × **11.** × **12.** √ **13.** √ **14.** × **15.** × **16.** √ **17.** √ **18.** √ **19.** × **20.** √ **21.** × **22.** × **23.** × **24.** × **25.** × **26.** ×

三、单项选择题

1. D **2.** C **3.** B **4.** B **5.** D **6.** D **7.** A **8.** A **9.** C **10.** B **11.** C **12.** A **13.** D **14.** D **15.** C **16.** D **17.** C **18.** C **19.** A **20.** A **21.** B **22.** D **23.** D **24.** B

四、多项选择题

1. ABCD **2.** ABCD **3.** ABE **4.** BCD **5.** ABC **6.** ABCDE **7.** BD **8.** ACDE **9.** ABC **10.** ABCE **11.** ABCD **12.** ABCE **13.** ABC **14.** ABD **15.** ABC **16.** CD **17.** BCDE **18.** ABE **19.** AC **20.** ABCD **21.** BCD

第二部分 核 算 题

习 题 一

资产负债表12月末“应收账款”等4个项目金额的计算见表7-7:

表7-7 应收账款明细账表 单位:元

明细科目	借或贷 \ 报表项目	应收账款	预付款项	应付账款	预收款项
应收甲商店	借 方	6 152			
应收乙工厂	借 方	12 431			
预收丙公司	贷 方				5 731
应付丁商场	贷 方			19 754	
应付戊商店	贷 方			4 165	
应付己工厂	贷 方			3 042	

续 表

明细科目 \ 借或贷 \ 报表项目		应收账款	预付款项	应付账款	预收款项
预付庚工厂	借　方		2 193		
预付辛工厂	借　方		5 211		
合　　计		18 583	7 404	26 961	5 731

所以：

资产项目：应收账款金额为 18 583 元，

预付款项金额为 7 404 元。

负债项目：应付账款金额为 26 961 元；

预收款项金额为 5 731 元。

习 题 二

计算填列资产负债表"存货"等三个项目的金额。

1. 资产负债表资产方"货币资金"项目的金额为：

"货币资金"项目金额＝"现金"账户本期借方余额

＋"银行存款"账户本期借方余额

＝1 371.82＋95 641.27

＝97 013.09 元

2. 资产负债表资产方"存货"的金额为：

"存货"项目金额＝"原材料"科目借方余额

＋"生产成本"科目借方余额

＋"库存商品"科目借方余额

＝24 554＋1 703＋9 126

＝35 383 元

3. 资产负债表负债方有关长期借款项目的金额为：

"流动负债"项目：

其中，1 年内到期的长期负债 51 000 元。

"长期负债"项目：

"长期借款"项目＝"长期借款"科目贷方余额

－将在 1 年内到期的长期借款金额

=239 000−51 000=188 000 元

4. 资产负债表所有者权益方“未分配利润”项目的金额为:

“未分配利润”项目金额=“本年利润”科目贷方余额

−“利润分配”科目借方余额

=21 137−5 064=16 073 元

习　题　三

表 7-8　某厂某年 3 月份资产负债表中的有关项目　　单位:元

项目名称	金　额	项目名称	金　额
货币资金	200 600	应付账款	6 000
应收账款	6 500	预收款项	8 500
存　　货	80 000	应付职工薪酬	−15 000
预付款项	7 500	应交税费	8 000
固定资产	698 000	应付股利	5 000
无形资产	269 000	实收资本	3 008 000

习　题　四

解题思路同习题三,答案略。

习　题　五

表 7-9　某企业某年 12 月 31 日资产负债表　　单位:万元

资　　产	期　末　数	负债及所有者权益	期　末　数
流动资产:		流动负债:	
货币资金	67	短期借款	10
交易性金融资产	2	应付账款	170
应收票据	60	预收款项	85
应收账款	150	应付职工薪酬	−4
预付款项	70	应交税费	13
存　　货	215	1 年内到期的非流动负债	30
流动资产合计	564	流动负债合计	304
非流动资产:		非流动负债:	
固定资产	500	长期借款	50
在建工程	40	非流动负债合计	50
无形资产	150	负债合计	354
非流动资产合计	690	所有者权益:	

续 表

资　产	期 末 数	负债及所有者权益	期 末 数
		实收资本	500
		盈余公积	200
		未分配利润	200
		所有者权益合计	900
资产合计	1 254	负债及所有者权益合计	1 254

习 题 六

解题思路同习题五,答案略。

习 题 七

表 7 - 10 损 益 表

××年 10 月份

××企业　　　　单位: 元

项　目	本 月 数
一、营业收入	94 000
减: 营业成本	52 000
税金及附加	4 500
销售费用	2 000
管理费用	8 500
财务费用	2 000
资产减值损失	1 000
加: 公允价值变动收益(损失以"—"填列)	2 000
投资收益(损失以"—"填列)	1 500
二、营业利润(亏损以"—"填列)	27 500
加: 营业外收入	3 500
减: 营业外支出	1 800
其中: 非流动资产处置损失	
三、利润总额(亏损总额以"—"填列)	29 200
减: 所得税费用	7 300
四、净利润(净亏损以"—"填列)	21 900
五、每股收益	
(一) 基本每股收益	
(二) 稀释每股收益	

习 题 八

1. 编制会计分录如下:

(1) 借：银行存款	90 400	
贷：主营业务收入		80 000
应交税费——应交增值税——销项税		10 400
(2) 借：应收账款	50 850	
贷：主营业务收入		45 000
应交税费——应交增值税——销项税		5 850
(3) 借：销售费用	1 480	
贷：银行存款		1 480
(4) 借：税金及附加	5 650	
贷：应交税费——应交城建税		5 650
(5) 借：主营业务成本	101 400	
贷：库存商品		101 400
(6) 借：管理费用	700	
库存现金	100	
贷：其他应收款		800
(7) 借：银行存款	52 650	
贷：应收账款		52 650
(8) 借：管理费用	800	
贷：库存现金		800
(9) 借：主营业务收入	125 000	
贷：本年利润		125 000
(10) 借：交易性金融资产——公允价值变动	2 000	
贷：公允价值变动损益		2 000
(11) 借：资产减值损失	3 000	
贷：存货跌价准备		3 000
(12) 借：本年利润	113 030	
贷：主营业务成本		101 400
销售费用		1 480
税金及附加		5 650
管理费用		1 500
资产减值损失		3 000
借：公允价值变动损益	2 000	
贷：本年利润		2 000
(13) 1/2 借：所得税费用	3 492.50	
贷：应交税费——应交所得税		3 492.50

(13) 2/2 借：本年利润　　3 492.50

　　　　贷：所得税费用　　3 492.50

2. 编制损益表如表 7 - 10 所示：

表 7 - 11　损 益 表

××企业　　　　单位：元

项　　目	本 月 数
一、营业收入	125 000
减：营业成本	101 400
税金及附加	5 650
销售费用	1 480
管理费用	1 500
财务费用	—
资产减值损失	3 000
加：公允价值变动收益(损失以“－”填列)	2 000
投资收益(损失以“－”填列)	—
二、营业利润(亏损以“－”填列)	13 970
加：营业外收入	—
减：营业外支出	—
其中：非流动资产处置损失	—
三、利润总额(亏损总额以“－”填列)	13 970
减：所得税费用	3 492.50
四、净利润(净亏损以“－”填列)	10 477.50
五、每股收益	
(一) 基本每股收益	略
(二) 稀释每股收益	

第三部分　案　　例

1. 企业此举的目的最可能是为了粉饰会计报表。在报表中，一方面增加销售收入，提高企业的业绩，以骗取奖励或其他升职等激励；另一方面，也同时可以修饰资产负债表的一些数据，应收账款增加，使得企业的一些财务比率改善，比如流动比率、速动比率等，可以骗取银行的贷款。

2. 上述问题在年终结账前发现，该企业应作如下调整：

借：主营业务收入　　600 000

　　贷：应收账款　　600 000

第八章

会计报表基本分析

第一部分 概　念　题

一、填空题

1. 会计分析标准按照标准制定的级别不同可分为(　　　　　　　　)、(　　　　　　　　)和(　　　　　　　　)。
2. (　　　　　　　　)是指以本企业过去某一时期该指标的实际值作为比较的标准。
3. 比率分析法的具体对比方法有(　　　　　　　　)和(　　　　　　　　)。
4. 反映企业盈利能力大小的常用指标又可分为三方面指标,即(　　　　　　　　)、(　　　　　　　　)和(　　　　　　　　)。
5. 总资产报酬率又称(　　　　　　　　),是企业(　　　　　　　　)与(　　　　　　　　)的比率。
6. 净资产收益率,也称为(　　　　　　　　)或(　　　　　　　　),它是

(　　　　　　　)与(　　　　　　　)的比率。

7. (　　　　　　　)指标是上市公司对外披露信息中的一个重要指标,是指在一定会计期间每股普通股所享有的利润额是多少。

8. 每股净资产也称(　　　　　　　)或(　　　　　　　),该指标也是上市公司对外披露信息中的一个重要指标,它是(　　　　　　　)与(　　　　　　　)的比值。

9. (　　　　　　　)是指普通股每股市价与每股收益的比值。

10. 偿债能力分析包括(　　　　　　　)和(　　　　　　　)。

11. 流动比率是(　　　　　　　)与(　　　　　　　)的比率,表示企业每百元流动负债有多少流动资产作为偿还的保证。

12. (　　　　　　　)又称酸性测试比率,是流动资产中的速动资产与流动负债的比值。

13. 现金比率又称(　　　　　　　),是企业现金等值类资产与流动负债的比率。

14. 资产负债率又称(　　　　　　　)或(　　　　　　　),是企业的负债总额与资产总额的比率。

15. (　　　　　　　)是衡量企业偿付负债利息能力的指标。

16. 用来分析流动资产利用效率的最常用的三个指标是(　　　　　　　)、(　　　　　　　)和(　　　　　　　)。

17. 应收账款周转率也称(　　　　　　　),是一定时期内(　　　　　　　)与(　　　　　　　)的比率。

18. 评价固定资产利用效率的指标主要是(　　　　　　　)和(　　　　　　　)。

二、判断题

1. 一般说来,市盈率越高,企业未来的成长潜力越高,所以该比率越高越好。(　　)

2. 净资产收益率=销售利润率×总资产周转率。(　　)

3. 利息保障倍数公式中的利息支出,既包括财务费用中的利息费用,也包括计入固定资产成本中的资本化利息。(　　)

4. 应收账款周转率过高或过低对企业可能都不利。(　　)

5. 现金比率的提高不仅增加资产的流动性,也会使现金持有的机会成本增加。(　　)

6. 若固定资产净值增加幅度低于销售收入净额增长幅度,则会引起固定资产周转率增大,表明企业的营运能力有所提高。(　　)

7. 本应借记应付账款,却误记为借记应收账款,这种错误必然会导致流动比率上升。 ( )
8. 每股收益越高,意味着股东可以从公司分得越多的股利。 ( )
9. 影响速动比率可信度的重要性因素是存货的变现能力。 ( )

三、单项选择题

1. 如果企业的短期偿债能力很强,则货币资金及变现能力强的流动资产数额与流动负债的数额( )。
   A. 两者无关 B. 两者相等
   C. 前者大于后者 D. 前者小于后者
2. 比较分析法根据用来对比的指标不同,分为( )。
   A. 绝对数比较和相对数比较 B. 水平分析法和动态分析法
   C. 横向比较法和水平比较法 D. 纵向比较法和动态分析法
3. 为揭示企业与同行业的差距,应采用的指标评价标准是( )。
   A. 绝对标准 B. 行业标准 C. 目标标准 D. 历史标准
4. 对于连环替代法中各因素的替代顺序,传统的排列方法是( )。
   A. 主要因素在前,次要因素在后
   B. 影响大的因素在前,影响小的因素在后
   C. 不能明确责任的在前,可以明确责任的在后
   D. 数量指标在前,质量指标在后
5. 已知公司的流动比率为 2∶1,将引起流动比率下降的经济业务有( )。
   A. 应收股利的收到 B. 借入短期借款
   C. 用现金偿还短期借款 D. 销售商品取得收入
6. 下列各项中能提高企业利息保障倍数的是( )。
   A. 用抵押借款购买房子 B. 宣布并支付股利
   C. 所得税税率降低 D. 成本下降利润增加
7. 某公司年末会计报表上部分数据为:流动负债 60 万元,流动比率为 2,速动比率为 1.2,销售成本 100 万元,年初存货为 52 万元,则本年度存货周转次数为( )。
   A. 1.65 次 B. 2 次 C. 2.3 次 D. 1.45 次
8. 下列各项中,能引起总资产收益率下降的是( )。
   A. 降低单位产品成本 B. 提高售价
   C. 购入大型设备 D. 减少负债
9. 从股东的角度看,在企业所得的全部资本利润率( )借款利息率时,负债比例越大越好。

A. 超过　B. 低于　C. 等于　D. 不等于

10. 下列不属于偿债能力比率的是(　　)。

A. 流动比率　B. 产权比率　C. 现金比率　D. 市盈率

11. 如果流动比率大于 1,则下列结论成立的是(　　)。

A. 速动比率大于 1　B. 现金比率大于 1

C. 营运资金大于零　D. 短期偿债能力绝对有保障

12. 在计算速动资产时,之所以要扣除存货等项目,是由于(　　)。

A. 这些项目价值变动较大　B. 这些项目质量难以保证

C. 这些项目数量不易确定　D. 这些项目变现能力较差

13. 某企业库存现金 5 万元,银行存款 78 万元,交易性金融资产 95 万元,应收账款 40 万元,存货 110 万元,流动负债 400 万元。据此,计算该企业的现金比率为(　　)。

A. 0.445　B. 0.845　C. 0.545　D. 0.57

14. B 公司年初存货 3 000 元,年末存货 4 800 元,当年实现营业收入 60 500 元,经营毛利率为 25%,则存货周转率为(　　)。

A. 15.51%　B. 11.63%　C. 12.60%　D. 9.45%

15. 在企业流动资产周转率为 1.6 时,会引起该指标下降的经济业务是(　　)。

A. 归还一笔短期借款　B. 借入一笔短期借款

C. 用银行存款购入一台设备　D. 用银行存款支付一年的电话费

16. ABC 公司去年每股收益为 4 元,每股发放股利 2 元,公司留存收益在过去一年中增加了 500 万元。年底每股账面价值为 30 元,负债总额为 5 000 万元,则年底该公司的资产负债率为(　　)。

A. 30%　B. 33%　C. 40%　D. 44%

17. 有关存货周转率的说法,下列哪种说法是不正确的(　　)。

A. 一般来讲存货周转率越高越好,但也不能过高

B. 合理的存货周转率应视产业特征、市场行情和企业自身特点而定

C. 与其他企业进行比较时,应考虑会计处理方法不同产生的影响

D. 一般企业设置的标准为 2

18. 投资者最关心的比率是(　　)。

A. 资产负债率　B. 流动比率

C. 总资产报酬率　D. 净资产收益率

19. 某企业上年度和本年度的流动资产平均占用额分别为 100 万元和 120 万元,流动资产周转率分别为 6 次和 8 次,则本年度比上年度的销售收入增加了(　　)万元。

A. 180　B. 360　C. 320　D. 80

20. 某企业税后利润为 67 万元,所得税税率为 33%,利息费用为 50 万元,则该企业的已获利息倍数为(　　)。

A. 2.78　　B. 3　　C. 1.9　　D. 0.78

21. 在财务分析中,最关心企业资本保值、增值状况和盈利能力的利益主体是(　　)。

A. 企业所有者　　B. 企业经营决策者

C. 企业债权人　　D. 政府经济管理机构

22. 一般认为,生产企业合理的流动比率为(　　)。

A. 1∶1　　B. 2∶1　　C. 1.5∶1　　D. 3∶1

23. 甲企业年初流动比率为 2.2,速动比率为 1,年末流动比率为 2.5,速动比率为 0.5。发生这种变化的原因是(　　)。

A. 当年存货增加　　B. 应收账款增加

C. 应付账款增加　　D. 应收账款周转加快

24. 下列指标中,可用于衡量企业短期偿债能力的是(　　)。

A. 产权比率　　B. 现金比率　　C. 资产负债率　　D. 利息保障倍数

25. 有形净值债务率中的"有形净值"是指(　　)。

A. 资产总额

B. 所有者权益扣除无形资产和长期待摊费用

C. 所有者权益

D. 固定资产净值与流动资产之和

26. 从经营者的立场看,企业应当(　　)。

A. 尽可能多借债　　B. 尽可能少借债

C. 不借债　　D. 适度举债

27. 通过借款来购买无形资产,企业的有形净值债务率将会(　　)。

A. 提高　　B. 降低　　C. 不变　　D. 提高或不变

28. 某公司 2004 年实现税后净利润 800 000 元,其中派发优先股股利 50 000 元。该公司发行在外的普通股共计 100 万股,则普通股每股收益为(　　)。

A. 0.75　　B. 0.80　　C. 0.05　　D. 0.70

四、多项选择题

1. 以下对流动比率的表述中正确的有(　　　)。

A. 不同企业的流动比率有统一的衡量标准

B. 流动比率越高越好

C. 流动比率需要用速动比率加以补充和说明

D. 流动比率高,并不意味着企业就一定具有短期偿债能力

E. 流动比率比速动比率更加准确地反映了企业的短期偿债能力

2. 财务比例分析中常用的比较标准有(　　)。

A. 经验标准　　B. 预算标准　　C. 年度标准

D. 历史标准　　E. 行业标准

3. 一般可作为速动资产的有(　　)。

A. 存货　　B. 现金　　C. 无形资产

D. 应收票据　　E. 短期投资

4. 可以直接根据资产负债表数据计算的指标是(　　)。

A. 资产负债率　　B. 流动比率

C. 应收账款周转率　　D. 每股收益

E. 有形净值债务率

5. 可以直接根据利润表数据计算的指标是(　　)。

A. 销售利润率　　B. 经营毛利率　　C. 净资产收益率

D. 市盈率　　E. 产权比率

6. 必须同时利用资产负债表、利润表数据计算的指标是(　　)。

A. 总资产报酬率　　B. 经营毛利率

C. 利息保障倍数　　D. 流动资产周转率

E. 净资产收益率

7. 妨碍应收账款周转率指标准确反映资金管理效率的因素有(　　)。

A. 季节性经销　　B. 大量使用分期收款结算方式

C. 大量销售使用现金结算　　D. 大量催收拖欠货款

E. 年末销售量大幅度波动

8. 某公司当年的经营利润很多,却不能偿还到期债务。为查清其原因,应检查的财务比率包括(　　)。

A. 资产负债率　　B. 流动比率

C. 存货周转率　　D. 应收账款周转率

E. 已获利息倍数

9. 下列哪些是财务分析的主体(　　)。

A. 企业所有者　　B. 企业贷款人　　C. 经营管理者

D. 供应商和客户　　E. 政府部门

10. 按照标准的制定级别不同,财务分析标准可分为(　　)。

A. 国家制定标准　　B. 企业制定标准

C. 内部分析者使用标准　　D. 行业标准

E. 社会公认标准

11. 下列业务中会使得企业的流动比率指标下降的是(　　)。

A. 用银行存款购买固定资产　　B. 用银行存款偿还短期借款
C. 融资租赁固定资产　　D. 赊购原材料
E. 一场大火烧毁了企业一批原材料

12. 收到被投资方分配的现金股利这笔业务会导致下列比率增加的是(　　)。
A. 流动比率　　B. 资产负债率
C. 已获利息倍数　　D. 现金比率
E. 应收账款周转率

13. 在计算速动比率时,要把存货从流动资产中剔除出去的主要原因有(　　)。
A. 存货股价存在成本与合理市价的差异
B. 存货中有可能部分抵押给了债权人
C. 在流动资产中存货的变现速度较慢
D. 在流动资产中存货所占的比重最大
E. 部分存货可能已损毁报废还没有作处理

14. 我国目前一般将财务比率分为(　　)。
A. 获利能力比率　　B. 营运能力比率
C. 资本结构比率　　D. 偿债能力比率
E. 流动资产比率

15. 数值越高越好,说明企业获利能力越强的财务比率是(　　)。
A. 净资产收益率　　B. 总资产报酬率　　C. 经营利润率
D. 每股收益　　E. 市盈率

16. 反映企业短期偿债能力的指标有(　　)。
A. 流动比率　　B. 应收账款周转率　　C. 速动比率
D. 现金比率　　E. 存货周转率

17. 能够分析企业长期偿债能力的指标有(　　)。
A. 利息保障倍数　　B. 资产负债率
C. 产权比率　　D. 有形净值债务率
E. 市盈率

18. 应收账款周转率越高,则(　　)。
A. 存货周转越快,流动资金需要越少
B. 收账越迅速,账龄期限越长
C. 资产流动性越强,短期偿债能力越强
D. 账款周转次数越多,企业管理效率越高
E. 账款回收率越高,收款费用和坏账损失越低

第二部分｜核　算　题

习　题　一

(一) 目的：学会因素分析法的运用。

(二) 资料：去年某企业生产A产品耗用材料成本总额为20 000元，今年耗用的原材料成本总额为25 080元，今年比去年多支出5 080元。原材料成本的构成如表8－1所示：

表8－1　原材料成本构成表

项　目	单　位	去年数	今年数
产品产量	件	1 000	1 200
单位产品材料消耗量	千克	10	9.5
材料单价	元	2	2.2
材料成本总额	元	20 000	25 080

(三) 要求：试用连环替代法(因素分析法)分析A产品产量、材料单耗和材料单价因素对耗用原材料总成本差异的影响。

习　题　二

(一) 目的：熟悉会计事项发生对流动比率的影响。

(二) 资料：某企业的全部流动资产为600 000元，流动比率为1.5。该公司刚完成以下三项交易：

(1) 购入商品160 000元以备销售，其中80 000元为赊购。

(2) 购置运输车辆一部，价值50 000元，其中30 000元以银行存款支付，其余开了3个月期的应付票据一张。

(3) 销售一批商品，售价40 000元，增值税6 800元，其中25 000元收到现款存入银行，另外21 800元对方暂欠。

(三) 要求：计算每笔交易后的流动比率。

习　题　三

(一) 目的：掌握根据已知比率计算未知比率。

(二) 资料：某企业年末流动负债60万元，速动比率2.5，流动比率3.0，营业成本

81 万元。已知年初和年末的存货相同。

(三) 要求：计算存货周转率。

习 题 四

(一) 目的：熟悉各种比率的运用。

(二) 资料：某企业 2003 年销售收入为 125 000 元，经营毛利率是 52%，赊销比例为 80%，经营净利润率 16%，存货周转率为 5 次，期初存货余额为 10 000 元；期初应收账款余额为 12 000 元，期末应收账款余额为 8 000 元，速动比率为 1.6，流动比率为 2.16，流动资产占资产总额的 27%，负债比率为37.5%，该公司发行普通股一种，流通在外股数为 5 000 股，每股市价 25 元，该公司期末无待摊费用。

(三) 要求：根据资产负债表各项目之间的关系以及各比率的定义，分别计算如下 5 个指标：

(1) 应收账款周转率；

(2) 总资产报酬率；

(3) 净资产收益率；

(4) 每股收益；

(5) 市盈率。

习题五(作业题)

(一) 目的：同习题四。

(二) 资料：某企业×年 12 月 31 日的简单资产负债表如表 8-2 所示：

表 8-2 某企业资产负债表

×年 12 月 31 日 单位：元

资 产	金 额	负债及所有者权益	金 额
货币资金	2 500	应付账款	?
应收账款	?	应交税费	2 500
存 货	?	长期负债	?
固定资产	29 400	实收资本	25 000
无形资产	2 000	未分配利润	?
总 计	45 200	总 计	?

补充资料：(1) 年末流动比率 1.5；(2) 产权比率(负债总额/所有者权益总额)为 0.6；(3) 以销售额和年末存货计算的存货周转次数为 16 次；(4) 以销售成本和年末存货计算的存货周转次数 11.5 次；(5) 本年毛利(销售额减去销售成本)31 500 元。

(三) 要求：(1) 计算表中存货金额；(2) 计算表中应付账款金额；(3) 计算表中未分配利润金额；(4) 计算有形净值债务率。

第三部分 | 案　　例

案　例　1

SG公司近3年的主要财务数据和财务比率如表8－3所示：

表8－3　SG公司近3年财务数据

项　　目	×2年	×3年	×4年
销售额(万元)	4 000	4 300	3 800
总资产(万元)	1 430	1 560	1 695
普通股(万股)	100	100	100
盈余公积和资本公积(万元)	500	550	550
所有者权益合计	600	650	650
流动比率	1.19	1.25	1.20
应收账款周转天数(天)	18	22	27
存货周转率	8.0	7.5	5.5
负债/所有者权益	1.38	1.40	1.61
长期负债/所有者权益	0.5	0.46	0.46
经营毛利率	20.0%	16.3%	13.2%
经营净利率	7.5%	4.7%	2.6%
总资产周转率	2.80	2.76	2.24
总资产净利率	21%	13%	6%

假设该公司没有营业外收支和投资收益，所得税税率不变。分析说明该公司资产获利能力的变化及其原因。假如你是该公司的财务经理，在×5年应从哪些方面改善公司的财务状况和经营业绩？

案 例 2

某公司×年度的财务报表的主要资料见表8-4和表8-5：

表8-4 资产负债表

×年12月31日 单位：万元

资产		负债及所有者权益	
项目	金额	项目	金额
货币资金(年初764)	310	应付账款	516
应收账款(年初1 156)	1 344	应付票据	336
存货(年初700)	966	其他流动资产	468
流动资产合计	2 620	流动负债合计	1 320
固定资产净额(年初1 170)	1 170	长期负债	1 026
		实收资本	1 444
资产总额(年初3 790)	3 790	负债及所有者权益总额	3 790

表8-5 损益表

×年 单位：万元

项目	金额
营业收入	6 430
营业成本	5 570
毛利	860
管理费用	580
利息费用	98
税前利润	182
所得税	72
净利润	110

要求：(1) 计算表8-6中该公司的财务比率；

(2) 与行业平均财务比率比较，说明该公司经营管理可能存在的问题。

表8-6 财务比率表

比 率	本 公 司	行业平均数
流动比率		1.98
资产负债率		62%
存货周转率		6 次
应收账款周转率		10.28 次
固定资产周转率		13 次
总资产周转率		3 次
经营净利率		1.3%
销售额总资产收益率		3.4%
净资产收益率		8.3%

第八章答案

第一部分 概 念 题

一、填空题

1. 国家制定标准 企业制定标准 社会公认标准 **2.** 历史标准 **3.** 结构比率分析 相关比率分析 **4.** 资产盈利指标 销售盈利指标 股本盈利指标 **5.** 总资产收益率 息税前利润 资产平均余额 **6.** 所有者权益收益率 股东权益收益率 净利润 净资产平均余额 **7.** 每股收益 **8.** 每股账面价值 每股权益 期末净资产 期末普通股股份数 **9.** 市盈率 **10.** 短期偿债能力分析 长期偿债能力分析 **11.** 流动资产 流动负债 **12.** 速动比率 **13.** 超速动比率 **14.** 负债比率 举债经营比率 **15.** 利息保障倍数(或已获利息倍数) **16.** 应收账款周转率 存货周转率 流动资产周转率 **17.** 应收账款周转次数 营业收入 应收账款平均余额 **18.** 固定资产周转率 固定资产周转次数

二、判断题

1. × **2.** × **3.** √ **4.** √ **5.** √ **6.** √ **7.** × **8.** × **9.** ×

三、单项选择题

1. C **2.** A **3.** B **4.** D **5.** B **6.** D **7.** B **8.** C **9.** A **10.** D **11.** C **12.** D **13.** A **14.** B **15.** B **16.** C **17.** D **18.** D **19.** B **20.** B **21.** A

22. B **23.** A **24.** B **25.** B **26.** D **27.** A **28.** A

四、多项选择题

1. CD **2.** ABDE **3.** BDE **4.** ABE **5.** AB **6.** ADE **7.** ABCE **8.** BCD **9.** ABCDE **10.** ABE **11.** AE **12.** ACD **13.** ABCE **14.** ABD **15.** ABCD **16.** ACD **17.** ABCD **18.** CDE

第二部分 核 算 题

习 题 一

先定好基本公式：总成本＝产量×单耗×单价

今年原材料总成本比去年增长了 5 080 元(25 080－20 000)，具体因素分析如下：

产量影响：(1 200－1 000)×10×2＝4 000 元

单耗影响：1 200×(9.5－10)×2＝－1 200 元

单价影响：1 200×9.5×(2.2－2)＝2 280 元

习 题 二

流动负债＝600 000÷1.5＝400 000 元

(1) 流动资产＝600 000＋80 000＝680 000 元

流动负债＝400 000＋80 000＝480 000 元

所以：流动比率＝流动资产÷流动负债＝680 000÷480 000＝1.42

(2) 流动资产＝680 000－30 000＝650 000 元

流动负债＝480 000＋20 000＝500 000 元

所以：流动比率＝650 000÷500 000＝1.3

(3) 流动资产＝650 000＋46 800＝696 800 元

流动负债＝500 000＋6 800＝506 800 元

所以：流动比率＝696 800÷506 800＝1.37

习 题 三

流动资产＝流动负债×流动比率＝60×3.0＝180 万元

速动比率＝(流动资产－存货)÷流动负债

即：2.5＝(180－存货)÷60

所以：存货＝30 万元

存货周转率＝营业成本÷存货平均余额＝81÷30＝2.7 次

习　题　四

(1) 10 次　(2) 10%　(3) 16%　(4) 4 元　(5) 6.25

具体解析如下：

根据已知资料，可以计算得出：

销售成本＝125 000×(1－52%)＝60 000(元)

赊销额＝125 000×80%＝100 000(元)

净利润＝125 000×16%＝20 000(元)

(1) 应收账款周转率$=\dfrac{100\ 000}{(12\ 000+8\ 000)\div 2}=10$(次)

由于：存货周转率＝营业成本÷存货平均余额

因此：$5=\dfrac{60\ 000}{(10\ 000+\text{期末存货})\div 2}$

求得：期末存货为 14 000(元)

由于：流动比率＝流动资产÷流动负债

因此：2.16＝流动资产÷流动负债

1.6＝(流动资产－14 000)÷流动负债

将两式相除得到：

1.35＝流动资产÷(流动资产－14 000)

求解得到期末流动资产为 54 000(元)

资产总额＝54 000÷27%＝200 000(元)

(2) 总资产报酬率＝20 000÷200 000＝10%

股东权益总额＝200 000－200 000×37.5%＝125 000(元)

(3) 净资产收益率＝20 000÷125 000＝16%

(4) 每股收益＝20 000÷5 000＝4(元)

(5) 市盈率＝25÷4＝6.25

习　题　五

解题思路同习题四，答案略。

第三部分　案　　例

案　例　1

(1) 资产获利能力的变化及其原因：① 该公司总资产净利率在平稳下降，说明其运用资产获利的能力在降低，其原因是资产周转率和经营净利率都在下降。② 总资产周转率下降的原因是应收账款周转天数延长和存货周转率下降。③ 经营净利率下降的原因是经营毛利率在下降;尽管在×3 年大力压缩了期间费用,仍未能改变这种趋势。

(2) ① 该公司总资产在增加,主要原因是存货和应收账款占用增加。② 负债是筹资的主要来源,其中主要是流动负债。所有者权益增加很少,大部分盈余都用于发放股利。

(3) 欲改善经营业绩,须做到以下五点:① 扩大销售;② 降低存货;③ 降低应收账款;④ 增加收益留存;⑤ 降低进货成本。

案例 2

1. 财务比率计算结果如表 8-7 所示:

表 8-7 财务比率表

比 率	本 公 司	行业平均数
流动比率	1.98	1.98
资产负债率	61.90%	62.00%
存货周转率	6.69 次	6.00 次
应收账款周转率	5.14 次	10.28 次
固定资产周转率	5.50 次	13.00 次
总资产周转率	1.70 次	3.00 次
经营净利率	1.71%	1.30%
销售额总资产收益率	2.90%	3.40%
净资产收益率	7.62%	8.30%

2. 从上表数据中可以看出该公司可能存在的问题有:

(1) 应收账款管理不善,导致应收账款周转率低下,只有行业平均水平的一半;

(2) 固定资产投资偏大;

(3) 虽然经营净利率超过行业平均水平,但是销售额总资产收益率和净资产收益率都低于行业平均水平,说明销售额偏低,而且资产使用效率不高,这从固定资产周转率和总资产周转率都低于行业平均水平中也可以看出来。

模拟测试

一、单项选择题(21 分,每题 1.5 分)

1. 总分类账与其所属明细账之间的核对是依据(　　)原理。

A. 复式记账法　　B. 借贷记账法

C. 平行登记　　D. 会计恒等式

2. 某企业财产物资账面期初余额 10 000 元,本期增加额 5 000 元,采用永续盘存制确定的本期减少额 12 000 元。如果该企业对财产物资采用实地盘存制度,期末确定的实存额 4 000 元。则两种方法确定的本期减少额之间相差(　　)。

A. 1 000 元　　B. 3 000 元　　C. 1 300 元　　D. 1 100 元

3. 会计人员在审核原始凭证过程中,对于手续不完备的原始凭证,按规定应(　　)。

A. 扣留原始凭证　　B. 拒绝执行

C. 向上级机关反映　　D. 退回出具单位要求补办手续

4. 借贷记账法"借"、"贷"的含义是(　　)。

A. 债权和债务　　B. 标明记账方向

C. 增加或减少　　D. 收入和付出

5. 下列经济业务中,影响会计等式左右两边总额发生变化的是(　　)。

A. 以银行存款 50 000 元购买材料

B. 结转完工产品成本 40 000 元

C. 购买机器设备 20 000 元,货款未付

D. 收回客户所欠的货款 30 000 元

6. 会计循环的顺序是(　　)。

A. 填制和审核凭证→编制会计报表→登记账簿

B. 编制会计报表→登记账簿→填制和审核凭证

C. 填制和审核凭证→登记账簿→编制会计报表

D. 登记账簿→填制和审核凭证→编制会计报表

7. 某公司 10 月初账户余额:生产成本 4 000 元,库存商品38 000 元。10 月份发生的直接材料、直接人工、制造费用 45 000 元,完工产品成本 42 000 元,发出库存商品成本 40 000 元,盘盈库存商品 2 000 元。10 月末库存商品账户余额是(　　)。

A. 40 000 元　　B. 42 000 元　　C. 7 000 元　　D. 38 000 元

8. 某企业购入 W 上市公司股票 180 万股,并划分为交易性金融资产,共支付款项 2 830 万元,其中包括已宣告但尚未发放的现金股利 126 万元。另外,支付相关交易费用 4 万元。该项交易性金融资产的入账价值为(　　)万元。

A. 2 704　　B. 2 700　　C. 2 830　　D. 2 834

9. A 公司以一项设备对外进行长期股权投资,设备原价 15 万元,已提折旧 4 万元;评估确认价值 14 万元。该项长期投资的初始成本应为(　　)。

A. 14 万元　　B. 11 万元　　C. 15 万元　　D. 10 万元

10. A 公司采用年数总和法对某项固定资产计提折旧。该项固定资产原价 50 000 元,预计使用年限 5 年,预计残值 500 元,该项资产第 2 年应提折旧额为(　　)。

A. 13 333 元　　B. 13 200 元　　C. 39 600 元　　D. 20 000 元

11. 某企业销售商品一批,增值税专用发票上标明的价款为 60 万元,适用的增值税税率为 13%,为购买方代垫运费为 2 万元,款项尚未收回。该企业确认的应收账款为(　　)万元。

A. 60　　B. 62　　C. 69.8　　D. 67.8

12. 在未处理之前发生的现金短缺,应借记(　　)科目,贷记库存现金科目。

A. 其他应付款　　B. 待处理财产损溢

C. 其他应收款　　D. 营业外支出

13. 在下列会计报表中,大部分项目根据总分类账户期末余额直接填列的是

(　　)。

A. 损益表　　B. 资产负债表

C. 所有者权益变动表　　D. 现金流量表

14. 若某公司的流动比率很高,而速动比率很低,原因通常是(　　)。

A. 公司有大量的应收账款　　B. 不可能出现上述情况

C. 公司有大量的存货　　D. 公司有大量的流动资产

二、多项选择题(18 分,每题 1.5 分)

1. 下列业务中,应确认为债权的是(　　)。

A. 预收销货款　　B. 预付购货款　　C. 应收销货款

D. 应付购货款　　E. 预支差旅费

2. 在借贷记账法下,账户的贷方登记(　　)。

A. 成本、费用的转出数　　B. 所有者权益的增加数

C. 负债的增加数　　D. 收入和利润的增加数

E. 资产的减少数

3. 下列各项交易或事项,应通过"其他应付款"科目核算的有(　　)。

A. 客户存入的保证金　　B. 应付股东的股利

C. 应付租入包装物的租金　　D. 预收购货单位的货款

E. 应交未交的税金

4. 下列固定资产中,应计提折旧的有(　　)。

A. 当月增加的固定资产　　B. 当月减少的固定资产

C. 租入的固定资产　　D. 已提足折旧继续使用的固定资产

E. 单独计价入账的土地

5. 下列业务不属于会计核算范围的是(　　)。

A. 用银行存款购买材料　　B. 制定财务计划

C. 与外企业签订购货合同　　D. 企业自制材料入库

D. 产品完工验收入库

6. 下列凭证中属于外来原始凭证的有(　　)。

A. 购货发票　　B. 银行收款通知

C. 发料凭证汇总表　　D. 银行存款余额调节表

E. 银行付款通知

7. 关于明细分类账户下列各种说法中正确的是(　　)。

A. 明细分类账户应根据某一总分类账户的核算内容和加强企业内部管理的实际需要,按照更加详细的分类来设置

B. 在明细分类账户中,除了采用货币计量单位以外,还需采用实物计量

单位

C. 明细分类账户提供某一会计要素的明细核算指标

D. 每一个总分类账户都须设置相应的若干个明细分类账户

E. 具体的格式有多种,可根据情况而设定

8. 财产清查中的实地盘点方法适用于清查(　　　　)。

A. 现金　　B. 材料物资　　C. 银行存款

D. 固定资产　　E. 在产品

9. 下列各项中,影响当期利润表中利润总额的有(　　　　)。

A. 流动资产盘盈　　B. 确认所得税费用

C. 对外捐赠固定资产　　D. 无形资产出售利得

E. 政府捐赠利得

10. 下列账户中,属于双重性质账户的有(　　　　)。

A. 应交税费　　B. 财务费用

C. 待处理财产损溢　　D. 应付职工薪酬

E. 材料成本差异

11. 下列项目中,属于投资活动产生的现金流量的是(　　　　)。

A. 支付所得税款　　B. 支付购买固定资产款

C. 支付借款利息　　D. 收到分来的股利款

E. 销售产品收到货款

12. 会计报表分析的方法有(　　　　)。

A. 因素分析法　　B. 趋势分析法

C. 比较分析法　　D. 比率分析法

E. 连环替代法

三、划线题(本题 8 分)

划线标明下列经济业务分别在永续盘存制和实地盘存制情况下是否需要在账户中登记,需要登记的用连线表示。

A. 从外地购入 B 材料

B. 生产领用 A 材料　　a. 永续盘存制

C. 本地购入 A 材料

D. 生产领用 B 材料

E. B 材料盘亏　　b. 实地盘存制

F. A 材料盘盈

四、分录题(本题 22 分,不标分值的每小题 1 分)

要求:根据某企业 12 月份发生的经济业务编制会计分录。各项业务中,凡

能明确明细科目的,应在会计分录中标明。登记银行存款分类账并结账(假设银行存款账户的期初借方余额为21 560元),要求登账时标出业务顺序号。

(1) 12月1日向工商银行借入期限为3个月的短期借款300 000元,年利率6%,借款到期还本付息。借入的款项存入银行。

(2) 12月2日,开出转账支票一张,向甲公司预付货款50 000元;同日收到乙公司预付的购货款34 516元,已存入银行。(本小题2分)

(3) 12月4日,购入需要安装的机器设备一台,买价186 000元,增值税24 180元,包装费和运杂费24 000元,全部款项以银行存款支付。

(4) 12月5日,对4日买进的设备进行安装,安装过程中耗用材料4 500元,耗用人工费2 100元。安装完毕,当天验收合格投入使用。(本小题2分)

(5) 12月5日以银行存款预付租入生产设备的租赁费12 600元,租期8个月。月末,摊销本月应负担的租赁费。(本小题2分)

(6) 12月10日收到甲公司货物结算单,其中材料价款45 000元,增值税5 850元,代垫运费350元,材料已验收入库,货款已于本月2日预付。

(7) 12月20日向预付货款的乙公司销售A产品400件,单位售价38元;B产品300件,单位售价48元,增值税税率13%。为对方代垫运费180元,以银行存款支付。

(8) 12月25日接到银行通知,本季度企业存款利息收入560元已划入企业账户;31日计提本月借款利息(即上述第(1)笔业务,列出计算过程)。(本小题2分)

(9) 本月生产车间共发生制造费用8 000元,在A, B两种产品之间按照生产工时进行分配,其中A产品300工时,B产品100工时 (列出计算过程) 。(本小题2分)

(10) A产品期初有100件未完工,在产品成本8 000元;本月又投入500件进行生产,本月共投入了98 000元用于生产A产品。期末有70件未完工,未完工产品成本为5 389元。试结转完工产品成本。

(11) 31日结账时,发现本月用库存现金支付行政管理部门人员薪酬1 800元的记账凭证误编为: 借: 管理费用1 800,贷: 库存现金1 800,发现后予以更正。(本小题2分)

(12) 31日,结转上述第(7)笔业务销售A、B产品的生产成本,其中: A产品单位生产成本32元;B产品单位生产成本40元。

(13) 31日,上月末买入的成本价为50万元的金融性交易资产公允价值上升到60万元。

(14) 31日,计提坏账准备金共4 000元。

(15) 31日,经批准,将11月份发生的材料盘亏6 450元予以转账。其中:

应向责任者李某某索赔 20%,其余部分列入费用。同时将 11 月末发生的固定资产盘亏(账面原价 80 000 元,累计折旧 30 000 元)予以结转。(本小题 2 分)

五、编制坏账准备会计分录 (5 分)

资料:某企业按照应收账款余额的 5‰计提坏账准备,第一年首次计提坏账准备时,应收账款的年末余额为 200 000 元;第二年 2 月份实际发生坏账 600 元,第二年 4 月份已经确认为坏账的 600 元又收回了 400 元;第二年末应收账款余额为 60 000 元。

要求:作出相应的会计分录。

六、编制会计报表(20 分)

根据所给资料编制会计分录(凡能确定明细科目的,应在分录中列出),并根据会计分录提供的有关数字编制该年 12 月份的损益表。

资料:某企业某年 12 月份发生下列经济业务:

(1) 企业销售产品一批,价款 80 000 元,增值税销项税额10 400 元,货款及税金尚未收到。

(2) 企业按合同发出产品一批,价款 120 000 元、增值税销项税额 15 600 元,以银行存款代垫运费 2 500 元,该货款已于上月预收,预收金额为 100 000 元。(该企业不设"合同负债"账户)

(3) 企业以银行存款支付专设的销售部门销售产品的运杂费 800 元,广告费 10 000 元。

(4) 企业以银行存款支付本季度的短期借款利息 1 200 元。其中 10 月份和 11 月份两个月已分别计提了 400 元。

(5) 月末,结算本月应付行政部门人员薪酬 22 800 元。

(6) 月末,按规定计算本月的产品销售税费为 2 280 元。

(7) 月末,结转已销售产品的生产成本 112 000 元。

(8) 经批准,企业转销已盘盈的材料价值 300 元。

(9) 获得政府捐赠利得 16 000 元。

(10) 月末,结转各收入、费用账户的本期发生额并计算企业本期的利润总额。

(11) 根据企业的利润总额计算企业本期应交纳的所得税,(所得税率 25%)并结转所得税费用,计算企业本期净利润。

七、编制银行存款余额调节表(6 分)

资料:光明工厂某年 12 月份最后几天银行存款日记账与银行对账单的记

录如下(假定12月26日前的记录均为正确,且没有未达账项)。

1. 银行存款日记账的记录如下:

12月26日:开出支票#12356,支付购料运费300元。

12月26日:开出支票#12357,支付购料价款39 360元。

12月27日:存入销货款转账支票计40 000元。

12月28日:开出支票#12358,支付委托外单位加工费计16 800元。

12月28日:存入销货款转账支票28 000元。

12月30日:开出支票#12359,支付机器修理费376元。

12月30日:银行存款日记账结存余额42 594元。

2. 银行对账单记录如下:

12月27日:付支票#12357,购料款39 360元。

12月28日:转账收入款40 000元。

12月28日:代付电费3 120元。

12月28日:支票#12356,购料运费300元。

12月29日:存款利息计488元。

12月30日:收到江西货款,计11 880元。

12月30日:付支票#12358,计16 800元。

12月30日:银行对账单结存余额24 218元。

要求:根据上述资料编制银行存款余额调节表。

模拟测试答案

一、单项选择题

1. C **2.** A **3.** D **4.** B **5.** C **6.** C **7.** B **8.** A **9.** A **10.** B **11.** C **12.** B **13.** B **14.** C

二、多项选择题

1. BCE **2.** ABCDE **3.** AC **4.** BC **5.** BC **6.** ABE **7.** AE **8.** ABDE **9.** ACDE **10.** ACDE **11.** BD **12.** ABCDE

三、划线题

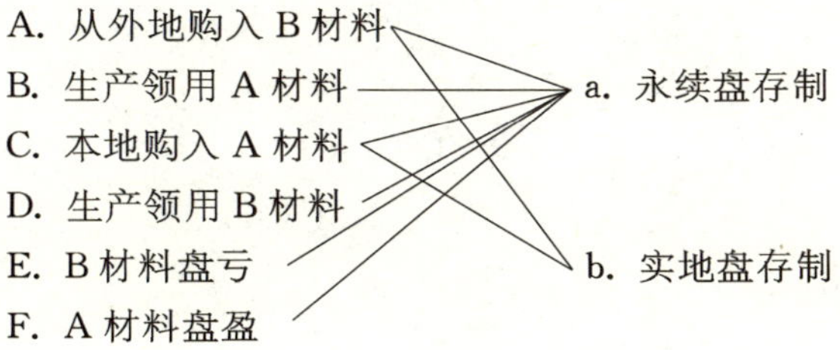

四、分录题

(1)	借：银行存款	300 000	
	贷：短期借款		300 000
(2)	借：预付账款——甲公司	50 000	
	贷：银行存款		50 000
	借：银行存款	34 516	
	贷：合同负债——乙公司		34 516
(3)	借：在建工程	210 000	
	应交税费——应交增值税——进项税	24 180	
	贷：银行存款		234 180
(4)	借：在建工程	6 600	
	贷：原材料		4 500
	应付职工薪酬		2 100
	借：固定资产	216 600	
	贷：在建工程		216 600
(5)	借：预付账款	12 600	
	贷：银行存款		12 600
	借：制造费用	1 575	
	贷：预付账款		1 575
(6)	借：原材料	45 350	
	应交税费——应交增值税——进项税	5 850	
	贷：预付账款——甲公司		50 000
	应付账款——甲公司		1 200
	(贷方应付账款用预付账款也可以)		
(7)	借：合同负债——乙公司	33 628	
	贷：主营业务收入		29 600
	应交税费——应交增值税——销项税		3 848
	银行存款		180
	(如将代垫运费单列会计分录也可)		
(8)	借：银行存款	560	
	贷：财务费用		560
	借：财务费用	1 500	
	贷：应付利息		1 500

(300 000×6%/12 =1 500)

(9) 借：生产成本——A 产品 6 000
　　生产成本——B 产品 2 000
　　贷：制造费用 8 000
8 000÷(300+100)=20 元/小时
A 分配额=20×300=6 000 元
B 分配额=20×100=2 000 元

(10) 借：库存商品——A 产品 100 611
　　贷：生产成本——A 产品 100 611

(11) 借：管理费用 1 800
　　贷：库存现金 1 800
　借：应付职工薪酬 1 800
　　贷：库存现金 1 800

(12) 借：主营业务成本——A 产品 12 800
　　——B 产品 12 000
　　贷：库存商品——A 产品 12 800
　　——B 产品 12 000

(13) 借：交易性金融资产——公允价值变动 100 000
　　贷：公允价值变动损益 100 000

(14) 借：信用减值损失 4 000
　　贷：坏账准备 4 000

(15) 借：其他应收款——李某某 1 290
　　管理费用 5 160
　　贷：待处理财产损溢 6 450
　借：营业外支出 50 000
　　贷：待处理财产损溢 50 000

借	银行存款		贷
1 日期初余额	21 560		
(1)	300 000	(2)	50 000
(2)	34 516	(3)	239 760
(8)	560	(5)	12 600
		(7)	180
借方发生额	335 076	贷方发生额	302 540
期末余额	54 096		

五、编制坏账准备会计分录

第一年：

借：信用减值损失	1 000	
贷：坏账准备		1 000
第二年：		
借：坏账准备	600	
贷：应收账款		600
借：应收账款	400	
贷：坏账准备		400
借：银行存款	400	
贷：应收账款		400
第二年末：		
借：坏账准备	500	
贷：信用减值损失		500

六、编制会计报表

(1) 借：应收账款	90 400	
贷：主营业务收入		80 000
应交税费——应交增值税——销项税		10 400
(2) 借：应收账款	138 100	
贷：主营业务收入		120 000
应交税费——应交增值税——销项税		15 600
银行存款		2 500
(3) 借：销售费用	10 800	
贷：银行存款		10 800
(4) 借：应付利息	800	
财务费用	400	
贷：银行存款		1 200
(5) 借：管理费用	22 800	
贷：应付职工薪酬		22 800
(6) 借：税金及附加	2 280	
贷：应交税费		2 280
(7) 借：主营业务成本	112 000	
贷：库存商品		112 000
(8) 借：待处理财产损溢	300	
贷：管理费用		300
(9) 借：银行存款	16 000	
贷：营业外收入		16 000

(10) 借：主营业务收入　　200 000
　　营业外收入　　16 000
　　贷：本年利润　　216 000
　借：本年利润　　147 980
　　贷：主营业务成本　　112 000
　　　销售费用　　10 800
　　　税金及附加　　2 280
　　　管理费用　　22 500
　　　财务费用　　400
　　(利润总额＝216 000－147 980＝68 020 元)
(11) 借：所得税费用　　17 005
　　贷：应交税费——应交所得税　　17 005
　借：本年利润　　17 005
　　贷：所得税费用　　17 005
　　(企业本月净利润 68 020－17 005＝51 015)

××企业　　单位：元

项　　目	本 月 数
一、营业收入	200 000
减：营业成本	112 000
税金及附加	2 280
销售费用	10 800
管理费用	22 500
财务费用	400
资产减值损失	
加：公允价值变动收益(损失以“－”填列)	
投资收益(损失以“－”填列)	
二、营业利润(亏损以“－”填列)	52 020
加：营业外收入	16 000
减：营业外支出	
其中：非流动资产处置损失	
三、利润总额(亏损总额以“－”填列)	68 020
减：所得税费用	17 005
四、净利润(净亏损以“－”填列)	51 015
五、每股收益	
(一) 基本每股收益	
(二) 稀释每股收益	

七、编制银行存款余额调节表

项　　目	金　　额	项　　目	金　　额
企业银行存款余额	42 594	银行对账单余额	24 218
加：未收存款利息	488	加：未收销货款	28 000
未收货款	11 880	减：未付修理费	376
减：未付电费	3 120		
调节后余额	51 842	调节后余额	51 842

图书在版编目(CIP)数据

会计学原理习题指南/徐晔编著. —5版. —上海:复旦大学出版社, 2019.3 (2022.8重印)
(复旦博学. 大学管理类教材丛书)
ISBN 978-7-309-14166-5

Ⅰ. ①会…　Ⅱ. ①徐…　Ⅲ. ①会计学-高等学校-习题集　Ⅳ. ①F230-44

中国版本图书馆CIP数据核字(2019)第033990号

会计学原理习题指南(第5版)
徐　晔　编著
责任编辑/岑品杰

复旦大学出版社有限公司出版发行
上海市国权路579号　邮编: 200433
网址: fupnet@fudanpress.com　http://www.fudanpress.com
门市零售: 86-21-65102580　团体订购: 86-21-65104505
出版部电话: 86-21-65642845
上海丽佳制版印刷有限公司

开本787×1092　1/16　印张16.75　字数338千
2019年3月第5版
2022年8月第5版第4次印刷

ISBN 978-7-309-14166-5/F·2547
定价: 40.00元

如有印装质量问题,请向复旦大学出版社有限公司出版部调换。
版权所有　侵权必究